Grundwerk
C. G. JUNG
Band 6

W

Grundwerk
C. G. JUNG

in neun Bänden, herausgegeben von

Helmut Barz, Ursula Baumgardt,
Rudolf Blomeyer, Hans Dieckmann,
Helmut Remmler, Theodor Seifert

Vorwort zur Reihe in Band 1

C. G. JUNG

Erlösungsvorstellungen in der Alchemie

(Psychologie und Alchemie 2)

WALTER-VERLAG
OLTEN UND FREIBURG IM BREISGAU

Gesamtwerk
ISBN 3-530-40780-1

Band 1
ISBN 3-530-40781-X

Band 2
ISBN 3-530-40782-8

Band 3
ISBN 3-530-40783-6

Band 4
ISBN 3-530-40784-4

Band 5
ISBN 3-530-40785-2

Band 6
ISBN 3-530-40786-0

Band 7
ISBN 3-530-40787-9

Band 8
ISBN 3-530-40788-7

Band 9
ISBN 3-530-40789-5

2. Auflage 1987

Gesamtherstellung in den grafischen Betrieben
des Walter-Verlags
Printed in Switzerland

Inhalt

Abb. 112 Eine Vereinigung der hauptsächlichsten Symbole der Alchemie.

(1613)

Erlösungsvorstellungen in der Alchemie

EIN BEITRAG ZUR IDEENGESCHICHTE DER ALCHEMIE

Habentibus symbolum facilis est transitus.
Jenen, die das Symbol haben,
fällt der Übergang leicht.

Ein alchemistisches «verbum magistri» aus:
MYLIUS, *Philosophia reformata.*

1. Die alchemistischen Grundbegriffe

A. EINFÜHRUNG

Die Alchemie ist im Laufe des 18. Jahrhunderts allmählich an ihrer eigenen Dunkelheit zugrunde gegangen. Ihre Erklärungsmethode: «obscurum per obscurius, ignotum per ignotius» (Dunkles durch Dunkleres, Unbekanntes durch Unbekannteres), vertrug sich schlecht mit dem Geiste der Aufklärung und im besonderen mit der gegen das Ende des Jahrhunderts sich läuternden Wissenschaftlichkeit der Chemie. Diese beiden neuen geistigen Mächte haben ihr aber nur den Gnadenstoß gegeben. Ihre innere Zersetzung begann schon reichlich ein Jahrhundert früher, in der Zeit JAKOB BÖHMES, wo viele Alchemisten Retorte und Schmelztiegel verließen und sich der (hermetischen) Philosophie ausschließlich ergaben. Damals schied sich der *Chemiker* vom *Hermetiker*. Chemie wurde zur Naturwissenschaft; die Hermetik aber verlor den empirischen Boden

Abb. 113 Mond- und Sonnenofen, die «coniunctio», die Vereinigung der Gegensätze, andeutend. (1702)

unter den Füßen und vestieg sich zu ebenso schwülstigen wie inhaltsleeren Allegorien und Spekulationen, die bloß noch von den Erinnerungen an eine bessere Zeit zehrten[1]. Diese bessere Zeit aber war jene, wo der Geist des Alchemisten noch wirklich mit den Problemen des Stoffes rang, wo das forschende Bewußtsein dem dunklen Raum des Unbekannten gegenüberstand und darin Gestalten und Gesetze zu erblicken glaubte, welche aber nicht dem Stoff, sondern der Seele entstammten. Alles Unbekannte und Leere wird durch psychologische Projektion erfüllt; es ist, wie wenn sich im Dunkeln der Seelenhintergrund des Betrachtenden

Abb. 114 Die vier Stufen des alchemistischen Prozesses (die vier Elemente sind durch die Kugeln angedeutet).
(1622)

spiegelte. Was er im Stoff sieht und zu erkennen meint, sind zunächst seine eigenen unbewußten Gegebenheiten, die er hineinprojiziert; das heißt es treten ihm aus dem Stoff diesem anscheinend zugehörige Eigenschaften und Bedeutungsmöglichkeiten entgegen, deren psychische Natur ihm gänzlich unbewußt ist. Dies gilt hauptsächlich von der klassischen Alchemie, in welcher naturwissenschaftliche Empirie und mystische Philosophie sozusagen ununterschieden vorliegen. Der mit dem Ende des 16. Jahrhunderts einsetzende Spaltungsprozeß, welcher die φυσικά (das Physische) von den μυστικά (das Mystische) trennte, hat nun eine wesentlich phantastischere Literaturgattung hervorgebracht, deren Autoren die seelische Natur der «alchymistischen» Wandlungsprozesse einigermaßen bewußt war. Über diesen Aspekt der Alchemie und insbesondere über deren psychologische Bedeutung gibt HERBERT SILBERERS Buch *«Probleme der Mystik und ihrer Symbolik»* (1914) reichlich Auskunft. Die dazugehörige phantastische Symbolik schildert anschaulich die Abhandlung von BERNOULLI: *«Seelische Entwicklung im Spiegel der Alchemie...»*[2] Eine umfängliche Darstellung der hermetischen Philosophie findet sich in EVOLA: *«La Tradizione ermetica»*. Eine ideengeschichtliche Durcharbeitung der Texte steht noch aus, obschon wir REITZENSTEIN in dieser Hinsicht bedeutsame Vorarbeiten verdanken.

B. DIE PHASEN DES ALCHEMISTISCHEN PROZESSES

Bekanntlich schildert die Alchemie einen chemischen Wandlungsprozeß, zu dessen Durchführung sie zahllose Anweisungen gibt. Obschon über den genaueren Verlauf des Prozesses und die Abfolge der Phasen desselben kaum zwei Autoren der gleichen Ansicht sind, so stimmen die meisten doch in den Hauptpunkten überein, und zwar seit den ältesten Zeiten, das heißt seit dem Anfang der christlichen Zeitrechnung: es werden vier Phasen unterschieden (Abb. 114), welche durch die schon bei HERAKLIT erwähnten ursprünglichen Malerfarben charakterisiert sind: nämlich die melanosis (Schwärzung), leukosis (Weißung), xanthosis (Gelbung), iosis (Rötung)[3]. Diese Vierteilung des Prozesses wurde als das τετραμερεῖν τὴν φιλοσοφίαν, das Vierteilen der Philosophie, bezeichnet. Später, das heißt etwa im 15./16. Jahrhundert, werden die Farben auf drei reduziert, wobei die xanthosis, die «citrinitas» [s. o.], allmählich in Wegfall kommt respektive nur noch selten erwähnt wird. Dafür tritt ausnahmsweise die «viriditas» (Grüne) nach der melanosis beziehungsweise «nigredo» ein, aber ohne prinzipielle Bedeutung zu erlangen. Während die ursprüngliche Tetramerie eine genaue Entsprechung der Quaternität der Elemente war, wird jetzt häufig hervorgehoben, daß es vier Elemente (Erde, Wasser, Luft, Feuer) und vier Eigenschaften (heiß – kalt – feucht – trocken) gebe, dagegen nur drei Farben: Schwarz, Weiß und Rot. Da der Prozeß niemals zum gewünschten Ziele geführt hat und auch in seinen einzelnen Teilen nie typisch durchgeführt wurde, kann sich die Veränderung der Phaseneinteilung auch nicht aus äußeren Gründen erklären, sondern hat mehr mit der symbolischen Bedeutung der Quaternität und der Trinität zu tun, also mit inneren, psychischen Gründen[4].

Die Schwärze, «nigredo» (Abb. 115), ist der Anfangszustand, entweder als Eigenschaft der «prima materia», des Chaos oder der «massa confusa», von vornherein vorhanden oder durch Zerteilung (solutio, separatio, divisio, putrefactio) der Elemente erzeugt. Ist der zerteilte Zustand vorausgesetzt, wie das gelegentlich vorkommt, dann wird eine Vereinigung der Gegensätze durchgeführt unter dem Gleichnis der Vereinigung des Männlichen und des Weiblichen (coniugium, matrimonium, coniunctio, coitus), und dann tritt der Tod des Vereinigungsproduktes ein (mortificatio, calcinatio, putrefactio) mit entsprechender Schwärzung. Aus der «nigredo» führt die Abwaschung (ablutio, baptisma) entweder direkt zur Weißung, oder die beim Tod entwichene Seele (anima) wird dem toten Körper wieder vereinigt, zur Belebung desselben, oder es leiten die vielen Farben (omnes colores, cauda pavonis) zur einen, weißen Farbe, die alle Farben enthält, über. Damit ist das erste Hauptziel des Prozesses, nämlich die «albedo», «tinctura alba», «terra alba foliata», «lapis albus» usw., erreicht, welche von vielen schon so hoch gepriesen wird, als ob das Ziel überhaupt erreicht wäre. Es ist der Silber- oder Mondzustand, welcher aber noch bis zum Sonnenzustand gesteigert werden soll. Die «albedo» [Weißung] ist gewissermaßen die Dämmerung; aber erst die «rubedo» [Rötung] ist der Sonnenaufgang. Den Übergang zur «rubedo» bildet die Gelbung (citrinitas), welche, wie erwähnt, später in Wegfall kommt. Dann geht die «rubedo»

Abb. 115 Die «nigredo», Verdunkelung des Mercurius senex, aus welchem «spiritus» und «anima» entwichen sind. Der Rabe bedeutet die «nigredo».
(1625)

direkt aus der «albedo» hervor durch Steigerung des Feuers auf den höchsten Grad. Das Weiße und das Rote sind Königin und König, die auch in dieser Phase ihre «nuptiae chymicae» [chemische Hochzeit] feiern können (Abb. 116).

Abb. 116 Gekrönter Hermaphroditus als Vereinigung von König und Königin, zwischen dem Sonnen- und Mondbaum.
(17. Jh.)

C. DIE ZIELVORSTELLUNGEN UND DEREN SYMBOLE

Die Anordnung der Phasen hängt bei den einzelnen Autoren wesentlich von der Zielvorstellung ab: entweder handelt es sich um die weiße und rote Tinktur (aqua permanens), oder um den Stein der Philosophen, der als Hermaphroditus beide enthält, oder um die Panazee (aurum potabile, elixir vitae), das philosophische Gold, das Goldglas (vitrum aureum), das hämmerbare Glas (vitrum malleabile). Ebenso unklar und schillernd wie die einzelnen Prozesse sind die Zielvorstellungen. Der «lapis philosophorum» [Stein der Philosophen] zum Beispiel ist häufig die «prima materia» [Urstoff] oder das Mittel zur Herstellung des Goldes, oder dann überhaupt ein mystisches Wesen, das gelegentlich als «Deus terrestris» (irdischer Gott), «salvator» (Erlöser) oder als «filius macrocosmi» (Sohn des Kosmos) bezeichnet wird, eine Figur, die man nur mit dem gnostischen Anthropos, dem göttlichen Urmenschen, vergleichen kann[5] (Abb. 117).

Neben dem Begriff der «materia prima» spielen der des Wassers (aqua permanens) und der des Feuers (ignis noster) eine bedeutende Rolle. Obschon diese beiden Elemente gegensätzlich sind und sogar ein typisches Gegensatzpaar konstituieren, sind sie doch ein und dasselbe nach dem Zeugnis der Autoren[6]. Wie die «materia prima» hat auch das Wasser tausend Namen[7]; ja, es ist Ursprungsmaterie des Steines[8]. Und trotzdem wird anderseits versichert, das Wasser werde aus dem Stein respektive der «prima materia» ausgezogen als deren lebenspendende Seele (anima)[9]. Diese Perplexität tritt in den Ausführungen der «Exercitatio VIII in Turbam» deutlich hervor:

«Viele streiten sich in langen Disputationen darüber, ob der Stein, unter verschiedenen Namen, aus mehreren oder aus zwei oder nur aus einer Substanz bestehe. Aber dieser Philosoph (Scites)[10] und Bonellus[11] sagen, daß das ganze Werk und die Substanz des ganzen Werkes nichts anderes seien als das Wasser: und die Behandlung (regimen) desselben geschieht in nichts anderem als im Wasser. Und es ist in der Tat *eine* Substanz, in der alles enthalten ist, und das ist der Sulphur Philosophorum, <welcher> Wasser ist, und Seele, Öl, Mercurius und Sol, das Feuer der Natur, der Adler, die Träne, die erste Hyle der Weisen, die materia prima des vollkommenen Körpers, und mit welchen Namen die Philosophen ihren Stein benannt haben, so meinen sie immer und deuten auf diese eine Substanz,

Abb. 117 Anthropos als «anima mundi» die vier Elemente enthaltend und durch die Zehnzahl bezeichnet, welche Vollkommenheit bedeutet (1+2+3+4).

Albertus Magnus (1560)

das heißt jenes Wasser, aus welchem alles ⟨entsteht⟩ und in welchem alles ⟨enthalten ist⟩; welches alles beherrscht, in welchem geirrt wird, und in welchem der Irrtum selber korrigiert wird. Ich sage aber ‹philosophisches› Wasser, nicht vulgäres (vulgi) Wasser, sondern aqua Mercurialis, sei es einfach oder zusammengesetzt. Beides nämlich ist philosophisches Wasser, obwohl der vulgäre Mercurius ein anderer ist als der philosophische. Jenes ⟨Wasser⟩ ist einfach ⟨und⟩ unvermischt; dieses besteht aus zwei Substanzen: nämlich aus unserem Erz und aus ein-

Abb. 118 Bruder-Schwester-Paar im «Lebensbad» wird von Drachen in die Waden gebissen; über ihr Haupt ergießt sich das lunare Wasser, befruchtet vom göttlichen Hauch.
(1652)

fachem Wasser. Diese zusammengesetzten Wässer machen den philosophischen Merkur 〈aus〉, woher anzunehmen ist, daß die Substanz oder die prima materia selber aus zusammengesetztem Wasser besteht. Einige setzen aus dreien zusammen, andere nur aus zwei. Mir genügen zwei species: nämlich Männlich und Weiblich oder Bruder und Schwester (Abb. 118). Das einfache Wasser aber nennen sie auch noch Gift, Quecksilber (argentum vivum), Cambar, aqua permanens, Gummi, Essig, Urin, Meerwasser, Drache, Schlange.»

Aus dieser Darstellung geht eines mit Deutlichkeit hervor: daß nämlich das philosophische Wasser der Stein respektive die «prima materia» selber ist; zugleich aber ist es auch deren Lösungsmittel, wie aus dem unmittelbar nachfolgenden Rezept hervorgeht:

«Zerreibe den Stein zu einem sehr feinen Pulver und bringe (dieses) in klarsten, himmlischen (coelestino) Essig, und sofort wird (es) gelöst zu philosophischem Wasser[12].»

Abb. 119 Alchemistischer Ofen.

(1529)

Dieselbe Rolle wie für das Wasser läßt sich auch für das Feuer nachweisen. Ein weiterer Begriff von nicht geringer Bedeutung ist das hermetische Gefäß (vas Hermetis), im wesentlichen Retorte oder Schmelzofen, als Behälter der zu verwandelnden Substanzen (Abb. 119). Obschon instrumentell, hat es doch eigentümliche Beziehungen sowohl zur «prima materia» wie zum Lapis, ist also nicht bloß Apparat. Das Gefäß ist für den Alchemisten etwas durchaus Wunderbares: ein «vas mirabile». MARIA die Prophetin (Abb. 78: Grundwerk 5), sagt, das ganze Geheimnis liege im Wissen um das hermetische Gefäß. «Unum est vas» (Eines ist das Gefäß) wird immer wieder betont[13]. Es muß durchaus rund sein[14], damit es den sphärischen Kosmos nachahme[15], indem in ihm die Gestirnseinflüsse zum Gelingen der Operation beitragen sollen[16]. Es ist eine Art von «matrix» respektive «uterus», aus welchem der «filius philosophorum», der wundersame Stein, geboren wird[17] (Abb. 120). Darum wird

Abb. 120 Mercurius im Gefäß.
(1718)

auch verlangt, daß das Gefäß nicht nur rund sei, sondern auch die Eiform[18] (Abb. 121 und 22: Grundwerk 5) habe. Man denkt natürlicherweise, daß es sich bei diesem Gefäß um eine Art Retorte oder Kochflasche handle, wird aber bald belehrt, daß diese Vorstellung unzureichend ist, indem das Gefäß vielmehr eine mystische Idee darstellt, ein eigentliches Symbol, wie alle zentralen alchemistischen Begriffe. So hören wir, daß es das Wasser sei, respektive die «aqua permanens», welche nichts anderes ist als der Mercurius der Philosophen[19]. Aber er ist nicht nur das Wasser, sondern auch dessen Gegenteil: nämlich das Feuer[20].

Ich will hier nicht weiter auf die zahlreichen Synonyme des Gefäßes eingehen. Die erwähnten mögen genügen, um die unzweifelhaft symbolische Bedeutung des Gefäßes darzutun.

In bezug auf den Verlauf des ganzen Prozesses sind die Autoren vage und widersprechend. Viele begnügen sich mit einigen summarischen An-

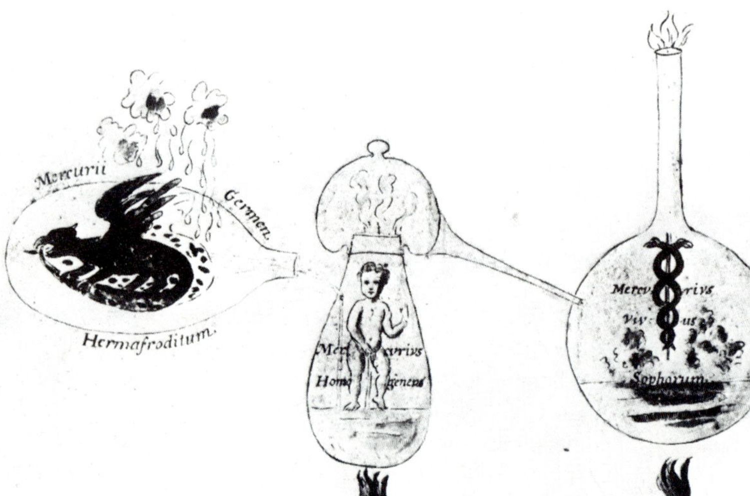

Abb. 121 Die Wandlungen des Mercurius im hermetischen Gefäß. Der Homunculus als «Manneken piss» bezieht sich auf die «urina puerorum» (= aqua permanens).

deutungen; andere stellen eine ausführliche Liste der verschiedenen Operationen auf. So hat JOSEPHUS QUERCETANUS, der Alchemist, Arzt und Diplomat, der in Frankreich und der französischen Schweiz eine etwas ähnliche Rolle spielte wie PARACELSUS, 1576 eine Reihenfolge von zwölf Operationen aufgestellt[21] (Abb. 122), die folgendermaßen lautet:

1. Calcinatio
2. Solutio
3. Elementorun separatio
4. Coniunctio
5. Putrefactio
6. Coagulatio
7. Cibatio
8. Sublimatio
9. Fermentatio
10. Exaltatio
11. Augmentatio
12. Proiectio

Jeder einzelne dieser Begriffe ist, wie die Literatur zeigt, vieldeutig, wovon man einen schon hinlänglichen Eindruck bekommt, wenn man nur die dazugehörigen Erläuterungen im Lexikon des RULANDUS nachliest. Es hat daher keinen Zweck, in diesem Zusammenhang auf die Varianten der alchemistischen Prozedur des näheren einzutreten.

Dies etwa ist, oberflächlich gesehen und in gröbsten Zügen gezeichnet, das Gerippe der uns allen bekannten Alchemie. Man kann sich vom Standpunkt unseres modernen chemischen Wissens aus darunter wenig oder nichts vorstellen; und greifen wir zu den Texten und den Hunderten und Aberhunderten von Verfahren und Rezepten, die uns das Mittelalter und die Antike hinterlassen haben, so finden wir darunter relativ wenige, die einen erkennbaren chemischen Sinn enthalten. Wohl die Mehrzahl derselben ist vom chemischen Standpunkt aus sinnlos, und zudem ist es über jeden Zweifel hinaus sicher, daß niemals eine wirkliche Tinktur oder ein künstliches Gold in all den vielen Jahrhunderten, wo man ernstlich laboriert hat, hergestellt wurde. Was also – darf man billigerweise fragen – hat die alten Alchemisten veranlaßt, unentwegt weiter zu laborieren oder – wie sie sagten – zu «operieren» und weiter Traktate über die «göttliche» Kunst zu schreiben, wo doch ihr ganzes Unterfangen von eindrucksvoller Hoffnungslosigkeit war? Allerdings – müssen wir beifügen – war ihnen die Einsicht in das Wesen der Chemie und deren Beschränkung noch gänzlich verschlossen, so daß sie immerhin hoffen konnten, so gut wie jene, welche vom Fliegen träumten und deren späte Epigonen es dann doch erreicht haben. Die Genugtuung der Unternehmung, des Abenteuers, des «quaerere» (Suchens) und des «invenire»

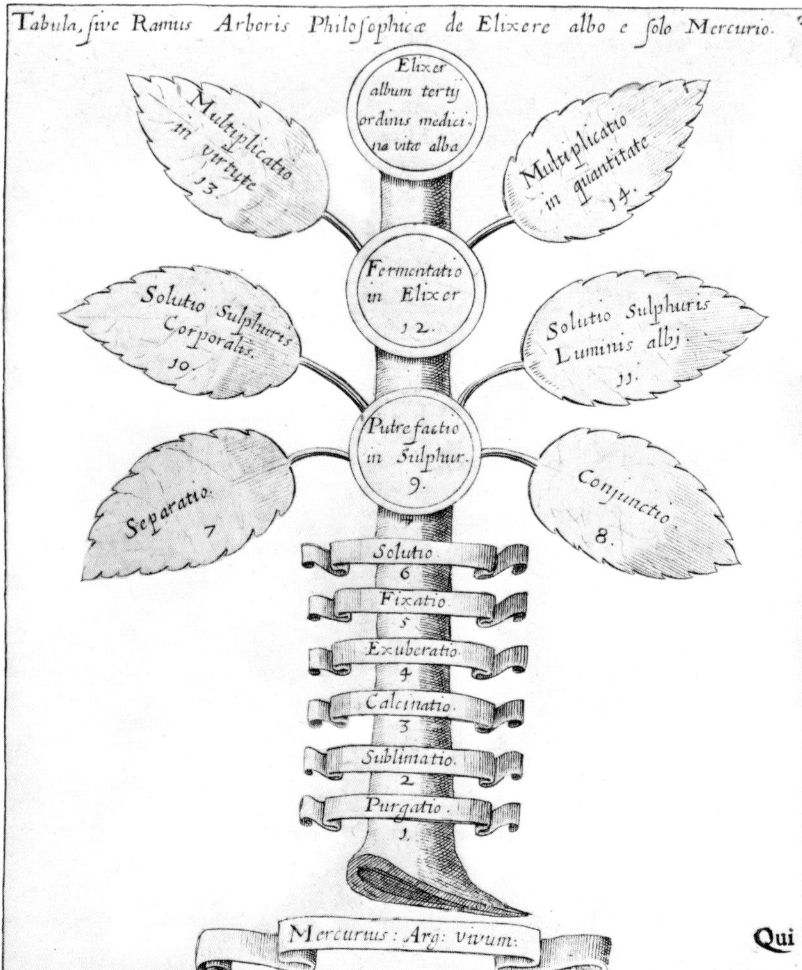

Abb. 122 Die zwölf alchemistischen Operationen, als «arbor philosophica» dargestellt.
(1630)

(Findens) ist nicht zu unterschätzen. Sie hält an, solange die Methodik sinnvoll erscheint. Es gab aber zu jener Zeit nichts, was den Alchemisten von der Sinnlosigkeit seiner chemischen Unternehmung zu überzeugen vermochte, und zudem konnte er auf eine lange Tradition zurückblicken, welche nicht wenige Zeugnisse von solchen enthielt, die zum wunderbaren Resultat gelangt waren[22]. Ganz aussichtslos war die Sache schließlich auch nicht, indem aus den chemischen Bemühungen hie und da doch einige nützliche Nebenerfindungen hervorgingen. Als Vorläuferin der Chemie hatte die Alchemie eine genügende raison d'être. Wenn letztere also aus einer unendlichen Reihe von – meinetwegen sinn- und erfolglosen – chemischen Experimenten bestünde, so wäre das kein Grund zur Verwunderung, so wenig wie die abenteuerlichen Versuche der mittelalterlichen Medizin und Pharmakologie.

Abb. 123 Hermaphrodit.
(1752)

2. Die psychische Natur des alchemistischen Werkes

A. DIE PROJEKTION PSYCHISCHER INHALTE

Im alchemischen Opus handelt es sich zum größten Teil nicht nur um chemische Experimente allein, sondern auch um etwas wie psychische Vorgänge, die in pseudochemischer Sprache ausgedrückt werden[1]. Was chemische Vorgänge sind, wußten die Alten einigermaßen; sie mußten darum auch wissen, daß das, was sie betrieben, zum mindesten keine gewöhnliche Chemie war. Das Wissen um diesen Unterschied drückt sich schon im Titel eines dem 1. Jahrhundert zugeteilten Traktates des (Pseudo-) DEMOKRITOS aus; er lautet: τὰ φυσικὰ καὶ τὰ μυστικά (das Physische und das «Philosophische»). Und bald hernach häufen sich die Zeugnisse dafür, daß in der Alchemie zwei (für uns) heterogene Strömungen nebeneinander herlaufen, die wir uns schlechterdings nicht zusammen denken können. Das «tam ethice quam physice» (sowohl «moralisch» – das heißt psychologisch – wie physisch) der Alchemie will unserer Logik nicht einleuchten. Wenn der Alchemist zugestandenermaßen den chemischen Vorgang nur symbolisch benützt – warum laboriert er dann mit Tiegeln und Retorten? Und wenn er, wie er stets beteuert, chemische Vorgänge beschreibt – warum entstellt er sie durch mythologische Symbolisierung bis zur Unkenntlichkeit?

Dieses Rätsel hat schon manchem ehrlichen und wohlwollenden Bearbeiter der Alchemie kein geringes Kopfzerbrechen verursacht. Der Alchemist bezeugt zwar einerseits, daß er absichtlich verberge, um zu verhindern, daß schlechte oder dumme Menschen sich des Goldes bemächtigten und damit ein Unglück anstellten. Derselbe Autor belehrt uns aber anderseits, daß das gesuchte Gold nicht, wie die Dummen meinen, das gewöhnliche (aurum vulgi), sondern das philosophische Gold oder gar der wundersame Stein, der «lapis invisibilitatis» (der Unsichtbar-

Abb. 124 Alchemisten beim Werk.
(1702)

keit[2]) oder der «lapis aethereus» (äthergleiche[3]), oder endlich der unvorstellbare, hermaphroditische Rebis sei (Abb. 125), und daß überhaupt alle Rezepte zu verachten seien[4]. Es ist aber aus psychologischen Gründen höchst unwahrscheinlich, daß die Rücksicht auf die Menschheit den Alchemisten zur Geheimtuerei veranlaßt hätte. Wenn nämlich etwas Wirkliches entdeckt wird, so wird es in der Regel ausposaunt. Tatsache ist, daß die Alchemisten chemisch wenig oder nichts zu verraten hatten, am allerwenigsten das Goldmachen.

Geheimtun kann reiner Bluff sein zum ersichtlichen Zweck der Ausbeutung Leichtgläubiger. Daß die ganze Alchemie aus dieser Ecke zu erklären wäre, dem widerspricht aber meines Erachtens die Tatsache, daß es nicht wenige ausführliche, gelehrte und gewissenhafte Traktate gibt, die anonym geschrieben und gedruckt wurden, also niemandem zu unrechtmäßigem Vorteil dienen konnten. Daneben gibt es allerdings auch zahlreiche schwindelhafte und marktschreierische Produkte.

Geheimtun kann auch aus einer andern Quelle kommen. Das wirkliche Geheimnis nämlich tut zwar nicht geheim; es spricht aber geheim: es deutet sich an durch vielerlei Bilder, die auf sein Wesen hinweisen. Ich meine damit nun nicht ein von jemand persönlich gehütetes Geheimnis,

Abb. 125 Mercurius als Sonne-Mond-Hermaphroditus (Rebis) auf dem (runden) Chaos stehend.
(1622)

das einen dem Besitzer bekannten Inhalt hat, sondern eine Sache oder Angelegenheit, welche «geheim», das heißt nur aus Andeutungen bekannt, im wesentlichen aber unbekannt ist. So war dem Alchemisten die wirkliche Natur des Stoffes unbekannt. Er kannte sie nur in Andeutungen. Indem er sie zu erforschen suchte, projizierte er das Unbewußte in das Dunkel des Stoffes, um dieses zu erhellen. Um das Geheimnis des Stoffes zu erklären, projizierte er ein anderes Geheimnis: nämlich seinen unbekannten seelischen Hintergrund, in das zu Erklärende, «obscurum per obscurius, ignotum per ignotius» [Dunkles durch Dunkleres, Unbekanntes durch Unbekannteres]! Dies war nun, wohlverstanden, keine absichtliche Methode, sondern ein unwillkürliches Geschehnis.

Projektion wird, streng genommen, nie gemacht – sie *geschieht,* sie wird vorgefunden. Im Dunkel eines Äußerlichen finde ich, ohne es als solches zu erkennen, mein eigenes Innerliches oder Seelisches. Es wäre demnach meines Erachtens verfehlt, die Formel «tam ethice quam physice» auf die Lehre der Entsprechung als das «prius» zurückzuführen. Diese Lehre wäre im Gegenteil eher eine Rationalisierung des Projektionserlebnisses. Nicht weil der Alchemist aus theoretischen Gründen an eine Entsprechung glaubt, betreibt er seine Kunst, sondern vielmehr hat er eine Theorie der Entsprechungen, weil er die Gegenwart der Idee in der Physis erlebt. Ich bin deshalb geneigt anzunehmen, daß die wirkliche Wurzel der Alchemie weniger in philosophischen Anschauungen zu suchen ist als vielmehr in den Projektionserlebnissen der einzelnen Forscher. Damit drücke ich die Meinung aus, daß der Laborant während der Ausführung des chemischen Experimentes gewisse psychische Erlebnisse hatte, welche ihm aber als ein besonderes Verhalten des chemischen Prozesses erschienen. Da es sich um Projektionen handelte, war es ihm natürlich unbewußt, daß das Erlebnis mit dem Stoff an sich (das heißt wie wir denselben heute kennen) nichts zu tun hatte. Er erlebte seine Projektion als Eigenschaft des Stoffes. Was er in Wirklichkeit erlebte, war sein Unbewußtes. Er wiederholte damit die Geschichte der Naturerkenntnis überhaupt. Die Wissenschaft fing bekanntlich bei den Sternen an, in welchen die Menschheit ihre Dominanten des Unbewußten, die sogenannten «Götter», entdeckte; ebenso die seltsamen psychologischen Qualitäten des Zodiakus [Tierkreis]: eine ganze projizierte Charakterlehre. Astrologie ist ein ähnliches Urerlebnis wie Alchemie. Solche Projektionen wiederholen sich überall dort, wo der Mensch ein leeres Dunkel zu erforschen versucht und unwillkürlich mit lebendiger Gestalt erfüllt.

Ich habe deshalb mein Augenmerk auf die Frage gerichtet, ob nicht die Alchemisten selber aus ihrer Praxis solche Erlebnisse berichten. Auf allzu reiche Ausbeute durfte ich nicht hoffen, weil es sich ja um «unbewußte» Erlebnisse handelt, welche aus eben diesem Grund sich der Berichterstattung entziehen mußten. Es gibt nun tatsächlich in der Literatur einige unmißverständliche Berichte. Bezeichnenderweise sind die jüngeren Berichte ausführlicher und bestimmter als die älteren.

Der jüngste Bericht stammt aus einem deutschen Traktat von 1732, betitelt: «*Abtala Jurain*» usw.[5] Er lautet:

«Nimm gemein Regen-Wasser eine gute Menge, zum wenigsten zehen Stübchen, verwahre es wohl verschlossen in Gläsern zum wenigsten zehen Tage, so wird es Sticken und faeces am Boden setzen. Das klare gieße ab, und thue es in ein höltzern Gefäß, das rund gemacht wie ein Ball, schneide es in der mitten ab und fülle das Gefäß einen dritten Theil desselben voll, und setze es an die Sonne umb Mittag an einem geheimen oder abgesonderten Ort.

Wann das geschehen, so nimb einen Tropffen von dem gesegneten rohten Wein, und laß ihn unten in das Wasser fallen, so wirstu alsofort einen Nebel und dicke Finsterniß oben auf dem Wasser sehen, wie solches in der ersten Schöpfung auch gewesen. Alsdann thue zwey Tropffen hinein, so wirstu sehen das Licht auß der Finsterniß herfür kommen, hierauf thue nach und nach alle halbe viertel Stunde den 3. und den 4. dann den 5. dann den 6. Tropffen, und dann nicht mehr, so wirstu für deinen Augen oben auf dem Wasser sehen, nach und nach ein Ding nach dem andern, wie Gott alle Dinge in den 6 Tagen erschaffen (Abb. 126), und wie solches zugegangen, und solche Geheimnuß, die nicht auszusprechen sind, auch ich nicht Macht habe zu offenbaren. Falle auf deine Knie, ehe du diese Operation vornimbst. Laß deine Augen darvon urtheilen; denn also ist die Welt erschaffen. Lasset alles also stehen, so wird es in einer halben Stunde, nachdem es angefangen verschwinden.

Bey diesem werdet ihr klärlich sehen die Geheimnuß Gottes, die euch jetzo als einem Kind verborgen sind. Ihr werdet verstehen was Moses von der Schöpffung geschrieben hat; Ihr werdet sehen was Adam und Eva für einen Leib vor und nach dem Fall gehabt haben, was die Schlange gewesen, was der Baum, und was vor Früchte sie gegessen: wo und was das Paradies ist, und in welchen Leibern die Gerechten werden auferstehen, und nicht in diesem, den wir von Adam empfangen haben, sondern den wir durch den Heiligen Geist erlanget, nemblich eine solchen, als unser Heyland vom Himmel gebracht hat.»

«Ihr sollt nehmen sieben Stücken Metall, von jedwedem Metall, wie sie nach den Planeten genennet sind, und sollt auf jedwedern desselben den Charakter des Planeten pregen in dem Hause desselbigen Planeten, und jedwedes Stück soll so groß seyn und dick wie ein Roßnobel[6]: Des Mercurii aber nur den vierdten Theil einer Untze schwehr und nichts darauf gebracht.

Alsdann thut sie nach der Ordnung wie sie an dem Himmels stehen in einen Schmeltz-Tiegel, und machet alle Fenster in der Kammer zu, daß es gantz finster darin sey, alsdann schmeltzet sie mitten in der Kammer alle zusammen und tropfet darin sieben Tropffen von dem gebenedeyeten Stein, so wird alßbald aus dem Schmeltz-Tiegel eine Feuer-Flamme herauskommen (Abb. 127), und sich über

Abb. 126 Die sechs Tage der Schöpfung, im siebenten Tage gipfelnd.
HILDEGARD VON BINGEN (12 Jh.)

die ganze Kammer außbreiten, (Fürchtet euch nicht für Schaden) und wird die gantze Kammer heller scheinen als Sonn und Mond, und ihr werdet über eurem Haupt sehen das gantze Firmament, wie es oben an dem gestirnten Himmel ist, und die Planeten werden ihren Lauff recht, wie an dem Himmel haben, lassets von ihm selber aufhören, in einer viertel Stunde wird ein jedes an seinem Ort ankommen.»

Abb. 127 Die Verklärung des Mercurius im Feuer.
(1718)

Einen weiteren Beleg entnehmen wir einem Traktat des THEOBALD DE HOGHELANDE (16. Jh.):

«Dem Stein seien auch verschiedene Namen gegeben worden wegen der wunderbaren Mannigfaltigkeit der Figuren, welche im Laufe des Werkes erscheinen, indem Farben oft zugleich auftauchen, so wie wir in Wolken oder im Feuer seltsame Gestalten von Tieren, Reptilien oder Bäumen imaginieren. So fand ich auch Ähnliches», fährt der Autor fort, «in einem dem Moses zugeschriebenen Buche: Wenn der Körper gelöst ist, heißt es dort, dann werden manchmal zwei Zweige erscheinen, manchmal drei oder mehr, manchmal auch Gestalten von Reptilien; gelegentlich auch scheint es, wie wenn ein Mensch mit Kopf und allen seinen Gliedern auf einem Katheder säße.»[7]

Abb. 128 Hermes Trismegistos.
(1566)

Wie die beiden vorhergehenden Texte, so beweisen auch HOGHELANDES Ausführungen, daß während der praktischen Arbeit halluzinatorische oder visionäre Wahrnehmungen erfolgten, die nichts anderes sein können als Projektionen unbewußter Inhalte. HOGHELANDE führt ein SENIOR-Zitat an, welches sagt, daß die Vision des hermetischen Gefäßes mehr zu suchen sei als die Schrift[8]. (Es bleibt unklar, was er mit «scriptura» meint – vielleicht die herkömmliche Beschreibung des Gefäßes in den Traktaten der Meister?) Die Autoren erwähnen das Schauen mit geistigen Augen, wobei es nicht immer deutlich ist, ob es sich um Vision im eigentlichen oder metaphorischen Sinne handelt. So sagt das *«Novum lumen»*[9]:

«Die im Schatten verborgenen Dinge erscheinen zu lassen und den Schatten von ihnen wegzunehmen, ist dem intelligenten Philosophen von Gott auf dem Wege der Natur (per naturam) gestattet. ... Alle diese Dinge geschehen, und die Augen der gewöhnlichen Menschen sehen sie nicht, aber die Augen des Verstandes (intellectus) und der Einbildungskraft erfassen sie (percipiunt) mit wahrem, wahrstem Schauen (visu).»

RAYMUNDUS LULLIUS schreibt:

«Du mögest wissen, lieber Sohn, daß der Lauf der Natur umgewandelt ist, so daß du ohne Anrufung <scilicet: des familiaris zum Beispiel> und ohne geistige Exaltation entweichende Geister oder die Entwichenen in der Luft kondensiert sehen kannst in Gestalt verschiedener monströser Tiere oder von Menschen, die sich wie Wolken bald hierhin, bald dorthin bewegen»[10] (Abb. 129).

Abb. 129 Personifizierte «spiritus»,
aus der erhitzten «prima materia» entweichend.
(1520)

In ähnlicher Weise sagt DORN[11]:

«So wird er allmählich eine unbestimmte Anzahl von Funken von Tag zu Tag mehr und mehr mit seinen geistigen Augen (oculis mentalibus) durchscheinen und zu einem so großen Licht heranwachsen sehen.»

Es ist aber dem Psychologen nichts Fremdes, daß eine Metapher gelegentlich zur Sinnestäuschung wird. So beschreibt HOGHELANDE (1594) in seinen biographischen Notizen, wie er am dritten Tag der «decoctio» [Kochen] sah, daß sich die Oberfläche der Substanz mit Farben bedeckte, hauptsächlich «Grün, Rot, Grau und im übrigen irisierend». Sooft er sich jenes Tages erinnerte, kam ihm der VERGILsche Vers «Ut vidi, ut perii, ut me malus abstulit error» [Als ich sah, daß ich unterging, daß mir ein böser Irrtum zum Verhängnis wurde] in den Sinn. Dieser Irrtum nämlich oder diese Gesichtstäuschung (ludibrium oculis oblatum) sei die Ursache vieler nachmaliger Mühen und Kosten gewesen. Denn er habe geglaubt, daß er die «nigredo» nun erreichen werde. Aber nach wenigen Tagen sei ihm das Feuer nächtlicherweile erloschen, wodurch ein «irreparabile damnum» [irreparabler Schaden] entstand; das heißt die Wiederholung des Phänomens ist ihm dann nicht mehr gelungen[12]. Obschon gerade die irisierende Haut auf schmelzenden Metallen keineswegs eine Sinnestäuschung zu sein braucht, zeigt doch der Text eine auffallende Bereitschaft des Autors, an eine solche zu denken.

Der *«Tractatus Aristotelis»*[13] enthält eine für die Psychologie des Alchemisten bemerkenswerte Stelle:

«Die Schlange ist schlauer als alle Tiere der Erde; unter der Schönheit ihrer Haut zeigt sie ein harmloses Gesicht, und sie bildet sich gleichsam als eine ‹materia hypostatica› durch Illusion, wenn sie ins Wasser getaucht wird. Dort sammelt sie dann die Kräfte (virtutes) von der Erde, das ist ihr Körper. Weil sie sehr durstig ist, so trank sie unmäßig, daß sie betrunken wurde, und sie setzt es durch, die Natur, mit der sie vereinigt wird, verschwinden zu lassen (decipere).»[14]

Die Schlange ist der Mercurius, welcher als Grundsubstanz (hypostatica) sich selber im «Wasser» bildet und die mit ihm vereinigte Natur verschluckt (Abb. 130); (Sonne, die im Merkurbrunnen ertrinkt; Löwe, der die Sonne frißt: Abb. 169; Beya, die den Gabricus in sich auflöst). Die Materie bildet sich durch *Illusion,* welche notwendigerweise die des Labo-

Abb. 130 Die Merkurschlange, im Wasser resp. Feuer sich selber verschlingend.
(1718)

ranten ist. Diese Illusion könnte die «vera imaginatio» [wahre Imagination] sein, welche «informierende» Kraft besitzt.

Aus der Tatsache, daß sich Visionen mit dem alchemischen Werke verbanden, ist wohl auch zu erklären, daß *Träume* und *Traumvisionen* nicht selten als wichtige Intermezzi desselben oder als Offenbarungsquellen erwähnt werden. So kleidet zum Beispiel NAZARI seine Transmutationslehre in die Form von drei Träumen, in ziemlich deutlicher Analogie zum *«Poliphile»*[15]. Eine ähnliche Traumform hat die klassische *«Visio Arislei»*[16]. Ebenso kleidet OSTANES die Mitteilung seiner Lehre in eine Traumoffenbarung ein[17]. Während in diesen Schriften (wie auch bei SENIOR und KRATES) Traum und Vision hauptsächlich literarische Form sind, hat aber die Traumvision bei ZOSIMOS einen wesentlich authentischeren Charakter[18]. Mehrfach wird in der Literatur hervorgehoben, daß die gesuchte «aqua permanens» [bleibendes, ewiges Wasser] vom Traum geoffenbart würde[19]. Überhaupt wird die «prima materia» sowohl wie der Stein selber, respektive dessen Herstellungsgeheimnis, von Gott dem Laboranten offenbart. So sagt LAURENTIUS VENTURA[20]: «Das Verfahren aber kann man nicht wissen, es sei denn ein Geschenk Gottes oder die Belehrung durch einen erfahrensten Meister: und all das leitet sich vom göttlichen Willen her.» KHUNRATH[21] ist der Meinung, es könne einer wohl «unser Chaos Naturae» (= «prima materia») aus «sonderlicher geheimen Göttlichen Vision unnd offenbarung / ohne ferners nachforschen und nachgrübeln der ursachen... in höchster einfalt / vollkömlich zubereiten»[22]. HOGHELANDE begründet die Notwendigkeit der göttlichen Erleuchtung damit, daß die Herstellung des Steines die Vernunft übersteige[23] und daß nur ein übernatürliches und göttliches Wissen die genaue Zeit der Entstehung des Steines kenne[24]. Gott allein nämlich kennt die «prima materia»[25]. In der nachparacelsischen Zeit ist dann die Erleuchtungsquelle das «lumen naturae» [Licht der Natur]:

«Dieses Licht ist das warhaffte Liecht / der Natur / welches alle Gott liebende Philosophos erleuchtet, die in diese Welt komen. Es ist in der Welt / und das gantze gebew der Weld ist durch dasselbe zierlich schön gemacht / wird auch bis zum letzten unnd großen tage des Herrn / durch dasselbe Natürlich erhalten; aber die Weld erkennets nicht: Zuvor aus in Subiecto des Catholischen und Großen Steines der Weisen / das... die ganze Weld vor jhren augen hat / und kennets doch nicht.»[26]

Einen etwas anderen Aspekt der Beziehungen des Psychischen zur chemischen Arbeit zeigt das folgende Zitat aus dem Texte eines Anonymus[27]: «Ich bitte, schau mit den Augen des Geistes das Bäumchen des Weizenkorns an in Hinsicht aller seiner Umstände, damit du den Baum der Philosophen pflanzen kannst» usw.[28] (Abb. 131; auch Abb. 135, 188, 189, 221 und andere). Dies scheint auf aktive Imagination hinzudeuten, welche den Prozeß recht eigentlich in Gang setzt.

DORNEUS sagt in seiner *«Philosophia meditativa»*[29]: «Aus anderen wirst du niemals das Eine machen, wenn nicht zuerst aus dir selber Eins wird.» Was immer der Alchemist mit dem «Einen» meint[30], so bezieht es sich auf das Subjekt des «Artisten», dessen Einheit als eine conditio sine qua non zur Vollendung des Opus hingestellt wird. Es ist wohl kaum zu bezweifeln, daß es sich um die psychologische Bedingung des Werkes handelt, und daß diese von grundlegender Bedeutung ist.

Das *«Rosarium philosophorum»*[31] sagt:

«Wer also das Salz und dessen Lösung kennt, der kennt das verborgene Geheimnis der alten Weisen. Richte deinen Geist also auf das Salz; denn in ihm (dem Geist) allein (in ‹ipsa sola›, bezogen auf ‹mens›) ist die Wissenschaft und das vornehmste und verborgenste Geheimnis aller alten Philosophen versteckt.»[32]

Man müßte hier einen doppelten Druckfehler annehmen, wenn sich das Geheimnis doch auf das Salz bezöge. Übrigens sind «Geist» und «Salz» nahe Verwandte (cum grano salis!)[33]. So ist bei KHUNRATH das Salz nicht nur das physische Zentrum der Erde, sondern auch zugleich das «sal sapientiae» [Salz der Weisheit][34], und von diesem sagt er: «Darumb richte dein gemüth / sinne / vernunfft und gedancken nur auff dieses Saltz alleine.»[35] Der Anonymus des *«Rosarium»* sagt an anderer Stelle, das Werk müsse «mit der wahren Imagination, und nicht mit der phantastischen» getan werden[36], und ein andermal, daß der Stein dann gefunden werde, «wenn die Erforschung den Forschenden beschwert»[37]. Diese Bemerkung kann wohl nicht anders verstanden werden, als daß sie wiederum die psychologische Bedingung als unerläßlich für die Auffindung des Wundersteins hinstellt.

Abb. 131 Adam als «prima materia», vom Geschoß Merkurs durchbohrt, läßt die «arbor philosophica» aus sich hervorwachsen.
(15. Jh.)

Beide Bemerkungen lassen es darum als möglich erscheinen, daß der Verfasser tatsächlich der Ansicht ist, das wesentliche Geheimnis der «Kunst» sei im menschlichen Geiste verborgen; es sei also, modern ausgedrückt, im Unbewußten (Abb. 132).

Es hat den Alchemisten tatsächlich gedämmert, daß ihr Werk mit der menschlichen Seele und deren Funktionen irgendwie zusammenhängt, weshalb es mir wahrscheinlich vorkommt, daß die oben erwähnte *«Rosarium»*-Stelle nicht bloß ein Druckfehler ist. Sie stimmt nämlich zu gut mit Äußerungen anderer Autoren überein. Vor allem wird durchgehend auf dem sorgfältigen Studium der Bücher und deren Meditation insistiert. So sagt RICHARDUS ANGLICUS[38] in seinem *«Correctorium fatuorum»:*

«Und daher sollen alle, welche die Wohltat dieser Kunst erreichen wollen, dem Studium obliegen und die Wahrheit aus den Büchern schöpfen, und nicht aus erdichteten Fabeln und lügenhaften Werken, da diese Kunst auf keinerlei Weise wahrhaft gefunden wird (obschon dem Menschen viele Täuschungen vorkommen), außer nach erfülltem Studium und der Erkenntnis der Worte der Philosophen» usw.[39]

BERNARDUS TREVISANUS erzählt, wie er sich jahrelang vergeblich bemühte, bis er endlich durch einen «sermo» des PARMENIDES in der *«Turba»* auf den richtigen Weg geführt wurde[40].

HOGHELANDE[41] schreibt:

«Er möge sich die Bücher verschiedener Autoren sammeln, weil sonst deren Verständnis unmöglich sei, und er möge auch ein ein-, zwei- oder dreimal gelesenes Buch nicht verwerfen, obschon er es nicht verstehe, sondern möge es zehn-, zwanzig- und fünfzigmal und mehr wieder lesen. Schließlich sehe er, worin die Autoren am meisten übereinstimmen: dort nämlich liege die Wahrheit verborgen» usw.

Unter Berufung auf LULLIUS sagt derselbe Autor, daß die Menschen wegen ihrer Unwissenheit das Werk nicht ausführen könnten, bis sie durch die universale Philosophie hindurchgegangen seien, welche ihnen das offenbare, was den andern verborgen und unbekannt sei. «Daher gehört unser Stein nicht den Banausen, sondern zutiefst unserer Philosophie.»[42] DIONYSIUS ZACHARIUS erzählt, daß ein gewisser «religiosus Doctor excellentissimus» ihm geraten habe, sich unnützer Ausgaben in «sophisticationibus diabolicis» zu enthalten und sich lieber dem Studium

Abb. 132 Darstellung der «geheimen» (d. h. unbewußten) Inhalte des Werkes; im Zentrum die Frau in Verbindung mit dem König im Meer (als Neptun), unten links als Fischerin; rechts der Artifex als Fischer der Melusine.

(1702)

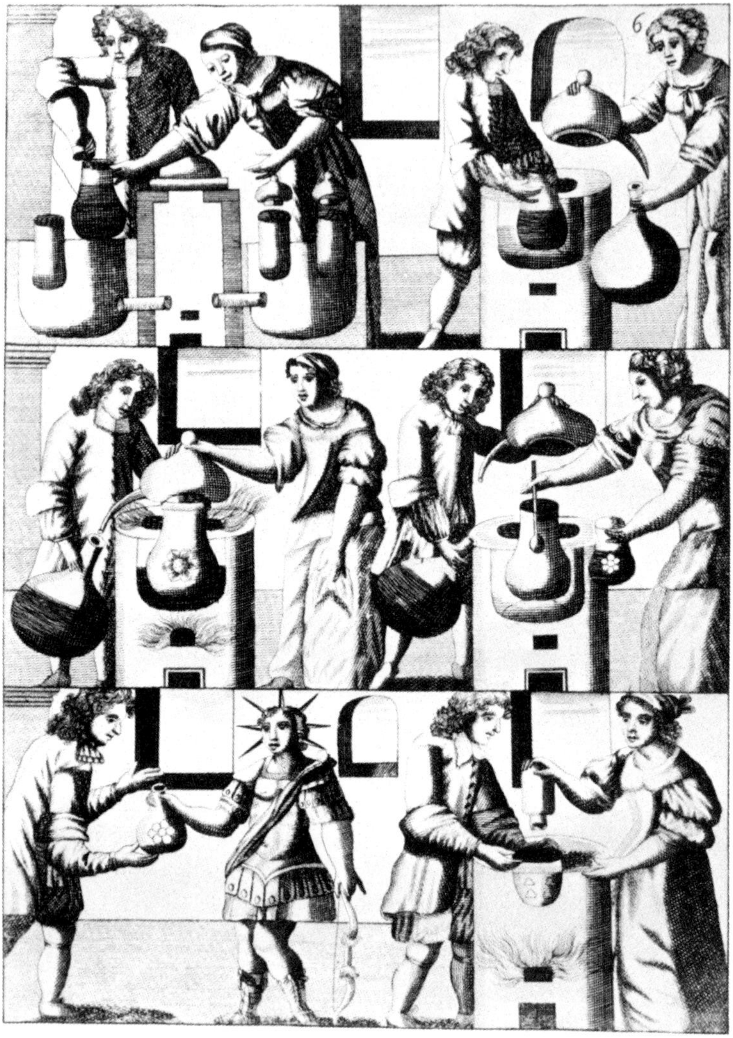

Abb. 133 Alchemisten beim Werk. Verschiedene Stufen des Prozesses. Unten erscheint Sol und bringt die Goldblume.

(1702)

der Bücher der alten Philosophen zu widmen, um die «vera materia» kennenzulernen. Nach einem Verzweiflungsanfall habe er sich dann, von der Hilfe des göttlichen Geistes wieder aufgerichtet, an die ernsthafte Lektüre der Bücher gemacht und fleißig gelesen und meditiert Tag und Nacht bis zur Erschöpfung seiner Finanzen. Darauf laborierte er, sah die Erscheinung der drei Farben, und am Ostertag übers Jahr geschah das Wunder – «ich sah die Vollendung» –, nämlich das Quecksilber «vor meinen Augen in reines Gold verwandelt». (Dies soll im Jahre 1550 geschehen sein[43].) Damit ist wohl unmißverständlich eine zumindest starke Abhängigkeit des Werkes und dessen Zieles von einer geistigen Voraussetzung angedeutet. RICHARDUS ANGLICUS verwirft allen jenen Schmutz, mit dem die Alchemisten arbeiteten, wie Eierschalen, Haare, Blut eines rothaarigen Menschen, Basilisken, Würmer, Kräuter und menschliche faeces. «Was der Mensch sät, das erntet er auch. Wenn er also Dreck sät, so wird er Dreck finden.»[44] «Kehret, ihr Brüder, zurück zum Wege der Wahrheit, die ihr dessen unbewußt seid; deshalb rate ich wegen eurer selbst, zu studieren und zu laborieren unter ständiger Überlegung der Worte der Philosophen, aus denen die Wahrheit hervorgelockt werden kann.»[45]

Durchgehend wird auf der Wichtigkeit respektive Unerläßlichkeit des Verstandes (mens) und der Intelligenz insistiert, und zwar nicht bloß darum, weil zur Ausführung eines so schwierigen Werkes eine mehr als gewöhnliche Intelligenz nötig ist, sondern weil dem menschlichen Geiste, wie angenommen wurde, eine Art magische Kraft innewohnt, welche auch den Stoff wandeln kann. DORN, der diesem Problem, wie das Werk mit dem Menschen zusammenhängt (Abb. 133), eine Reihe von interessanten Traktaten[46] gewidmet hat, sagt: «In der Tat ist die Form, welche der Intellekt des Menschen ist, der Anfang, die Mitte und das Ende des Verfahrens: und diese Form wird deutlich gemacht durch die gelbe Farbe, durch welche nämlich angezeigt wird, daß der Mensch die größere und hauptsächliche Form im spagyrischen Opus ist.»[47] DORN zieht eine völlige Parallele zwischen dem alchemistischen Werk und der moralisch-intellektuellen Wandlung des Menschen. Seine Gedankengänge sind aber schon vielfach antizipiert in dem harranischen «Traktat der platonischen Tetralogien», deren lateinischer Titel lautet: *«Liber Platonis quartorum»*[48]. «Zur Hilfe für den Forscher» stellt hier der Autor vier Reihen von je vier «Büchern» auf, die sich gegenseitig entsprechen[49]:

I	II[53]	III	IV
1. De opere naturalium. (Über das Werk der natürlichen Dinge).	1. Elementum aquae.	1. Naturae compositae. (Zusammengesetzte Naturen).	1. Sensus. (Sinne).
2. Exaltatio divisionis naturae. (Heraushebung [od. Erhöhung] der Teilung der Natur)[50].	2. Elementum terrae.	2. Naturae discretae. (Unterschiedene Naturen).	2. Discretio intellectualis. (Verstandesmäßige Unterscheidung).
3. Exaltatio animae. (Heraushebung [od. Erhöhung] der Seele)[51].	3. Elementum aëris.	3. Simplicia. (Einfache Dinge).	3. Ratio[54]. (Vernunft).
4. Exaltatio intellectus. (Heraushebung [od. Erhöhung] des Verstandes)[52].	4. Elementum ignis.	4. Aetheris simplicioris. (Dinge d. noch einfacheren Äthers).	4. Res quam concludunt hi effectus praecedentes. (Die Sache, welche d. vorausgehenden Wirkungen in sich beschließen)[55].

Die vier Reihen zeigen vier Aspekte des Opus. Die *erste Horizontalreihe* beginnt mit den natürlichen Dingen, der «prima materia», als welche das Wasser gilt. Diese Dinge sind zusammengesetzt, das heißt vermischt. Ihnen entspricht in der vierten Vertikalreihe die Sinneswahrnehmung. Die *zweite Horizontalreihe* bedeutet eine höhere Stufe des Prozesses: in der ersten Vertikalreihe derselben werden die zusammengesetzten Naturen in ihre anfänglichen Elemente zersetzt respektive zurückverwandelt; in der zweiten die Erde vom (Ur-)Wasser getrennt nach dem in der Alchemie beliebten Genesismotiv; in der dritten handelt es sich um eine begriffliche Scheidung, in der vierten um den psychologischen Akt der Diskrimination [Unterscheidung]. Die *dritte Horizontalreihe* zeigt den Fortschritt nach oben noch deutlicher: in der ersten Vertikalreihe tritt ge-

genüber der Natur die Seele hervor; in der zweiten findet eine Erhebung ins Luftreich statt; in der dritten gelangt der Prozeß zu den «einfachen» Dingen, welche wegen ihrer Ungemischtheit inkorruptibel, ewig und den Platonischen Ideen angenähert sind; in der vierten endlich findet sich ein Aufstieg von «mens» zu «ratio», zur «anima rationalis», das heißt zur höchsten Seelenform. Die *vierte Horizontalreihe* zeigt die Vollendung der jeweiligen Vertikalreihe.

Erste Vertikalreihe: Diese Reihe ist «phänomenologischer» Natur, wenn der moderne Ausdruck hier gestattet ist: aus der Summe der natürlichen Erscheinungen tritt das Psychische hervor, welches in der «exaltatio intellectus», dem Phänomen klaren Einsehens und Verstehens, gipfelt. Man tut dem Text wohl keine Gewalt an, wenn man diesen «intellectus» als Klarheitshöhe des Bewußtseins auffaßt.

Zweite Vertikalreihe: Aus dem ursprünglichen Wasserchaos, der «massa confusa», erhebt sich die Erde nach alter alchemistischer Auffassung; darauf lagert sich die Luft als das aus der Erde aufsteigende Volatile. Das Feuer kommt zuoberst[56] als «feinste» Substanz: nämlich das feurige Pneuma[57], welches bereits den Sitz der Götter berührt[58] (Abb. 134; auch Abb. 166, 178 und 200).

Dritte Vertikalreihe: Diese Reihe ist begrifflicher respektive ideeller Natur; darum enthält sie intellektuelle Urteile. Die Zusammensetzung löst sich in Unterschiedenes auf; dieses wird auf das «Einfache» reduziert, aus welchem endlich die Quintessenzen, nämlich die einfachen Urideen, hervorgehen. Äther ist die Quintessenz[59].

Vierte Vertikalreihe: Diese Reihe ist exklusiv psychologisch. Die Sinne vermitteln die Perzeption; die «discretio intellectualis» entspricht der Apperzeption. Diese Tätigkeit untersteht der «ratio» respektive der «anima rationalis» als höchstem, von Gott dem Menschen verliehenem Vermögen. Die «anima rationalis» hat über sich nur noch die «Sache», welche das Resultat aller vorausgehenden Wirkungen ist. Der *«Liber quartorum»* erläutert diese Sache als «unsichtbaren und unbeweglichen Gott[60], durch dessen Willen die Intelligenz begründet ist; durch den Willen sowohl als durch die Intelligenz (hier als ‹intellectus› zu verstehen) ist die einfache Seele[61], durch die Seele aber sind die unterschiedenen Naturen bedingt, aus denen die zusammengesetzten hervorgegangen sind, und diese zeigen an, daß eine Sache nicht erkannt wird außer durch das ihr Überlegene. Die Seele aber ist über der Natur, und durch sie wird die

Abb. 134 Saturn, resp. Mercurius senex, wird im Bade gekocht, bis der Geist, die weiße Taube (pneuma), aus ihm aufsteigt.

Natur erkannt, und die Intelligenz erkennt der, welcher größer ist als sie, und es umgibt sie der eine Gott, dessen Wesen unerfaßbar ist.»[62]

Der Urtext lautet:

«... scias quod scientia antiquorum quibus appraeparatae sunt scientiae et virtutes, est quod res ex qua sunt res est Deus invisibilis, et immobilis, cuius voluntate intelligentia condita est, et voluntate et intelligentia[63] est anima simplex, per animam sunt naturae discretae, ex quibus generatae sunt compositae, et indicant quod res non cognoscitur, nisi per suum superius. Anima vero est super naturam, et per eam cognoscitur natura, sed intelligentia est superior anima et per eam cognoscitur anima, et intelligentia(m)[64] noscit, qui[65] superior ea est, et circundat eam Deus unus, cuius qualitas apprehendi non potest.»

Der Autor fügt ein Zitat bei, dessen Herkunft ich allerdings nicht nachweisen kann. Es lautet:

«Der Philosoph im Buch der Dialoge hat gesagt: ‹Ich habe die drei Himmel umschritten: nämlich den Himmel der zusammengesetzten Naturen, den der unterschiedenen Naturen und den der Seele. Als ich aber den Himmel der Intelligenz umschreiten wollte, sagte mir die Seele: ‚Dort ist für dich kein Weg.' Da hat mich die Natur angezogen, und ich bin angezogen worden.› Diese prinzipielle Feststellung hat der Philosoph nicht gemacht, um diese Wissenschaft zu bezeichnen, sondern weil er wollte, daß seine Worte nicht verfehlten, die Kraft, welche die Kreatur befreit, offenbar zu machen, und er wollte damit, daß man in dieser Art von Werk das niedrige Verfahren durch das höhere erkenne.» Der Urtext lautet: «Et dixit philosophus in libro Dialogorum: Circuivi tres coelos, scilicet coelum naturae compositae, coelum naturae discretae et coelum animae. Cum autem volui circumire coelum intelligentiae, dixit mihi anima, non habes illuc iter, et attraxit me natura, et attractus sum.»

In diesem recht alten Text, der in seiner arabischen Form nicht viel später als das zehnte Jahrhundert anzusetzen ist und sehr viele noch ältere Bestandteile aufweist, finden wir also eine systematische Aufstellung der Beziehungen zwischen dem «opus alchemicum» und den philosophischen und psychologischen Parallelvorgängen. Man kann daraus ohne weiteres erkennen, bis zu welchem Grad die chemisch materiellen Vorgänge mit geistigen respektive psychischen Faktoren für diese Denker in eins zusammenfielen. Der Zusammenhang ging in der Tat so weit, daß jenes, welches aus dem Stoff ausgezogen werden sollte, als «cogitatio», das Denken, bezeichnet wurde[66]. Diese merkwürdige Auffassung dürfte sich eben daraus erklären, daß die alten Philosophen doch eine Ahnung von Projektion seelischer Inhalte in die Materie hatten. Weil ein innigster Zusammenhang zwischen dem Menschen und dem Geheimnis des Stoffes bestand, wurde nicht nur von dem späten DORN, sondern auch schon vom *«Liber quartorum»* die Forderung erhoben, daß der Operator sozusagen auf der Höhe seiner Aufgabe stehe, das heißt, daß er den gleichen Prozeß, den er der Materie zumutet, in sich selber vollende, «denn die Dinge werden durch das ihnen Ähnliche vervollständigt». Darum müsse der Operator beim Werk «dabei sein» (oportet operatorem interesse operi). «Wenn nämlich der Forscher fern davon ist, die Ähnlichkeit (mit dem Werke) zu besitzen, so würde er jene Höhe, die ich gekennzeichnet habe, nicht ersteigen und wird (auch) nicht auf jenen Weg gelangen, der zum Ziele führt.»[67]

Infolge der Projektion besteht eine *unbewußte Identität* zwischen der Psyche des Alchemisten und der Arkan- oder Wandlungssubstanz, das heißt des im Stoffe gefangenen Geistes. Dementsprechend empfiehlt der *«Liber quartorum»,* als Wandlungsgefäß das «occiput» (das heißt den hintern Teil der menschlichen Schädelkapsel) (vgl. Abb. 75: Grundwerk 5) zu benützen[68], weil darin das Denken und der Intellekt enthalten seien[69] (Abb. 135). Man bedarf nämlich des Gehirns als der Wohnung des «göttlichen Teiles» (partis divinae). «Die Dinge», fährt der Text fort, «werden durch die Zeit und durch schärfere Bestimmungen zum Intellekt verwandelt, insofern die Teile in der Zusammensetzung und in der Form (einander) angeglichen werden. Das Gehirn aber mußte wegen (seiner) Nachbarschaft mit der anima rationalis sich der Vermischung angleichen, und die anima rationalis ist einfach, wie wir gesagt haben.»[70]

Die Voraussetzung dieses Gedankenganges ist die kausative Wirkung der Analogie; das heißt, so, wie in der Psyche aus der Mannigfaltigkeit der Sinneswahrnehmung die Einheit und Einfachheit der Idee entsteht, so entsteht aus dem anfänglichen Wasser schließlich das Feuer, das heißt die ätherische Substanz, aber nicht – und das ist das Entscheidende – als bloße Analogie, sondern als *Wirkung des geistigen Zustandes auf den Stoff.* Dementsprechend sagt DORN: «Im menschlichen Körper ist eine gewisse metaphysische Substanz verborgen, den wenigsten bekannt, welche zuinnerst keines Medikamentes bedarf, sondern sie ist selber unverdorbenes Medikament.» Diese Medizin sei «dreifacher Natur: nämlich metaphysisch, physisch und moralisch» (was man heute «psychologisch» nennen

Abb. 135 Der Schädel als Symbol der «mortificatio» der Eva, welche den weiblichen Aspekt der «prima materia» darstellt.
Im Gegensatz zu Adam, wo die «arbor» (Baum) dem Phallus entspricht (siehe Abb. 131), wächst hier der Baum aus dem Kopfe der Eva.
(15. Jh.)

würde). «Daraus», sagt DORN, «wird der aufmerksame Leser schließen, daß man den Übergang von der Metaphysik auf die Physik machen müsse, indem man philosophisch verfährt.»[71] Diese Medizin ist offenkundig die Arkansubstanz, welche DORN andernorts auch als «veritas» (Wahrheit) bezeichnet:

«Es ist in den natürlichen Dingen eine gewisse Wahrheit, die mit den äußern Augen nicht gesehen, sondern allein vom Verstande (sola mente) wahrgenommen wird. Die Philosophen haben sie erfahren, und sie haben gefunden, daß deren Kraft so groß sei, daß sie Wunder bewirke[72].» «In dieser (Wahrheit) besteht die ganze Kunst, daß der Geist (spiritus) dieser Art von seinen Fesseln befreit werde, nicht anders als, wie schon gesagt, der Verstand (mens) vom Körper (nämlich moralisch) frei gemacht werden soll[73].» Wie im Menschen der Glaube Wunder wirke, so diese Kraft, die ‹veritas efficaciae› (Wahrheit der Wirksamkeit) im Stoffe. Diese Wahrheit sei die höchste Kraft und eine unüberwindliche Festung, in welcher der Stein der Philosophen bewahrt liege[74].

Durch das Studium der Philosophen macht sich der Mensch geschickt, diesen Stein zu erlangen. Und der Stein ist wiederum der Mensch. So ruft DORN aus: «Verwandelt euch von toten Steinen zu lebendigen philosophischen Steinen!»[75] und drückt damit aufs klarste die Identität dessen aus, was im Menschen, mit dem, was im Stoff verborgen ist.

In seinem *«Recueil stéganographique»*[76] sagt BÉROALDE DE VERVILLE:

«Qui quelquefois a veu changer la goutte de mastic, et la pressant en faire sortir vne larme limpide, qu'il prenne garde et il verra au temps prefix de la douce pressure du feu issir du subiet philosophic, vne substance pareille: car aussi tost que sa noirceur violette sera pour la seconde fois excitee, il s'en suscitera comme vne goutte ou fleur ou flame ou perle, ou autre similitude de pierre precieuse, laquelle sera diversifiee iusques à ce qu'elle coule en blancheur tres-claire, qui puis apres sera susceptile de se vestir de l'honneur des beaux rubis, et pierres etherees, qui sont le vray feu de l'ame et lumiere des Philosophes.»

Aus dem Gesagten mag zur Genüge erhellen, daß seit den ältesten Zeiten der Alchemie ein doppelter Tatbestand vorlag: einerseits die praktische chemische Arbeit im Laboratorium, anderseits aber ein psychologischer Vorgang, welcher teils bewußt psychisch war, teils unbewußt, projiziert, in den Wandlungsvorgängen des Stoffes gesehen wurde.

Man braucht zum Beginn des Werkes nicht viel Aufwand; es genügt, daß man mit «freiem und leerem Geist» darangeht, wie der Text sagt[77]. Es ist auch die wichtige Regel zu beobachten: nämlich daß «der Geist (mens) mit dem Werk, das alle andern überragen muß, übereinstimmt»[78]. Um das «goldene Verständnis» (aurea apprehensio) zu erlernen, muß man, sagt ein anderer Text, die Augen des Geistes und der Seele gut aufmachen und mit dem inneren Lichte, das Gott von Anfang in der Natur und unserm Herzen angezündet hat, betrachten und erkennen[79].

Weil nun die Psyche des Artisten in hohem Maße mit dem Werk nicht nur als Mittel, sondern auch als Ursache und Ausgangspunkt verknüpft ist, so wird es verständlich, warum ein so erheblicher Nachdruck auf die seelisch-geistige Beschaffenheit und Einstellung des Laboranten gelegt wird. So sagt ALPHIDIUS[80]: «Wisse, daß du diese Wissenschaft nicht haben kannst, bevor du nicht deinen Geist für Gott reinigst, das heißt bis daß du im Herzen alle Verderbnis auslöschest.» Das Schatzhaus der hermetischen Weisheit ist, nach der *«Aurora consurgens»,* auf vierzehn Haupttugenden als Fundament gegründet: nämlich Gesundheit, Demut, Heiligkeit, Keuschheit, Kraft[81], Sieg, Glaube, Hoffnung, Liebe (caritas), Güte (benignitas), Geduld, richtiges Maß, eine geistige Einstellung oder Einsicht[82] und Gehorsam.

Der Pseudo-THOMAS des genannten Traktates erwähnt ein Zitat, welches lautet: «Reinige die schauerlichen Finsternisse unseres Geistes»[83], und zitiert als Parallele dazu den alten Alchemisten SENIOR, wo er über «nigredo» und «dealbatio» spricht[84]. Auf diese Weise fallen «Finsternisse unseres Geistes» mit der «nigredo», der «Schwärze» (Abb. 34, 48 [Grundwerk 5], 115 und 137), unmißverständlich in eins; das heißt, der Verfasser empfindet oder erlebt das Anfangsstadium des alchemistischen Prozesses als identisch mit seiner psychologischen Bedingung.

Ein anderer alter Gewährsmann ist GEBER. Nach dem *«Rosarium»* fordert er im *«Liber perfecti magisterii»*[85] folgende psychologische und charakterologische Voraussetzungen für den artifex (Künstler): Er müsse von subtilstem Geist sein und über genügende Kenntnisse der Metalle und Mineralien verfügen. Er dürfe aber keinen groben und harten Geist haben, noch dürfe er gierig und habsüchtig, noch unentschiedenen und wankelmütigen Geistes sein. Auch dürfe er es nicht eilig haben, noch eingebildet sein. Dagegen müsse er festen Vorsatzes, ausdauernd, geduldig, milde, langmütig und mäßig sein.

Der Verfasser des *«Rosariums»* sagt, daß der, welcher sich in diese Kunst und Weisheit wolle einführen lassen, nicht arrogant, sondern fromm, rechtschaffen, von tiefem Verstande, menschenfreundlich, von heiterer Miene und fröhlichem Gemüt sein müsse. «Mein Sohn», so fährt er fort, «vor allem ermahne ich dich, Gott zu fürchten, der deine Art kennt und in dem Hilfe ist für jeden Einsamen, wer er auch sei.»[86]

Besonders lehrreich ist die Einführung in die Kunst, welche MORIENUS dem CALID[87] gibt:

«Diese Sache nämlich, die du so lange gesucht hast, kann nicht durch Gewalt oder Leidenschaft erworben oder durchgesetzt werden. Sie wird nur durch Geduld und Demut und durch eine entschlossene und vollkommenste Liebe erworben. Gott verleiht nämlich diese göttliche und reine Wissenschaft seinen Gläubigen und Dienern, jenen nämlich, welchen er sie von dem ursprünglichen Zustand der Dinge her zu verleihen beschlossen hat...[88]» (Es folgen einige Bemerkungen in bezug auf die Übermittlung der Kunst an Schüler.) «Auch vermochten sie (die Erwählten) nicht irgend etwas zurückzuhalten, außer durch die von Gott ihnen verliehene Stärke, und auch konnten sie ihren Geist nicht länger selber lenken, außer auf das Ziel[89], das Gott für sie gesetzt hatte. Gott trägt nämlich denen von seinen Dienern, die er absichtlich erwählt hat, auf (Abb. 136), daß sie diese göttliche, dem Menschen verborgene Wissenschaft suchen und die Gesuchte bei sich zurückhalten. Dies ist nämlich die Wissenschaft, welche ihren Herrn (den, der sie ausübt) vom Elend dieser Welt wegzieht und zum Wissen um zukünftige Güter hinführt.»

«Als Morienus vom König gefragt wurde, warum er im Gebirge und in Einöden eher als in Klöstern lebe, antwortete er: Ich zweifle nicht daran, daß ich in Klöstern und Gemeinschaften größere Ruhe und in der Einöde und im Gebirge mühevolle Arbeit finde; aber niemand erntet, der nicht sät... Überaus eng ist der Zugang zum Frieden, und niemand kann dazu eingehen, außer durch das Leiden der Seele[90].»

Man darf beim letzten Satz nicht vergessen, daß MORIENUS nicht allgemein erbaulich, sondern mit Hinsicht auf die göttliche Kunst und ihr Werk spricht. In ähnlicher Weise drückt sich auch MICHAEL MAIER aus, indem er sagt: «Es gebe in der Chemie einen gewissen edeln Körper (lapis), bei dessen Anfang das Elend mit Essig, am Ende aber Ergötzen mit Fröhlichkeit herrsche; so habe ich angenommen, daß es auch mir geschehen werde: nämlich daß ich erst Schwierigkeit, Trauer und Überdruß erleiden, schließlich aber alle freudigern und leichtern Dinge zu Gesicht bekommen würde[91].»

Abb. 136 Gott erleuchtet den Artifex.
(1718)

Derselbe Autor bestätigt auch, daß «die Chemie den Artifex [Meister] zur Meditation der himmlischen Güter anrege»[92], und daß der, welcher von Gott in diese Mysterien eingeweiht sei, «alle jene belanglosen Sorgen wie Essen und Kleidung wegwerfe und sich so gleichsam neugeboren vorkomme»[93].

Die Schwierigkeit und die Trauer, die am Anfang des Werkes stehen, dürften wiederum mit der «nigredo» zusammenfallen, wie die «schauerlichen Finsternisse des Geistes», von denen die *«Aurora consurgens»* spricht; und diese wiederum sind wohl dasselbe wie die «afflictio animae», das Leiden der Seele, auf welches MORIENUS hinweist. Der Ausdruck, mit dem er die Einstellung des Adepten kennzeichnet: «amor perfectissimus» [vollkommenste Liebe], drückt seine außerordentliche Hingabe an das Werk aus. Wenn diese «seria meditatio» (ernsthafte Konzentration) nicht bloßes Geflunker ist – zu welcher Annahme wir allerdings keine Gründe haben –, so müssen wir uns wohl vorstellen, daß die alten Adepten mit einer ungewöhnlichen Konzentration, ja mit religiöser Inbrunst ihr Werk betrieben haben. (Vgl. unten.) Eine solche Devotion ist natürlich geeignet, Werte und Bedeutungen in das Objekt der hingebungsvollen Nachforschung hineinzuprojizieren und dasselbe mit Formen und Figuren zu erfüllen, welche ihren Ursprung in erster Linie im Unbewußten des Forschers haben.

C. MEDITATION UND IMAGINATION

Der eben geschilderten Auffassung kommt die eigentümliche und bemerkenswerte Art, in der die Alchemisten die Ausdrücke «meditatio» und «imaginatio» gebrauchen, entgegen. Das von 1612 stammende RULANDsche *«Lexicon Alchemiae»* definiert «meditatio»[94] folgendermaßen: «Das Wort ‹meditatio› wird gebraucht, wenn man mit irgendeinem, der aber unsichtbar ist, ein inneres Zwiegespräch hat, wie auch, unter Anrufung, mit Gott, oder mit sich selber, oder mit seinem guten Engel» (Abb. 137). Dieses «innere Zwiegespräch» ist dem Psychologen eine vertraute Angelegenheit – ist es doch ein wesentlicher Teil der Technik der Auseinandersetzung mit dem Unbewußten[95]. Die RULANDsche Definition beweist aber über allen Zweifel hinaus, daß, wenn die Alchemisten von «meditari» reden, damit keineswegs bloß ein Nachdenken gemeint ist, vielmehr ein inneres Zwiegespräch und damit eine lebendige Beziehung zur antwortenden Stimme des «andern» in uns, eben des Unbewußten. Wenn also das oben erwähnte hermetische dictum «Und wie alle Dinge vom Einen kommen, durch die Meditation des Einen» den Begriff des Meditierens gebraucht, so muß er wohl in diesem alchemistischen Sinne eines schöpferischen Zwiegespräches, durch welches die Dinge aus einem unbewußt potentiellen Zustand in einen manifesten übergehen, verstanden werden. So lesen wir in einem Traktat des PHILALETHES[96]: «Vor allem wunderbar ist es, daß unser Stein, obwohl er bereits vollendet ist und vollendete Tinktur mitteilen kann, freiwillig sich wiederum erniedrigt und eine neue Volatilität (Flüchtigkeit), abgesehen von aller

Abb. 137 Meditierender Alchemist im Zustand der «nigredo» zu Beginn des Opus.
(1625)

Manipulation, meditieren wird[97].» Was mit der meditierten Volatilität gemeint ist, erfahren wir wenige Zeilen später, wo es heißt: «Freiwillig wird sich verflüssigen... und auf Befehl Gottes mit Geist begabt werden, der hinauffliegen und den Stein mit sich nehmen wird[98].» «Meditieren» heißt also wiederum, daß, diesmal durch ein Zwiegespräch mit Gott, dem Stein noch weiterer Geist zufließt, das heißt daß dieser noch weiter vergeistigt, volatilisiert oder sublimiert wird (Abb. 178). Ähnlich schreibt auch KHUNRATH:

«All hier studire / meditire / schwitze / arbeitte, Koche... so wird sich dir eröffnen eine heilsame fluet, welche aus dem Hertzen des Sons der großen Weld entspringt», ein Wasser, «dz uns der Sohn der Großen Weld selbst gibt / und aus seinem Leib und Hertzen zu einem wahren Natürlichem Aqua Vitae herfür röret...[99]»

Ebenso muß die oben erwähnte «meditatio caelestium bonorum» im Sinne einer lebendigen, dialektischen Beziehung zu gewissen Dominanten des Unbewußten aufgefaßt werden. Wir finden hierfür eine treffliche Bestätigung in einem Traktat eines dem 17./18. Jahrhundert angehörigen französischen Alchemisten[100]. Er sagt wörtlich:

«Wie oft sah ich sie (die sacerdotes Aegyptiorum), von Freude über mein Verstehen ergriffen, wie sie mich aufs liebevollste küßten, denn das wahre Erfassen der Zweideutigkeiten einer widersinnigen Lehre ging mir leicht auf. Wie oft ließen sie sich durch die Lust an meinen schönen Entdeckungen über die Figuren der verwickelten alten Weisheiten dazu führen, meinen Augen und Fingern das hermetische Gefäß, den Salamander (Abb. 138; auch Abb. 129, 130), den Vollmond und die aufgehende Sonne zu zeigen.»

Obschon diese Geschichte nicht ein Bekenntnis, sondern eine Schilderung des alchemistischen goldenen Zeitalters ist, so zeigt sie doch, wie sich der Alchemist die psychologische Struktur seines «opus» dachte. Die Beziehung zu den unsichtbaren Mächten der Seele machte das eigentliche Geheimnis des Magisteriums aus. Um dieses Geheimnis auszudrücken, benützten die alten Meister gerne die Form der Allegorie. Eines der ältesten Denkmäler dieser Art, das auf die spätere Literatur einen erheblichen Einfluß ausübte, ist die *«Visio Arislei»*[101], welche ihrer ganzen Art nach ein nächster Verwandter jener aus der Psychologie des Unbewußten bekannten Visionenserien ist. (Siehe unten.)

Ich habe vorhin erwähnt, daß, wie die «meditatio», auch der Begriff der «imaginatio» im alchemischen «opus» von besonderer Bedeutung sei. Wir haben bereits jene bemerkenswerte *«Rosarium»*-Stelle kennengelernt, aus der wir erfuhren, daß das Werk mit der richtigen «imaginatio» getan werden muß, und ebenso wurden wir durch ein anderes Zitat darüber belehrt, wie durch die Betrachtung der philosophische Baum zum Wachstum veranlaßt wird (Abb. 131 und 135). Das RULANDsche Lexikon hilft uns nun wiederum zu verstehen, was sich der Alchemist unter «imaginatio» vorstellt.

RULAND nämlich sagt: «Die Imagination ist das Gestirn im Menschen[102], der himmlische oder überhimmlische Leib.» Diese erstaunliche

Abb. 138 Der Merkurgeist der «prima materia» in Gestalt des Salamanders, der sich im Feuer «ergötzt». (1687)

Definition wirft nun ein ganz eigenartiges Licht auf die mit dem «opus» verknüpften Phantasievorgänge: wir haben uns dieselben nämlich keineswegs als jene substanzlosen Schemen, als die wir uns Phantasiebilder gerne vorstellen, zu denken, sondern als etwas Leibhaftes, als ein subtiles «corpus» (Abb. 139) von halbgeistiger Natur. In einem Zeitalter, wo es noch keine Psychologie der empirischen Seele gab, mußte notgedrungenerweise ein solcher Konkretismus herrschen; denn alles Unbewußte

Abb. 139 Hermes, die beflügelte Seele
aus einer Graburne hervorzaubernd.
Attische Grablekythos

war, sofern aktiviert, in Stoffliches projiziert, das heißt, es trat dem Menschen von außen entgegen. Es war gewissermaßen ein geistig-physisches Zwitterwesen, eine Konkretisierung, wie man sie in der Psychologie der Primitiven häufig antrifft. So ist die «imaginatio» oder das Imaginieren auch eine physische Tätigkeit, die sich in den Kreislauf stofflicher Veränderungen einschalten läßt, solche bewirkt und von ihnen auch wieder bewirkt wird. Der Alchemist stand auf diese Weise nicht nur in Beziehung zum Unbewußten, sondern unmittelbar auch zum Stoff, den er durch Imagination zur Veränderung zu bringen hoffte. Der eigentümliche Ausdruck «astrum» (Gestirn) ist ein Paracelsischer Terminus, der in diesem Zusammenhang etwa «Quintessenz» bedeutet[103]. *«Imaginatio» ist also ein konzentrierter Extrakt der lebendigen körperlichen sowohl wie seelischen Kräfte.* Daher ist auch die Forderung, daß der Artist von gesunder physischer Konstitution sein müsse, verständlich; denn er arbeitet ja mit und durch seine eigene Quintessenz und ist daher seine eigene, unerläßliche experimentelle Bedingung. Es bleibt nun, eben wegen der Vermischung von Physischem und Psychischem, stets dunkel, ob die endgültigen Veränderungen im alchemischen Prozeß mehr im materiellen oder mehr im geistigen Gebiet zu suchen seien. Diese Frage ist aber eigentlich falsch gestellt. Es gab für jene Zeit kein Entweder-Oder, sondern es gab ein Zwischenreich zwischen Stoff und Geist: nämlich ein seelisches Reich subtiler Körper[104], denen sowohl geistige wie stoffliche Erscheinungsweise eignete. Einzig diese Betrachtungsweise ist es, welche den Widersinn alchemistischer Gedankengänge in die Sphäre des Begreifbaren rückt. Selbstverständlich nimmt die Existenz dieses Zwischenreiches ein plötzliches Ende dann, wenn man versucht, den Stoff an und für sich, abgesehen von allen Projektionen, zu untersuchen, und das Zwischenreich subtiler Körper verharrt so lange in der Nichtexistenz, als man glaubt, über den Stoff und über die Seele Endgültiges zu wissen. Kommt aber der Augenblick, wo die Physik an ein «Unbetretenes, nicht zu Betretendes» rührt und wo gleichzeitig die Psychologie anerkennen muß, daß es noch andere psychische Existenzformen gibt als persönliche Bewußtseinserwerbungen, das heißt, wo sie ebenfalls an ein undurchdringliches Dunkel stößt, dann belebt sich jenes Zwischenreich aufs neue, und Physisches und Psychisches sind wiederum gemischt in untrennbarer Einheit. Wir sind heute dieser Wendung schon sehr nahe gekommen.

Solche und ähnliche Überlegungen sind unumgänglich, wenn man die eigentümliche Begriffssprache der Alchemie einigermaßen verstehen will. Heutzutage ist das frühere Gerede vom «Irrtum» der Alchemie etwas antiquiert, indem ihr psychologischer Aspekt die Wissenschaft vor neue Aufgaben stellt. Es gibt in der Alchemie sehr moderne Probleme, die aber auf einem anderen Gebiete als dem der Chemie liegen.

Der Begriff der «imaginatio» ist wohl einer der wichtigsten, wenn nicht der wichtigste Schlüssel zum Verständnis des «opus». Der anonyme Verfasser des Traktates *«De sulphure»*[105] spricht an jener Stelle, wo er das, was die Alten zu tun unterlassen hätten, mitteilen wolle: nämlich einen deutlichen Hinweis auf das Geheimnis der Kunst zu geben, von der imaginativen Fähigkeit der Seele. Die Seele stehe an Stelle Gottes (sui locum tenens seu vice Rex est) und wohne im Lebensgeist im reinen Blut. Sie regiere den Verstand[106] und dieser den Körper. Die Seele funktioniere im Körper (operatur); aber den größeren Teil ihrer Funktion (operatio) habe sie außerhalb des Körpers. (Wir dürfen erläuternd beifügen: in der Projektion.) Diese Eigenschaft sei göttlich, denn die göttliche Weisheit sei nur zum Teil im Körper der Welt eingeschlossen, zum größeren Teil sei sie außerhalb und imaginiere viel höhere Dinge, als der Körper der Welt aufnehmen (concipere) könne, und diese seien außerhalb der Natur: Gottes eigene Geheimnisse. Davon sei die Seele ein Beispiel: auch sie imaginiere viele tiefste Dinge (profundissima) außerhalb des Körpers, ähnlich wie Gott. Allerdings was die Seele imaginiere, geschehe nur im Geiste[107]; aber was Gott imaginiere, geschehe in Wirklichkeit. «Die Seele hat aber die absolute und unabhängige Macht (absolutam et separatam potestatem), anderes zu machen (alia facere), als was der Körper erfassen kann. Aber sie hat, wenn sie will, die größte Macht über den Körper (potestatem in corpus); sonst wäre ja unsere Philosophie vergeblich... Du kannst Größeres erfassen, da wir dir ja die Türen geöffnet haben.»

D. SEELE UND KÖRPER

Der eben zitierte Passus gibt uns einige wertvolle Einblicke in die alchemistische Denkweise. Die Seele in diesem Text ist offenbar eine «anima corporalis» [körperhafte Seele] (Abb. 91 [Grundwerk 5] und 208), die im Blute wohnt. Sie würde also dem Unbewußten entsprechen, sofern dieses als jene psychische Gegebenheit verstanden wird, welche zwischen dem Bewußtsein und der physiologischen Körperfunktion vermittelt. In der tantrischen Chakren-Skala[108] wäre diese «anima» unterhalb des Diaphragma [Zwerchfell] lokalisiert. Demgegenüber ist sie aber Statthalter Gottes, Vizekönig und Analogie des Deus creator. Es gibt Leute, die das Bedürfnis haben, dem Unbewußten, das sie nie anders denn als ein Unterbewußtes verstehen können, ein Überbewußtes bei- oder womöglich überzuordnen. Solche Hypothesen kümmern unsere Philosophen nicht; denn nach ihrer Lehre enthält jede elementare Seinsform auch ihren inneren Gegensatz, womit sie die moderne psychologische Gegensatzproblematik antizipiert haben. Es ist in dieser Hinsicht wichtig, was unser Autor über das Element der Luft[109] zu sagen hat:

«Die Luft ist ein reines, unverdorbenes Element, in seiner Art das würdigste, besonders leicht und unsichtbar, innen aber schwer, sichtbar und fest. In ihr ist der Geist des Höchsten eingeschlossen (inclusus), welcher vor der Schöpfung über den Wassern schwebte nach dem Zeugnis der Heiligen Schrift: ‹Und er flog auf den Flügeln der Winde[110]›. In diesem Element sind alle Dinge integriert (integrae) durch die Imagination des Feuers.»

Um solche Aussagen zu verstehen, müssen wir uns allerdings der modernen Vorstellungen von der Beschaffenheit eines Gases entschlagen und die Aussage als rein psychologisch auffassen. Es handelt sich dann um die Projektion von Gegensatzpaaren, wie Leicht-Schwer, Sichtbar-Unsichtbar usw. Die Identität der Gegensätze ist nun das Charakteristikum jeder psychischen Gegebenheit im unbewußten Zustand. So ist auch eine «anima corporalis» zu gleicher Zeit «spiritualis», und der feste, schwere Luftkern ist zugleich auch der «spiritus creator» [Schöpfergeist], der über den Wassern schwebt. Und wie im schöpferischen Geist «die Bilder aller Kreatur» enthalten sind, so sind auch alle Dinge durch «des Feuers Kraft» der Luft imaginiert oder «eingebildet»: einerseits dadurch, daß das Feuer den Thron Gottes umgibt und aus ihm die Engel und in absteigender Folge und Qualität alle anderen Lebewesen geschaffen, das heißt «imaginiert» sind durch Infusion der feurigen «anima» in die Lebensluft[111]; anderseits wohl auch dadurch, daß das Feuer alles Zusammengesetzte zerstört und dessen Bilder im Rauche wieder der Luft zuführt.

Die Seele nun, sagt unser Autor, ist nur zum Teil dem Körper verhaftet, ähnlich wie Gott auch nur zum Teil im Körper der Welt eingeschlossen ist. Wenn wir diese Aussage ihres metaphysischen Charakters entkleiden, so besagt sie, daß die Seele nur zum Teil mit unserer empirischen Bewußtseinsexistenz identisch sei, im übrigen sich aber in projiziertem Zustand befinde und in jenem Zustand das Größere imaginiere oder verbildliche, was der Körper nicht fassen, das heißt in die Wirklichkeit bringen könne. Dieses «Größere» (maiora) entspricht dem «Höheren» (altiora) der weltschöpferischen Imagination Gottes, das aber, weil von Gott imaginiert, sofort substanzhaft wird und nicht im Zustand potentieller Wirklichkeit verharrt wie die Inhalte des Unbewußten. Daß mit dieser Tätigkeit der Seele «extra corpus» [außerhalb des Körpers] das alchemistische «opus» gemeint ist, geht klar hervor aus der Bemerkung, daß die Seele aber doch größte Macht über den Körper habe, und

Abb. 140 Der Artifex mit seiner «soror mystica», die Schlüssel zum Werke haltend. Sie repräsentieren Sol und Luna.

(1520)

wenn dem nicht so wäre, so wäre es nichts mit der königlichen Kunst oder Philosophie. «Du kannst», sagt der Autor, «das Größere erfassen (concipere)»; daher kann es dein Körper verwirklichen, nämlich mit Hilfe der Kunst und «Deo concedente» (wenn Gott es zuläßt), was eine stehende Formel der Alchemie ist.

Die «imaginatio», wie sie die Alchemisten verstanden, ist in der Tat ein Schlüssel, der die Türe zum Geheimnis des «opus» öffnet (Abb. 140): Wir wissen jetzt, daß es sich um die Verbildlichung und Verwirklichung des «Größeren» handelt, welches die «anima» in Vertretung Gottes schöpferisch und «extra naturam» [außerhalb der Natur] imaginiert – modern ausgedrückt: eine Verwirklichung jener Inhalte des Unbewußten[112], die «extra naturam» sind, das heißt nicht gegeben in unserer empirischen Welt, also ein Apriori archetypischer Natur. Der Ort oder das Medium der Verwirklichung ist weder der Stoff noch der Geist, sondern jenes Zwischenreich subtiler Wirklichkeit, die einzig durch das Symbol zureichend ausgedrückt werden kann. Das Symbol ist weder abstrakt noch konkret, weder rational noch irrational, weder real noch irreal. Es ist jeweils beides: es ist «non vulgi» [nicht gewöhnlich], die aristokratische Angelegenheit «cuiuslibet sequestrati», eines Abgetrennten, eines von Gott von Uranfang Erwählten und Bestimmten.

Abb. 141 Der Artifex mit Buch und Altar; im Hintergrund ein Weizenfeld als Allegorie des «opus» und die lebenfördernde «coniunctio» von Sol und Luna.

(1676)

Ichnographia operis Philosophici alia.

Abb. 142 Darstellung der Stufenfolge des alchemistischen Prozesses.
(1606)

In einer «explicatio locorum signatorum» gibt LIBAVIUS folgende «Erklärung» des nebenstehenden Bildes (übersetzt):

A Fußgestell oder Fundament als Bild der Erde.

BB zwei Giganten oder Atlasse, die, auf dem Fundament sitzend, von rechts und links die eine Kugel halten und mit den Händen stützen.

C vierköpfiger Drache, aus dessen Hauch die Kugel entsteht: die vier Grade des Feuers; aus dem ersten Maul geht gleichsam Luft hervor, aus dem zweiten feiner Rauch, aus dem dritten Rauch und Feuer, aus dem vierten reines Feuer.

D Mercurius mit einer silbernen Kette, an der zwei Tiere angebunden liegen.

E der grüne Löwe.

F einköpfiger Drache. – E und F bedeuten ein und dieselbe Sache: nämlich die merkurialische Flüssigkeit, welche die «materia prima» des Steines ist.

G ein dreiköpfiger, silberner Adler, der mit zwei gesenkten Köpfen dahinwelkt und aus dem dritten weißes Wasser oder merkurialische Flüssigkeit ausspeit in das Meer, das mit H bezeichnet ist.

I das Bild des Windes, der Geisthauch (spiritus) in das darunterliegende Meer aussendet.

K das Bild des roten Löwen, aus dessen Brust rotes Blut in das Meer unten fließt usw., weil man es so färben muß, wie wenn es aus Silber und Gold oder Weiß und Rot gemischt wäre. Das Bild wird bezogen auf Körper, Seele und Geist, von denen, die auch (schon) am Anfang drei (Prinzipien) suchen, oder auf das Blut des Löwen und den Leim des Adlers. Denn weil sie drei annehmen, haben sie einen doppelten Mercurius. Diejenigen, die zwei annehmen, haben nur einen, der hergeleitet ist von einem Kristall oder unreifen Metall der Philosophen.

L ein Strom schwarzen Wassers, wie im Chaos, der die «putrefactio» (Zersetzung) bedeutet, aus der sich ein Berg erhebt, der am Fuß schwarz und im Gipfel weiß ist, so daß aus dem Gipfel eine silberne Quelle herabfließt. Denn er ist das Bild der ersten Auflösung und Koagulierung und der folgenden zweiten Auflösung.

M eben dieser Berg.

NN die Köpfe schwarzer Raben, die aus dem Meer hervorsehen.

O silberner Regen, der aus den Wolken auf den Gipfel des Berges herabfällt, wodurch bald die Ernährung und Abwaschung der Lato durch das Azoch bezeichnet wird, bald die zweite Auflösung, durch die das Luftelement aus der Erde und dem Wasser hervorgeholt wird (die Erde ist eine Form des Berges, das Wasser jene ersterwähnte Meeresflüssigkeit).

P die Wolken, aus denen Tau oder Regen und nährende Flüssigkeit (strömen).

Q der Anblick des Himmels, in dem ein Drache liegt, der nach oben zu seinen Schwanz frißt: er ist ein Bild der zweiten Koagulierung.

RR ein Äthiopier und Äthiopierin, die zwei obere seitliche Kugeln stützen. Sie sitzen auf der größeren Kugel und bedeuten somit die Schwärze der zweiten Operation in der zweiten Putrefaktion.

S bezeichnet hier ein reines silbernes Meer, welches die merkurialische Flüssigkeit andeutet, durch deren Vermittlung die Tinkturen vereint werden.

T stellt einen Schwan dar, der auf dem Meere schwimmt und aus seinem Schnabel eine milchige Flüssigkeit ausspeit. Dieser Schwan ist das weiße Elixier, der weiße Kalk, das arsenicum der Philosophen, das beiden Fermenten Gemeinsame. Er soll mit seinem Rücken und den Flügeln die obere Kugel halten.

V Sonnenfinsternis.

XX die Sonne, die ins Meer taucht, das heißt ins merkurialische Wasser, in das auch das Elixier fließen soll. Daraus entsteht die wahre Sonnenfinsterins, zu deren beiden Seiten man einen Regenbogen darstellen soll, um den «Pfauenschwanz» zu bezeichnen, der dann in der Koagulation erscheint.

YY Mondfinsternis, die ebenso auf beiden Seiten einen Regenbogen hat und (ebenso) beim untersten Teil des Meeres, in das (jeweils) der Mond untertauchen soll. Das ist das Bild der weißen Fermentierung. Aber beide Meere sollen ziemlich dunkel sein.

Z der ins Meer gleitende Mond.

a die mit einer silbernen Krone gekrönte Königin, die einen neben ihr stehenden weißen oder silbernen Adler streichelt.

b der König im Purpur mit einer goldenen Krone, der einen goldenen Löwen neben sich hat. In der andern Hand hält die Königin eine weiße Lilie, der König eine rote.

c ein Phönix auf der Kugel, der sich verbrennt; aus der Asche fliegen viele silberne und goldene Vögel auf. Er ist das Zeichen der Vervielfältigung und Mehrung.

3. Das Werk

A. DIE METHODE

Die Grundlage der Alchemie ist das Werk (opus). Dieses besteht aus einem praktischen Teil, der eigentlichen «operatio», die wir uns als ein Experimentieren mit chemischen Körpern zu denken haben. Es ist meines Erachtens völlig aussichtslos, in das unendliche Chaos der behandelten Stoffe und der Prozeduren irgendwelche Ordnung bringen zu wollen. Man kann sich selten auch nur ein annäherndes Bild davon machen, wie und mit was für Stoffen gearbeitet und was für Resultate erzielt wurden. In der Regel befindet sich der Leser auch in tiefster Dunkelheit mit den Stoffbezeichnungen, welche *irgend* etwas heißen können, und es sind gerade die meistgebrauchten Stoffe, wie Quecksilber, Salz und Schwefel, de-

Abb. 143 Alchemisten beim Werk.
(1702)

ren alchemische Bedeutung zu den Geheimnissen der Kunst gehört. Man darf sich übrigens nicht vorstellen, daß die Alchemisten etwa einander stets verstanden hätten. Sie klagen selber über die Dunkelheit der Texte und verraten gelegentlich auch ihre Unfähigkeit, ihre eigenen Symbole und symbolischen Figuren zu verstehen. So wirft zum Beispiel der gelehrte MICHAEL MAIER dem GEBER, der klassischen Autorität, vor, daß er der Dunkelste aller sei: man brauche schon einen Ödipus, um die «Gebrina Sphinx» zu enträtseln. BERNHARDUS TREVISANUS, ein anderer berühmter Alchemist, nennt den GEBER sogar einen Finsterling und Proteus, der Kerne verspreche und Schalen gebe[1].

Es ist dem Alchemisten bewußt, daß er dunkel schreibt. Er gibt es zu, daß er absichtlich verhüllt, sagt aber nirgends – soweit meine Kenntnis reicht –, daß er auch gar nicht anders schreiben *könne*. Er macht aus seiner Not eine Tugend, indem er behauptet, entweder, er müsse aus diesen oder jenen Gründen die Wahrheit verheimlichen, oder, er wolle sie ja so deutlich wie möglich machen und nur gerade nicht laut sagen, was die «prima materia» oder der Lapis sei.

Die tiefe Finsternis, welche die chemische Prozedur bedeckt, rührt davon her, daß der Alchemist sich zwar einerseits für den chemischen Teil seiner Arbeit interessiert, anderseits diesen aber benützt, um eine Nomenklatur für die ihn eigentlich faszinierenden seelischen Veränderungen aufzufinden. Jeder originelle Alchemist sozusagen baut sich ein mehr oder weniger individuelles Gedankengebäude zusammen, bestehend aus den «dicta» der Philosophen und einer Kombination von Analogien der alchemistischen Grundvorstellungen, Analogien, die oft aus aller Welt hergeholt worden sind. Es gibt sogar Traktate, die mehr oder weniger zu dem Zwecke geschrieben worden sind, dem Artisten Analogiematerial zu liefern[2]. Die Methode der Alchemie in psychologischer Hinsicht ist die der grenzenlosen Amplifikation. Die «amplificatio» ist stets da am Platze, wo es sich um ein dunkles Erlebnis handelt, dessen spärliche Andeutungen durch psychologischen Kontext vermehrt und erweitert werden müssen, um verständlich zu werden. Daher verwenden wir in der Komplexen [Analytischen] Psychologie ebenfalls die «amplificitio» in der Traumdeutung; denn der Traum ist für das Verständnis eine zu spärliche Andeutung, welche deshalb durch assoziatives und analoges Material angereichert und bis zur Verständlichkeit verstärkt werden muß. Diese «amplificatio» bildet den zweiten Teil des «opus» und wird vom Alchemisten als «theoria» verstanden[3]. Die Theorie ist ursprünglich «hermetische Philosophie», die sich schon früh durch Assimilierung christlich-dogmatischer Vorstellungen erweitert. In der ältesten westlichen Alchemie sind hermetische Fragmente in der Hauptsache durch die arabischen Originalien übermittelt worden. Eine unmittelbare Berührung mit dem *«Corpus hermeticum»* kam erst er in der zweiten Hälfte des 15. Jahrhunderts zustande, als nämlich MARSILIUS FICINUS die griechische Handschrift des *«Corpus Hermeticum»,* welche damals aus Mazedonien nach Italien gelangt war, ins Lateinische übersetzte.

Die Titelvignette des *«Tripus aureus»* von 1677 (Abb. 144) verdeutlicht in anschaulicher Weise das Doppelgesicht der Alchemie. Das Bild ist in zwei Teile geteilt[4]: rechts ist ein Laboratorium, in welchem ein nur mit kurzer Hose bekleideter Mann am Feuer hantiert: links ist eine Bi-

Abb. 144 Links: drei Artisten in der Bibliothek; rechts: der Artist, resp. sein Helfer, bei der praktischen Laboratoriumsarbeit.
(1677)

Abb. 145 Laboratorium und Oratorium.
(1604)

bliothek, in welcher ein Abt (CREMER[5]), ein Mönch (BASILIUS VALENTINUS[6]) und ein Weltlicher (THOMAS NORTON[7]) miteinander konferieren. In der Mitte aber erhebt sich auf dem Ofen der Dreifuß mit dem Kolben, darin der geflügelte Drache erscheint. Der Drache symbolisiert das Erlebnis, die Vision des laborierenden und «theoretisierenden» Alchemisten[8].

Abb. 146 Mercurius als «vereinigendes Symbol».
(1678)

Der Drache ist als solcher ein Monstrum, das heißt ein Symbol gemischt aus dem chthonischen Prinzip der Schlange und dem Luftprinzip des Vogels. Er ist, wie RULAND[9] bestätigt, eine Variante des Mercurius. Mercurius ist aber der im Stoff erscheinende, göttliche geflügelte Hermes (Abb. 146), der Offenbarungsgott, Herr des Denkens und psychopompos [Seelengeleiter] par excellence. Das flüssige Metall des «argentum vivum», des Quecksilbers, war der wunderbare Stoff, der das Wesen des στίλβων, des Glänzenden und innerlich Belebenden, vollkommen ausdrückte. Spricht der Alchemist von Mercurius, so meint er äußerlich Quecksilber, innerlich aber den in der Materie verborgenen oder gefangenen weltschaffenden Geist. Der Drache ist wohl das älteste figürliche Symbol der Alchemie, das uns dokumentarisch beglaubigt ist. Er erscheint als οὐροβόρος (Schwanzfresser) im Codex Marcianus (Abb. 147),

Abb. 147 Ouroboros.
(11. Jh.)

der ins 10./11. Jahrhundert gehört[10], mit der Legende: ἓν τὸ πᾶν (das Eine, das All)[11]. Die Alchemisten wiederholen immer wieder, daß das «opus» aus *einer* Sache hervorgehe und zum *Einen* wieder zurückführe[12], also gewissermaßen ein Kreislauf sei, wie ein Drache, der sich in den Schwanz beißt. (Siehe auch Abb. 20, 44, 46 und 47: Grundwerk 5). Darum heißt das «opus» öfters «circulare» = kreisförmig oder «rota» = Rad. (Siehe auch Abb. 80: Grundwerk 5.) Der Mercurius steht am Anfang und am Ende des Werkes. Er ist die «prima materia», das «caput corvi» [Kopf des Raben], die «nigredo»; als Drache verschlingt er sich selbst, und als Drache stirbt er und aufersteht als Lapis [Stein] wieder. Er ist das Farbenspiel der «cauda pavonis» (Pfauenschwanz) und die Trennung in die vier Elemente. Er ist der Hermaphroditus des anfänglichen Wesens, welches in das klassische Bruder-Schwester-Paar auseinandertritt und in der «coniunctio» sich vereinigt, um zum Schluß in der strahlenden Gestalt des «lumen novum» [neuen Lichtes], des Lapis, wieder zu erscheinen. Es ist Metall und doch flüssig, Stoff und doch Geist, kalt und doch feurig[13], Gift und doch Heiltrank, ein *die Gegensätze einigendes Symbol*[14] (Abb. 148).

Abb. 148 Der Mercurius (Caduceus!), die Gegensatzpaare
im Prozeß einigend.
(18. Jh.)

Alle diese Vorstellungen sind ältestes Gemeingut der Alchemie. ZOSIMOS, der dem 3. Jahrhundert angehört, zitiert in seiner Schrift *«Über die Kunst und die Deutung»*[15] eine der frühesten Autoritäten der Alchemie: nämlich den an der Grenze des Historischen stehenden OSTANES[16], welcher schon PLINIUS bekannt war. Die Beziehung des OSTANES zu einem der ältesten alchemistischen Schriftsteller, dem DEMOKRITOS, dürfte dem ersten vorchristlichen Jahrhundert angehören[17]. Dieser OSTANES soll folgendes gesagt haben:

«Gehe zu den Strömungen des Nils, und dort wirst du einen Stein finden, der einen Geist (πνεῦμα) hat. Diesen nimm, zerteil ihn und lange mit deiner Hand in dessen Inneres und ziehe dessen Herz heraus: seine Seele (ψυχή) nämlich ist in seinem Herzen[18]» (Abb. 149). Ein dazwischen redender Kommentator macht dazu die Bemerkung: «Du wirst dort, sagt er, diesen Stein finden, der einen Geist hat, was sich auf die Austreibung des Quecksilbers (ἐξυδραργύρωσις) bezieht[19].»

Wenn NIETZSCHE im *«Zarathustra»* das emphatische Gleichnis «Im Steine schläft mir ein Bild» gebraucht, so sagt er wohl dasselbe, aber in umgekehrter Reihenfolge. In der Antike wurde die Welt des Stoffes erfüllt von der Projektion eines seelischen Geheimnisses, welches von da an als Geheimnis des Stoffes erschien und in diesem Zustand verharrte bis zum Untergang der Alchemie im 18. Jahrhundert. Die ekstatische Intuition NIETZSCHES aber möchte das Geheimnis des Übermenschen eben dem Stein entreißen, in welchem es bis dahin geschlafen hat. Er möchte nach diesem Bilde den Übermenschen schaffen, den wir, nach antikem Sprachgebrauch, wohl als den göttlichen Menschen bezeichnen dürfen. Umgekehrt die alten Alchemisten: Sie suchten den wundersamen Stein, der ein pneumatisches Wesen enthielt, um daraus jenen Stoff zu gewinnen, der in alle Körper eindringt (weil er ja der «Geist» ist, der in den Stein eingedrungen ist) und alle unedlen Stoffe durch Umfärbung in edle verwandelt. Dieser «Geiststoff» ist wie das Quecksilber, das unsichtbar in den Erzen drin steckt und das zuerst ausgetrieben werden muß, wenn man es «in substantia» gewinnen will. Hat man aber diesen penetrierenden Merkur (Abb. 150), so kann man ihn auf andere Körper «projizieren» und diese aus dem unvollkommenen Zustand in den vollkommenen

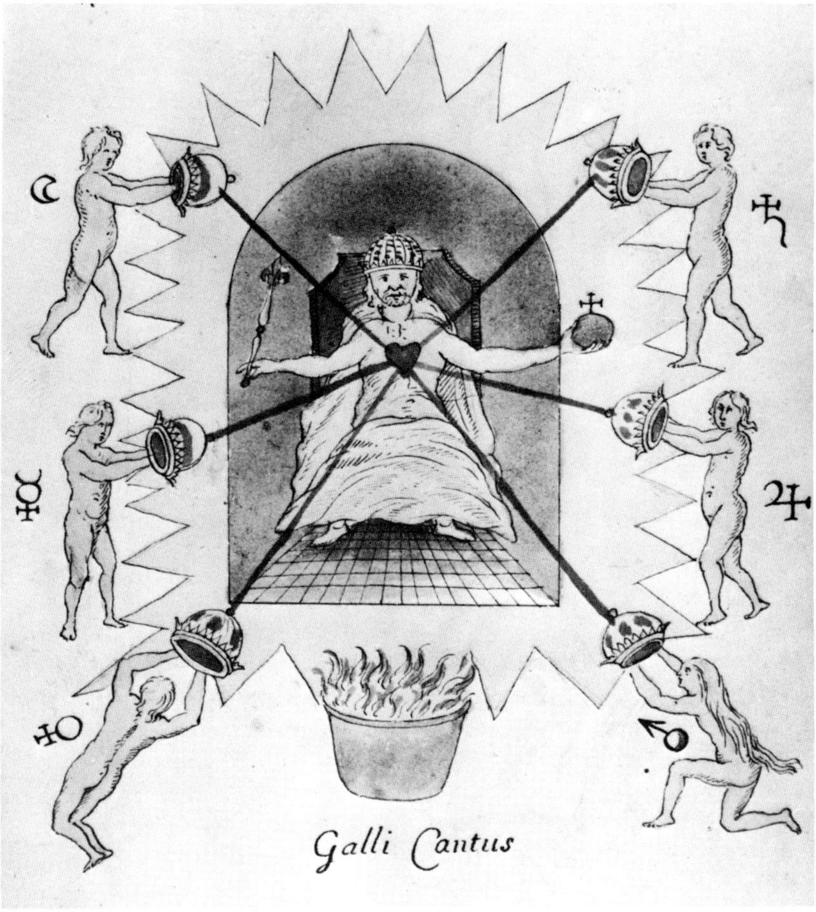

Abb. 149 Der kranke König (die «prima materia»), von dessen Herzen die Planetenkinder ihre Kronen erhalten.
(18. Jh.)

Abb. 150 Der penetrierende Merkur.
(17. Jh.)

überführen[20]. Der unvollkommene Zustand ist wie ein Schlafzustand; die Körper sind darin wie «die im Hades Gefesselten und Schlafenden»[21] (Abb. 151), welche durch die göttliche, aus dem geistesschwangern Wunderstein gewonnene Tinktur wie vom Tode zu neuem, schönerem Leben auferweckt werden. Es ist hierbei völlig klar, daß die Tendenz dahin geht, das Geheimnis der seelischen Wandlung nicht nur im Stoff zu sehen, sondern es auch als theoretische Richtschnur zur Hervorbringung chemischer Veränderungen zu benützen.

Wie NIETZSCHE reichlich dafür gesorgt hat, daß niemand den Übermenschen etwa für den geistigen und moralischen Idealmenschen halte, so wird auch von der Tinktur oder dem göttlichen Wasser nicht etwa nur die wohltätige Heil- und Veredlungswirkung ausgesagt, sondern es wird auch hervorgehoben, daß das Präparat ein mörderisches Gift sei, das die Körper so durchdringe, wie es den eigenen (das heißt das πνεῦμα seinen Stein) durchdringt[22].

Abb. 151 Die in der Unterwelt Gefangenen.
(1695)

ZOSIMOS ist ein Gnostiker, der von HERMES beeinflußt ist. In seiner Mitteilung an Theosebeia empfiehlt er den «Kratēr» als Mittel der Verwandlung: sie solle zum Poimandres eilen, um im Kratēr getauft zu werden[23].

Dieser Kratēr bezieht sich auf das göttliche Gefäß, von dem HERMES zu Thoth spricht im Traktat, genannt ὁ κρατήρ[24]. Dieses Gefäß wurde nach der Weltschöpfung als eine Art von Taufbecken von Gott zur Erde gesandt, nachdem er es mit νοῦς (= πνεῦμα) [Geist] gefüllt hatte. Damit hat Gott den Menschen, welche sich aus ihrem natürlichen (unvollkommenen, schlafenden) Zustand der ἄνοια (ungenügender Bewußtheit, modern ausgedrückt) befreien wollen, eine Gelegenheit gegeben, sich in νοῦς zu tauchen (Abb. 159) und dadurch des höheren Zustandes der ἔννοια (der Erleuchtung, der höheren Bewußtheit) teilhaftig zu werden. Der νοῦς ist also eine Art von βαφεῖον (Färbetunke), das heißt Tinktur, welche den unedlen Körper veredelt. Seine Rolle entspricht also genau der des tingierenden Steinextraktes, der auch ein πνεῦμα war oder ist und als Merkur die «hermetische» Doppelbedeutung des erlösenden Psychopompos [Seelengeleiters] [25] und des Quecksilbers hat (Abb. 152).

Es ist also hinlänglich klar, daß ZOSIMOS eine Art mystischer oder gnostischer Philosophie besaß, deren Kernideen er in den Stoff projizierte. Wenn wir von psychologischer Projektion reden, so müssen wir uns stets, wie schon erwähnt, der Tatsache erinnern, daß Projektion ein vorbewußter Vorgang ist, der nur so lange wirkt, als er unbewußt ist. Wenn also ZOSIMOS, wie alle anderen Alchemisten, überzeugt ist, daß seine Philosophie sich nicht nur auf den Stoff anwenden läßt, sondern daß auch im Stoff Vorgänge, welche dem Sinne der philosophischen Voraussetzungen entsprechen, stattfinden, so muß er am Stoff selber zum mindesten eine Identität seines seelischen Geschehens mit dem Verhalten des Stoffes erlebt haben. Als ein vorbewußtes Erlebnis ist es aber unbewußt, und deshalb ist ZOSIMOS sowenig wie alle anderen in der Lage, eine Aussage über diese Identität zu machen. Sie wird einfach vorgefunden und dient nicht nur, sondern wirkt auch als Brücke, welche seelisches und stoffliches Geschehen in *eines* verbindet, so daß «was innen ist, auch außen ist». Ein unbewußtes Geschehen, das vom Bewußtsein nicht erfaßt wird, bildet sich aber doch irgendwie und irgendwo ab: zum Beispiel in Träumen, Visionen und Phantasien. Die Vorstellung des Pneuma als Sohnes Gottes, der in den Stoff versinkt[26] und sich wiederum daraus be-

Abb. 152 Oben: Saturn, der seine Kinder frißt, mit merkurialem Wasser (lac virginis, vinum ardens) begossen; unten: die Regeneration im Bade.

(1520)

Abb. 153 Der Artifex hebt den «homunculus», den «Sohn der Philosophen», aus dem hermetischen Gefäß.
(1676)

freit, um als Heilmittel alle Seelen zu retten, entspricht dem unbewußten, in den Stoff projizierten Inhalt (Abb. 153). Dieser Inhalt ist ein autonomer Komplex [s. Grundwerk 1], der vom Bewußtsein unabhängig im psychischen Non-Ego ein selbständiges Dasein führt und, wenn irgendwie konstelliert, das heißt durch äußere Analogien angezogen, sich auch sofort projiziert. Die psychische Autonomie des Pneuma[27] ist neupythagoräisch beglaubigt: Nach dieser Ansicht wurde die Seele von der Materie verschlungen bis auf den Verstand, den νοῦς. Dieser aber ist außerhalb des Menschen: er ist sein Dämon. Besser könnte man dessen Autonomie wohl kaum formulieren. Er ist wohl identisch mit dem Gott Anthropos: er erscheint neben dem Demiurgen, ist aber ein Gegner der Planetensphären. Er zerreißt den Sphärenkreis und beugt sich zu Erde und Wasser nieder (das heißt, er steht im Begriffe, sich in die Elemente zu projizieren). Auf die Erde fällt sein Schatten; im Wasser aber spiegelt sich sein Bild. Dieses entflammt die Liebe der Elemente, und ihm selber gefällt das Spiegelbild göttlicher Schönheit dermaßen, daß er darin Wohnung nehmen möchte. Aber kaum ist er heruntergestiegen, so umschlingt ihn schon die Physis mit brünstiger Liebe. Aus dieser Umarmung entstehen die sieben ersten hermaphroditischen Wesen[28]. Diese sieben sind eine deutliche Beziehung auf die Planeten und damit auf die Metalle (Abb. 154, 155; vgl. auch Abb. 21 und 79: Grundwerk 5), welche nach alchemistischer Auffassung aus dem Hermaphroditus Mercurius hervorgehen.

Abb. 154
Der König mit den sechs Planeten resp. Metallen.

Abb. 155
Der erneuerte König (filius philosophorum), von den sechs Planeten verehrt.

(1676)

In solchen visionären Spiegelungen (der Anthropos erblickt sein Spiegelbild) drückt sich das unbewußte Geschehen der Projektion eines autonomen Inhaltes aus. Diese mythischen Bilder sind also wie Träume, die uns sowohl die Tatsache, daß eine Projektion eingetreten ist, als auch, was projiziert wurde, mitteilen. Das Projizierte ist nach den zeitgenössischen Zeugnissen der göttliche Dämon νοῦς, der Gottmensch, das pneuma usw. Insofern nun der Standpunkt der Komplexen Psychologie realistisch ist, das heißt, sich auf der Annahme, daß psychische Inhalte Existenzen seien, gründet, charakterisieren die genannten Attribute einen unbewußten Persönlichkeitsanteil, dem eine höhere Bewußtheit sowohl wie eine Überlegenheit über das gewöhnliche Menschliche zugeschrieben wird. Empirisch drücken solche Figuren stets überlegene Einsichten oder Qualitäten aus, welche noch nicht bewußt sind und von denen es auch überhaupt zweifelhaft ist, ob sie dem Ich im eigentlichen Sinne zugerechnet werden dürfen oder nicht. Das Problem der Zurechnung, das dem Laien wohl wie eine Spitzfindigkeit vorkommt, ist praktisch von großer Bedeutung. Eine unrichtige Zurechnung kann nämlich gefährliche Inflationen verursachen, die dem Laien nur darum belanglos erscheinen, weil er nicht weiß, was für seelische und äußere Unglücksfälle durch Inflation verursacht werden[29].

Tatsächlich handelt es sich hier um einen Inhalt, der bis in die neueste Zeit nur sehr selten der menschlichen Persönlichkeit zugerechnet wurde. Die eine große Ausnahme ist Christus. Als υἱὸς τοῦ ἀνθρώπου, als Menschensohn, und als θεοῦ υἱός, als Gottessohn, verwirklicht er den Gottmenschen, und als Inkarnation des Logos, vermittelt durch die pneumatische Zeugung, ist er eine Erscheinung des göttlichen νοῦς.

Die christliche Projektion geschieht also am Unbekannten des Menschen oder am unbekannten Menschen, der dadurch zum Träger des «schrecklichen und unerhörten Geheimnisses» wird[30]. Die heidnische Projektion dagegen geht über den Menschen hinaus und betrifft das Unbekannte der stofflichen Welt, die unbekannte Substanz, welche, wie der erwählte Mensch, irgendwie gotterfüllt ist. Und wie im Christentum die Gottheit sich in der Knechtsgestalt birgt, so in der «Philosophie» im unansehnlichen Stein. Der «descensus spiritus sancti» [Abstieg des Heiligen Geistes] erfolgt in der christlichen Projektion nur bis zum lebendigen Körper des Erwählten, welcher wahrer Mensch und wahrer Gott zugleich ist; in der Alchemie dagegen geht der Abstieg bis in die Finsternis der toten Materie, deren untere Teile nach neupythagoräischer Ansicht vom Bösen regiert werden[31]. Das Böse zusammen mit der Materie bildet die dyas (Zweiheit) (Abb. 156). Diese ist weiblicher Natur, eine «anima mundi» [Weltseele], die weibliche Physis, die sich nach der Umarmung des Einen, der monas, des Guten und Vollkommenen sehnt[32]. Die JUSTIN-Gnosis stellt sie als Edem, oben Jungfrau, unten Schlange, dar[33] (Abb. 157). Sie kämpft voll Rache gegen das πνεῦμα, weil dieses in der Gestalt der zweiten Gottesform, des Demiurgen, sie treulos verlassen hat. Sie ist «die in den Elementen gebundene göttliche Seele», welche es zu erlösen gilt[34].

Abb. 156 Die Dyas (Tag und Nacht): symbolische Darstellung der Entsprechung von Tierkreis und Mensch.
(15. Jh.)

Abb. 157 Die «anima Mercurii».
(18. Jh.)

C. DAS ERLÖSUNGSWERK

Da nun alle diese mythischen Bilder ein Drama der menschlichen Seele jenseits unseres Bewußtseins schildern, ist der *Mensch sowohl das zu Erlösende wie der Erlöser.* Erstere Formel ist die christliche, letztere die alchemistische. In ersterem Falle rechnet der Mensch die Erlösungsbedürftigkeit sich selber zu und überträgt der autonomen göttlichen Figur die Erlösungsleistung, das eigentliche ἆθλον oder «opus»; in letzterem Falle rechnet sich der Mensch die Verpflichtung zur Ausführung des erlösenden «opus» zu, indem er den leidenden und darum erlösungsbedürftigen Zustand der im Stoff gebundenen «anima mundi» zuschreibt[35].

In beiden Fällen ist die Erlösung ein Werk (Abb. 158). Im christlichen Falle sind es das Leben und der Tod des Gottmenschen, die als einmaliges «sacrificium» die Versöhnung des erlösungsbedürftigen, im Stoffe verlorenen Menschen mit Gott herbeiführen. Die mystische Wirkung der Selbstaufopferung des Gottmenschen erstreckt sich in erster Linie auf alle Menschen, wirksam aber nur auf solche, welche sich im Glauben unterwerfen oder durch die göttliche Gnade auserwählt sind; in zweiter Linie, nach Paulinischer Auffassung, als apokatastasis [Wiederherstellung] erstreckt sie sich auch auf die nichtmenschliche Kreatur überhaupt, welche in unvollkommenem Zustande der Erlösung harrt, wie der bloß natürliche Mensch. Durch ein «synchronistisches» Geschehen ist der Mensch als Träger einer in der Welt (im Fleisch) versunkenen Seele «in potentia» [der Möglichkeit nach] mit Gott in Beziehung gesetzt in jenem Augenblick, wo dieser sich als Sohn in Maria, die «virgo terra» [Jungfrau Erde], also die Vertreterin der «materia» in höchster Form, einsenkt, und er ist «in potentia» völlig erlöst in jenem Augenblick, wo der ewige Gottsohn nach Erleidung des Opfertodes wieder zum Vater zurückkehrt.

Die Ideologie dieses Mysteriums ist antizipiert in den Mythenkreisen des Osiris, Orpheus, Dionysos, Herakles und in der messianischen Idee innerhalb der jüdischen Prophetie[36]. Diese Antizipationen gehen zurück bis in primitive Heldenmythen, wo schon die Todüberwindung eine Rolle spielt[37]. Erwähnenswert sind auch die mehr oder weniger zeitgenössischen Projektionen auf Attis und Mithras. Von allen diesen Erscheinungsformen des Erlösungs- und Wandlungsmysteriums unterscheidet

Abb. 158 Die «Hostienmühle». Das «Wort» wird in Gestalt von Spruchbändern durch die vier Evangelisten in eine Mühle geschüttet, um nach dem Mahlgang im Kelch als Christuskind wiederzuerscheinen.
Bildlich-symbolische Darstellung von Joh. 1, 14: «Das Wort ward Fleisch».
Hochaltar der Kirche von Tribsees, Pommern (15. Jh.)

sich die christliche Projektion in die historisch persönliche Gestalt Jesu. In ihm inkarnierte sich das mythische Geschehen und betrat damit den Raum der Weltgeschichte als einmaliges historisches und mystisches Ereignis.

Im Gotthelden müht sich die Gottheit selbst um ihre unvollkommene, leidende, lebendige Schöpfung; ja, sie belädt sich selbst mit dem leidenden Zustand und vollbringt durch diese Opferhandlung das «opus magnum», das ἆθλον der Heilung und Todüberwindung. In Hinsicht auf die Durchführung dieses durchaus metaphysischen Werkes kann der

Mensch eigentlich nichts Entscheidendes tun. Er blickt glaubens- und vertrauensvoll zu seinem Erlöser auf und müht sich um die «imitatio», die aber nie so weit geht, daß der Mensch selber auch zum Erlöser oder wenigstens Selbsterlöser würde. Eine vollkommene Nachfolge und Wiederherstellung Christi im Gläubigen müßte ja notwendigerweise zu diesem Schlusse führen. Davon ist aber keine Rede. Würde eine solche Angleichung eintreten, so wäre es Christus gewesen, der sich im Gläubigen wiederhergestellt und dessen Persönlichkeit ersetzt hat. Man müßte sich in der Tat mit dieser Feststellung begnügen, wenn es nämlich keine Kirche gäbe. Ihre Institution bedeutet nicht weniger als eine beständig stattfindende Fortsetzung des Christuslebens und dessen Opferfunktion. Im «officium divinum», oder, nach benediktinischem Sprachgebrauch, im «opus divinum» wiederholt sich das Christusopfer, die Erlösungsleistung, stets aufs neue, ohne je etwas anderes zu sein als das einmalige Opfer, das von Christus selber in der Zeit und außerhalb aller Zeit vollzogen wurde und stets wieder vollzogen wird. Dieses «opus supernaturale» stellt sich im Meßopfer dar. In der heiligen Handlung verdeutlicht der Priester gewissermaßen das mystische Geschehen; der eigentlich Handelnde aber ist Christus, der sich stets und überall aufopfert. Sein Opfertod erschien zwar in der Zeit, ist aber an sich ein überzeitliches Geschehen. Nach der Auffassung des THOMAS VON AQUIN ist das Meßopfer keine wirkliche «immolatio» (Opferung) des Körpers Christi, sondern ein darstellendes Bild des Opfertodes[38]. Diese Auffassung wäre ausreichend und konsequent, wenn keine Wandlung der dargebrachten Elemente, nämlich Brot und Wein, stattfände. Diese Darbringung nämlich soll ein Opfer, ein «sacrificium» (zu deutsch: eine «Heiligmachung») sein. Die Etymologie des Wortes «Opfer» scheint dunkel zu sein; denn es ist fraglich, ob es von «offerre» (darbringen) oder «operari» (wirken, tätig sein) kommt. Im antiken Gebrauch bedeutete «operari Deo» dem Gotte dienen oder opfern. Ist Opfer aber ein «opus», so ist es weit mehr als die «oblatio», das Darbringen einer so bescheidenen Gabe wie Brot und Wein. Es muß ein wirkungsvolles Handeln sein, wobei den rituellen Worten des Priesters kausale Bedeutung zukommt. Die Worte der Konsekration (qui pridie quam pateretur... [Der am Vorabend seines Leidens...]) sind daher nicht als repräsentativ, sondern als «causa efficiens» der Wandlung zu verstehen. Der Jesuit LESSIUS (†1623) nannte daher die Konsekrationsworte das «Schwert», mit dem das Opferlamm geschlachtet wird[39]. Die sogenannte Mactations-(Schlachtungs-)Theorie nimmt in der Meßliteratur einen breiten Raum ein, obschon sie in ihren oft anstößigen Auswüchsen nicht überall gebilligt wird. Am deutlichsten ist wohl der griechische Ritus, wie ihn der Erzbischof NICOLAUS CABASILAS († um 1363) von Thessalonike schildert[40]. Im ersten (vorbereitenden) Teil der Messe liegen Brot und Wein nicht auf dem Hauptaltar, sondern auf der πρόθεσις, einer Art Anrichte. Dort schneidet der Priester vom Brotlaib ein Stück ab, wozu als Text gehört: «Wie ein Lamm ist er zur Schlachtbank geführt worden.» Dann legt er es auf den Tisch; dazu der Text: «Geopfert wird das Lamm Gottes.» Dann wird ein Kreuzzeichen ins Brot gedrückt und mit einer kleinen Lanze in dessen Seite gestochen; dazu der Text: «Und einer aus den Soldaten durchstieß mit der Lanze seine Seite, und es flossen Wasser und Blut heraus.» Bei diesen Worten werden Wasser und Wein im Kelche gemischt. Dann kommt die «oblatio» in feierlicher Prozession, wobei der Priester das Dargebrachte trägt. (Dabei stellt das δῶρον, das Geschenk, den Geber dar; das heißt Christus als Opferer ist auch der Geopferte.) Der Priester wiederholt also das überlieferte Geschehen, und insofern nun Christus im sakramentalen Zustand eine «vita corporea actualis»[41], ein wirkliches körperliches Leben, besitzt, findet auch eine sozusagen physische Tötung[42] (mortificatio) seines Leibes statt. Dieses geschieht durch die Wirkung der vom Priester gesprochenen Konsekrationsworte, und dadurch, nämlich durch die Destruktion des Dargebrachten und die «oblatio occisi ad cultum Dei» (die Darbringung des Getöteten zum Dienste Gottes), entsteht die Wandlung, die Transsubstantiation. Die Wandlung ist eine «transmutatio» der Elemente, welche aus einem naturhaften, befleckten, unvollkommenen, materiellen Zustand in einen subtilen Körper übergehen. Das Brot, das aus Weizenmehl bestehen muß, bedeutet den Körper, der Wein aber als Blut die Seele. Nach der Wandlung wird ein Stück der Hostie mit dem Wein gemischt, wodurch die «conjunctio» der Seele mit dem Körper (Abb. 159), der lebendige Leib Christi, das heißt die Einheit der Kirche, hergestellt wird.

Der heilige AMBROSIUS nannte das gewandelte Brot «medicina». Es ist das φάρμακον ἀθανασίας, das Heilmittel der Unsterblichkeit, das in der «communio» im Gläubigen die seiner Natur entsprechende Wirkung entfaltet: nämlich die Vereinigung des Körpers mit der Seele. Dies geschieht aber in Form der Heilung der Seele («et sanabitur anima mea»)

Abb. 159 Die «coniunctio» der Seele mit dem Körper: eine kirchliche Version des alchemistischen Hochzeitsbades.
(1413)

und einer «reformatio» des Körpers («et mirabilius reformasti»). Wie dies gemeint ist, zeigt der Meßtext: «Verleihe uns durch das Geheimnis dieses Wassers und Weines, an der Gottheit desjenigen teilzunehmen, der sich gewürdigt hat, unserer Menschheit teilhaftig zu werden: Jesus Christus» usw. («Da nobis per hujus aquae et vini mysterium, ejus divinitatis esse consortes, qui humanitatis nostrae fieri dignatus est particeps, Jesus Christus...»)

Man gestatte mir, an dieser Stelle eine persönliche Bemerkung einzuflechten: Als einem Protestanten war es mir eine wahrhafte Entdeckung, als ich zum erstenmal die Worte des Offertoriums las: «Deus, qui humanae substantiae dignitatem mirabiliter condisti» (O Gott, der du die Würde menschlicher Substanz wunderbar erschaffen hast) und «qui humanitatis nostrae fieri dignatus es particeps» (der du dich für würdig gehalten hast, unserer Menschheit teilhaftig zu werden). In dieser – sozusagen transzendentalen – Würdigung des Menschen scheint noch mehr verborgen zu sein. Wenn Gott nämlich «dignatus est», menschlicher Natur teilhaftig zu werden, so vermöchte auch der Mensch sich würdig zu erachten, an göttlicher Natur teilzunehmen. In einem gewissen Sinne tut dies ja schon der Priester in der Ausführung des Opfermysteriums, wo er sich an Stelle Christi als Opfer darbringt, und die Gemeinde tut es, indem sie den geweihten Körper ißt und daher an der Gottheit substantiell Anteil hat.

Indem der Priester durch das Aussprechen der Konsekrationsworte die Wandlung herbeiführt, erlöst er die Kreatur des Brotes und des Weines von ihrer elementarischen Unvollkommenheit. Dieser Gedanke ist durchaus unchristlich; aber er ist alchemistisch. Während der katholische Standpunkt die wirkende Gegenwart Christi betont, interessiert sich der Alchemist für das Schicksal und die offenkundige Erlösung der Substanzen; denn in ihrem Stoff liegt die göttliche Seele gebunden und harrt der Erlösung, die ihr eben in diesem Moment zuteil wird. Sie erscheint in der Gestalt des «Gottessohnes». Nicht der Mensch ist ihm in erster Linie erlösungsbedürftig, sondern die im Stoff verlorene und schlafende Gottheit. Erst in zweiter Linie meldet er seine Hoffnung an, daß der gewandelte Körper ihm selber als Panazee, als «medicina catholica» [Allheilmittel], zugute komme, ebenso wie den «corpora imperfecta», also zum Beispiel unedlen, «kranken» Metallen usw. Sein Augenmerk ist daher nicht auf seine eigene Erlösung durch die Gnade Gottes, sondern auf die *Befreiung*

Gottes aus der Dunkelheit des Stoffes gerichtet. Indem er dieses Wunderwerk tut, fällt ihm dessen heilsame Wirkung sekundär zu. Er mag sich dem Werk als Erlösungsbedürftiger nahen; aber er weiß, daß seine Erlösung vom Erfolg seines Werkes abhängt, das heißt davon, daß er die göttliche Seele befreit. Zu diesem Zwecke braucht er die Meditation, das Fasten und das Gebet; ja, er bedarf der Hilfe des Heiligen Geistes als seines πάρεδρος (= dienstbarer Geist)[43]. Nicht der Mensch soll erlöst werden, sondern der Stoff. Darum ist auch der Geist, der in der Wandlung erscheint, nicht «des Menschen Sohn», sondern der «filius Macrocosmi», wie KHUNRATH sehr richtig formuliert[44]. Also nicht Christus geht aus dieser Wandlung hervor, sondern ein unfaßliches Stoffwesen, genannt «Stein», das aber die paradoxesten Eigenschaften aufweist, neben dem Besitz von «corpus», «anima», «spiritus» und übernatürlichen Kräften obendrein (Abb. 214). Man wäre versucht, die alchemistische Wandlungssymbolik als eine Karikatur der Messe zu erklären, wenn sie nicht heidnischen und älteren Ursprungs wäre als diese.

Der Stoff, der das göttliche Geheimnis enthält, ist überall, auch im menschlichen Körper[45]. Er ist billig zu haben und überall zu finden; man findet ihn sogar im abscheulichsten Dreck[46] (Abb. 256). Daher ist dieses «opus» kein rituelles «officium» mehr, sondern jenes Erlösungswerk, welches Gott selber durch Christus an der Menschheit, als Vorbild gewissermaßen, ausgeführt hat, jetzt aber vom Philosophen, der das «donum spiritus sancti», nämlich die göttliche Kunst, empfangen hat, als sein individuelles «opus» erkannt wird. Die Alchemisten betonen diesen Punkt: «Wer durch den Geist eines andern und durch eine bezahlte Hand arbeitet, der wird Resultate sehen, die der Wahrheit fern sind, und umgekehrt wird der, welcher einem andern wie ein Laboratoriumsgehilfe Dienste leistet, niemals zu den Mysterien der Königin zugelassen werden[47].» Man könnte hier die Worte des CABASILAS zitieren: «Ähnlich, wie Könige, wenn sie Gott eine Gabe schenken, diese selbst tragen, nicht aber durch andere tragen lassen.»

Tatsächlich sind die Alchemisten ausgesprochene Alleingänger[48]; jeder sagt das Seine auf seine Art[49]. Selten haben sie Schüler, und unmittelbare Tradition scheint es sehr wenig gegeben zu haben; ebensowenig sind irgendwelche Geheimgesellschaften und dergleichen nachgewiesen[50]. Jeder hat für sich laboriert und an seiner Einsamkeit gelitten. Dafür haben sie sich wenig gestritten. Ihre Schriften sind relativ frei von Polemik, und die Art, wie sie einander zitieren, läßt eine erstaunliche prinzipielle Übereinstimmung erkennen, auch wenn man nicht verstehen kann, worin sie eigentlich übereinstimmen[51]. Von Rechthaberei und Begriffsspalterei, wie sie vielfach die Theologie und Philosophie verunzieren, findet sich wenig. Der Grund hierfür liegt wahrscheinlich in dem Umstand, daß die «wahre» Alchemie niemals ein Geschäft oder eine Karriere war, sondern ein wahrhaftes «opus», das einer in stiller, aufopferungsvoller Arbeit verrichtete. Man hat den Eindruck, als ob jeder einzelne versucht hätte, seiner besondern Erfahrung Ausdruck zu verleihen und dabei jene «dicta» der Meister beizuziehen, welche ihm Ähnliches zu enthalten schienen.

Abb. 160 Symbol der Kunst als Vereinigung der Gegensätze Wasser–Feuer.
(1760)

Alle stimmen seit den ältesten Zeiten darin überein, daß ihre Kunst heilig und göttlich sei[52], und ebenso, daß ihr Werk nur mit Hilfe Gottes vollendet werden könne. Diese Wissenschaft ist nur wenigen gegeben, und niemand versteht sie, dem nicht Gott oder ein Meister das Verständnis geöffnet hat[53]. Man darf die gewonnene Erkenntnis auch nicht anderen mitteilen, wenn sie solchen Wissens nicht würdig sind[54]. Da alle wesentlichen Dinge in Metaphern ausgedrückt sind, geht die Mitteilung nur an die Intelligenten, welche die Gabe des Verstehens besitzen[55]. Die Dummen aber lassen sich durch Wörtlichnehmen und durch Rezepte verblenden und gehen in die Irre[56]. Wenn man die Bücher liest, so darf man sich nicht mit einem begnügen, sondern man muß viele Bücher besitzen[57]; denn «ein Buch eröffnet das andere»[58]. Auch muß man sorgfältig lesen, von Abschnitt zu Abschnitt; dann wird man Entdeckungen machen[59]. Die Termini sind zugegebenermaßen ganz unzuverlässig[60]. Gelegentlich sagt es einem ein Traum, welches die gesuchte Substanz sei[61]. Die «materia lapidis» kann durch Eingebung Gottes gefunden werden[62]. Die Ausübung der Kunst ist eine harte Straße[63] und die längste Straße[64]. Die Kunst hat keine Feinde außer den Ignoranten[65].

Es ist selbstverständlich, daß es in der alchemistischen Literatur, wie überall, gute und schlechte Autoren gibt. Es gibt auch marktschreierische, närrische und betrügerische Produkte. Solche minderwertigen Schriften sind leicht zu erkennen an ihren massenhaften Rezepten, ihrer sorglosen und ungebildeten Abfassung, ihrer aufdringlichen Geheimtuerei, ihrer erschreckenden Geistlosigkeit und ihrer schamlosen Insistenz auf der Goldmacherei. Gute Bücher erkennt man immer am Fleiß, an der Sorgfalt und an der sichtlichen geistigen Bemühung des Autors.

4. Die materia prima

A. BEZEICHNUNGEN DER MATERIE

Die Basis des opus ist die materia prima, welche eines der berühmtesten Geheimnisse der Alchemie ist. Dies ist insofern nicht erstaunlich, als sie den unbekannten Stoff darstellt, welcher die Projektion des autonomen seelischen Inhaltes trägt. Ein solcher Stoff konnte natürlich nicht angegeben werden, weil die Projektion vom Individuum ausgeht und infolgedessen in jedem Falle wieder anders ist. Es ist darum auch nicht korrekt, zu behaupten, die Alchemisten hätten nie gesagt, was die prima materia sei; im Gegenteil haben sie nur zu viele Hinweise gegeben und sich dadurch endlos widersprochen. Für den einen war die prima materia das

Abb. 161 Die «materia prima» als Saturn, der seine Kinder verschlingt. (1702)

Quecksilber, für andere Erz, Eisen, Gold, Blei, Salz, Schwefel, Essig, Wasser, Luft, Feuer, Erde, Blut, Lebenswasser, Lapis, Gift, Geist, Wolke, Himmel, Tau, Schatten, Meer, Mutter, Mond, Drache, Venus, Chaos, Mikrokosmos (Abb. 162). Das RULANDsche Lexikon gibt nicht weniger als fünfzig Synonyme, die noch erheblich zu vermehren wären.

Neben diesen teils chemischen, teils mythologischen Bezeichnungen gibt es auch «philosophische», die auf tiefere Bedeutung weisen. So finden wir die Bezeichnung «Hades» im KOMARIOS-Traktat[1]. Bei OLYMPIODOR enthält die schwarze Erde den «von Gott Verfluchten» (θεοκατάρατος). Das *«Consilium coniugii»* sagt, der Vater von Gold und Silber, also deren «prima materia», sei das «Lebewesen (animal) der Erde und des Meeres» oder der «Mensch» beziehungsweise ein «Teil des Menschen», zum Beispiel dessen Haare, Blut usw. DORN nennt die prima materia «Adamica» und – in Anlehnung an PARACELSUS – «limbus microcosmicus» [mikrokosmischer Saum]. Die Materie des Steins sei «nichts anderes als der feurige und vollkommene Mercurius» und der wahre hermaphroditische Adam und der Mikrokosmos (= Mensch). HERMES TRISMEGISTOS habe den Stein die «Waise» genannt[2]. Da DORN ein PARACELSUS-Schüler ist, dürfte sich seine Auffassung auf die Anthroposlehre seines Meisters beziehen. Ich muß meinen Leser hierfür auf meine *«Paracelsica»* verweisen. Beziehungen zwischen dem Menschen und der prima materia werden auch von andern Autoren erwähnt, die ich aber nicht alle anführen will.

Der als ἓν τὸ πᾶν [das All-Eine] bezeichnete Merkurdrache der griechischen Alchemie gab Anlaß zur Charakterisierung der prima materia als unum, unica res[3], monas[4] und zum Ausspruch des *«Liber Platonis quartorum»*, daß der Mensch zur Vollendung des Werkes geeignet sei, weil er das Einfache, nämlich die Seele, besitze[5]. – MYLIUS schildert die «prima materia» als das «elementum primordiale» [ursprunghafte Element]. Sie sei das «reine Subjekt und die Einheit der Formen», worin irgendeine Form gegebenenfalls aufgenommen würde («in quo retinetur quaelibet forma cum possibilitate»)[6].

In der zweiten Fassung der *«Turba»*[7] sagt EXIMINDUS:

«Ich tue euch, Söhnen der Lehre, kund, daß der Anfang aller Kreaturen eine gewisse erste, immerwährende und unendliche Natur ist, welche alles kocht und regiert und deren Aktives und Passives nur von denen gewußt und erkannt wird, denen die Bekanntschaft mit der heiligen Kunst gegeben ist.»[8]

Abb. 162 Die entfesselten Gegensätze im Chaos.
«Chaos» ist eine der Bezeichnungen der «prima materia».
(1635)

Im Sermo IX der *«Turba»*[8] gibt «Eximenus» eine der Bibel entsprechende Schöpfungslehre (Schöpfung durch das «Wort»), welche in absolutem Widerspruch zu der obigen steht, nach der der Anfang eine «natura perpetua et infinita» [ewige und unbegrenzte Natur] ist. Das *«Rosarium»* nennt die «prima materia» «radix ipsius» (Wurzel ihrer selbst). Sie wurzelt also in sich selbst und ist infolgedessen autonom und von nichts abhängig.

B. DAS INCREATUM

Als «radix ipsius» [Wurzel ihrer selbst] ist die prima materia ein wahres «principium», und es ist von da nur ein Schritt zur Paracelsischen Ansicht, daß sie ein «increatum» (ein Ungeschaffenes) sei. In seiner *«Philosophia ad Athenienses»* sagt PARACELSUS, daß diese einzigartige (unica) Materie ein großes Geheimnis sei ohne irgendwelche elementarische Natur. Sie fülle die ganze «regio aetherea». Sie ist die *Mutter* der Elemente und aller Kreaturen (Abb. 163). Dieses Mysterium kann durch nichts ausgedrückt werden, und es ist auch nicht erschaffen worden (nec etiam creatum fuit). Dieses unerschaffene Mysterium ist von Gott so zubereitet (praeparatum) worden, daß ihm (dem Mysterium) in Zukunft nichts ähnlich sei und daß es auch niemals zu dem zurückkehren wird, was es war[9]. Es sei nämlich verdorben worden, so daß es nicht mehr wiederhergestellt werden könne (was sich auf den Sündenfall beziehen dürfte). DORN hat den Urtext sinngemäß wiedergegeben[10].

Die Autonomie und Ewigkeit der prima materia weist bei PARACELSUS auf ein der Gottheit ebenbürtiges Prinzip hin, welches einer «dea mater» [göttlichen Mutter] entspricht. Wie sich eine solche Auffassung mit der christlichen Konfession des PARACELSUS verträgt, ist dessen private Angelegenheit, und überdies nicht die einzige, die er auf dem Kerbholz hat. Die in ihrer Ungeheuerlichkeit interessanten (und von der *«Aurora consurgens»* kaum überbotenen) Interpretationen des *«Aquarium sapientum»*[11] führen die Paracelsische Spekulation weiter (ohne Berufung auf den Autor). So spreche *Micha* 5,2 von der prima materia: «Sein Ursprung ist in der Vorzeit, in unvordenklichen Tagen.» (Die Vulgata hat: «egres-

Abb. 163 Die Erde als «prima materia», die den Sohn der Philosophen nährt.
(1622)

sus eius ab initio, a diebus aeternitatis».) Ebenso heiße es: «Ehe Abraham war, bin ich» (*Joh* 8,58). Daraus gehe hervor, daß der «Stein» keinen Anfang, sondern von aller Ewigkeit her sein «primum Ens» habe und auch ohne Ende in alle Ewigkeit existieren werde. Um dies richtig zu verstehen, müsse man allerdings die Augen der Seele und des Geistes recht aufmachen und mit dem inneren Licht genau betrachten und erkennen. Dieses Licht habe Gott von Anfang an in der Natur sowohl als in unserem Herzen angezündet[12]. Auf die gleiche Weise, fährt der Autor fort, wie der Stein zusammen mit seiner Materie an die tausend Namen habe und daher «wunderbar» genannt werde, könnten dieselben Namen im höchsten Grade von Gott ausgesagt werden[13], welche Anwendung der Autor auch tatsächlich macht. Mit dieser für christliche Ohren unerhörten Folgerung ist aber nur wiederholt, was der *«Liber Platonis quartorum»* schon deutlich gesagt hat: «Das Ding, aus dem die Dinge werden, ist der unsichtbare und in sich ruhende Gott.»[14] «Res» bedeutet den Gegenstand der göttlichen Kunst. Zu diesem Schluß sind allerdings nur wenige der Philosophen expressis verbis durchgestoßen; aber deren Anspielungen sowohl wie die Verschleierungen gewinnen durch diesen Aspekt entschieden an Durchsichtigkeit. Dieser Schluß war auch psychologisch unvermeidlich, insofern als das Unbewußte wegen seiner Unbekanntheit überall mit sich selbst koinzidieren muß; denn wegen Mangels an erkennbaren Eigenschaften kann kein Unbewußtes von einem andern Unbewußten unterschieden werden. Es handelt sich hierbei um keine logische Spitzfindigkeit, sondern um ein sehr reales und praktisch wichtiges Phänomen: nämlich um die Identitäts- und Identifikationserscheinungen im sozialen Leben, welche auf der Gemeinsamkeit (der Nichtunterscheidbarkeit) unbewußter Inhalte beruhen. Solche Inhalte ziehen die von ihnen besessenen Individuen gegenseitig unwiderstehlich an und ballen sie zu kleineren oder größeren Gruppen zusammen, welche leicht lawinenartig anschwellen können.

Die oben angeführten Beispiele zeigen, daß die Alchemisten allmählich sogar die Idee des höchsten Wertes, nämlich der Gottheit, in den Stoff projiziert haben. Damit wurde der höchste Wert mit dem Stoff verbunden und ein Ausgangspunkt geschaffen für die Entwicklung einerseits der wirklichen Chemie, anderseits des philosophischen Materialismus neueren Datums mit all jenen psychologischen Folgen, welche eine Drehung des Weltbildes um hundertachtzig Grad notwendigerweise mit sich bringt. Obschon uns heute die Alchemie fernliegt, darf man doch die geistesgeschichtliche Bedeutung, die sie für das Mittelalter hatte, auf keinen Fall unterschätzen. Die Neuzeit aber ist das seine Eltern nicht verleugnende Kind des Mittelalters.

Die prima materia hat den Charakter der Ubiquität: sie ist stets und überall zu haben; das heißt, die Projektion kann stets und überall stattfinden. Sir GEORGE RIPLEY, der englische Alchemist (1415 [?] bis 1490) schreibt: «Die Philosophen sagen den Suchenden, daß Vögel und Fische uns den Lapis zubringen[15], jeder Mensch hat ihn, er ist an jedem Ort, in dir, in mir, in jedem Ding, in Zeit und Raum[16]. Er bietet sich in billiger Gestalt an (vili figura). Aus ihm entsteht unser ewiges Wasser[17] (aqua permanens).» Die «materia prima» ist nach RIPLEY nämlich das Wasser; es ist das materielle Prinzip aller Körper[18], auch des Merkurs[19]. Es ist die hyle, die durch den Schöpfungsakt Gottes als dunkle Kugel[20] (sphaericum opus) (Abb. 34: Grundwerk 5) aus dem Chaos entstanden ist[21]. Das Chaos ist eine «massa confusa», aus welcher der Stein hervorgeht (Abb. 125, 164 und andere). Das hylische Wasser enthält ein verborgenes Elementarfeuer[22]. Im Traktat «De sulphure»[23] enthält das Erdelement als inneren Gegensatz «Ignis Gehennalis», Höllenfeuer. Bei HORTULANUS geht der Stein aus einer «massa confusa», die alle Elemente in sich enthält, hervor[24] (vgl. Abb. 162). Wie die Welt aus einem «chaos confusum»[25] entstanden ist, so entsteht auch der Stein daraus[26]. In der Idee der rotierenden Wasserkugel klingen neupythagoräische Vorstellungen an: bei ARCHYTAS ist die Weltseele ein Kreis oder eine Kugel[27]; bei PHILOLAOS führt sie durch ihre Rotation die Welt mit sich herum[28]. Das ursprüngliche Bild findet sich wohl bei ANAXAGORAS, wo der νοῦς [Geist] einen Wirbel im Chaos verursacht[29]. Wichtig ist auch die Kosmogonie des EMPEDOKLES, wo durch Vereinigung des Ungleichartigen (infolge des Einflusses der φιλία [Freundschaft]) der σφαῖρος (das Kugelwesen) entsteht. Dessen Bezeichnung als εὐδαιμονέστατος θεός, als allerseligster Gott, wirft ein besonderes Licht auf das vollkommene, «runde» Wesen des Lapis[30], der aus der Anfangskugel sowohl hervorgeht, als auch diese schon selber ist; darum heißt auch die prima materia öfters Lapis (Abb. 164 und 165). Nur ist der erste Zustand der verborgene, der durch die Kunst und die Gnade Gottes in den zweiten, manifesten übergeführt werden kann. Darum fällt die prima materia gelegentlich mit dem Begriff des Anfangszustandes des Prozesses, nämlich der «nigredo» (der Schwärze), zusammen. Es ist dann die schwarze Erde, in welche das Gold

Abb. 164 Mercurius, auf dem runden Chaos stehend,
mit der Waage als dem Zeichen für «pondus et mensura».
Das «Runde» ist die Präfiguration des Goldes.
(18. Jh.)

Abb. 165 «L'occasione»: ein Mercurius auf der Erdkugel (dem «Runden»); neben ihm der caduceus und Füllhörner, die den Reichtum seiner Gaben versinnbildlichen.

(1583)

oder der Lapis gesät wird wie das Weizenkorn (Abb. 48: Grundwerk 5). Es ist die schwarze, magisch fruchtbare Erde, die Adam aus dem Paradies mitnahm, auch Antimon genannt und als «schwarz, schwärzer als schwarz» (nigrum nigrius nigro) bezeichnet[31].

D. KÖNIG UND KÖNIGSSOHN

Wie der Feuerkern in der hyle verborgen liegt, so liegt in der dunklen Wassertiefe des Meeres der Königssohn, gleichsam wie entseelt, lebt aber dennoch und ruft aus der Tiefe herauf[32] (Abb. 166): «Wer mich aus den Wassern befreien und mich in einen trockenen Zustand überführen wird, den werde ich mit immerwährenden (perpetuis) Reichtümern beglükken[33].»

Die Beziehung zum «rex marinus» [Meerkönig] der *«Visio Arislei»*[34] ist durchsichtig. Arisleus[35] erzählt von seinem Abenteuer beim «rex marinus», in dessen Reich nichts gedeiht und nichts sich fortpflanzt. Es gibt dort nämlich keine Philosophen. Nur Gleichartiges[36] wird gemischt; infolgedessen findet keine Zeugung statt. Der König muß nun auf philosophischen Rat Thabritius[37] mit Beya, seine beiden Kinder, die er in seinem Gehirn ausgetragen hat, paaren[38] (Abb. 167).

Insofern der König «exanimis», das heißt entseelt, oder sein Land unfruchtbar ist, will das soviel heißen, als daß der verborgene Zustand ein solcher der Latenz und Potentialität ist. Das Dunkel und die Meerestiefe wollen nichts anderes bedeuten als den unbewußten Zustand eines Inhaltes, welcher unsichtbar projiziert ist. Insofern ein solcher Inhalt zur Ganzheit[39] der Persönlichkeit gehört und durch Projektion nur scheinbar aus dem Zusammenhang gelöst ist, findet zwischen dem Bewußtsein und dem projizierten Inhalt stets eine Anziehung statt. Diese zeigt sich meist in der Form der Faszination. Die alchemistische Allegorie drückt diese Tatsache durch den Hilferuf des Königs aus der Tiefe des abgespaltenen und unbewußten Zustandes aus. Das Bewußtsein sollte diesem Ruf Folge leisten; man sollte «operari regi», dem König den Dienst erweisen, denn das wäre nicht nur Weisheit, sondern auch das Heil[40]. Das bedeutet aber die Notwendigkeit des Abstieges in die dunkle Welt des Unbewuß-

Abb. 166 Im Hintergrund: der um Hilfe rufende Meerkönig; im Vordergrund: seine Erneuerungsgestalt mit dem «rotundum» und der «columba spiritus sancti».
(1582)

CONIVNCTIO SIVE
Coitus.

**O Luna durch meyn vmbgeben/vnd susse mynne/
Wirstu schön/ starck/vnd gewaltig als ich byn.
O Sol/ du bist vber alle liecht zu erkennen/
So bedarffstu doch mein als der han der hennen.**

Abb. 167 Allegorie der seelischen Gegensatzvereinigung in der alchemistischen Kunst. (1550)

ten, die rituelle Handlung einer κατάβασις εἰς ἄντρον, das Abenteuer der Nachtmeerfahrt (Abb. 69 [Grundwerk 5], 170, 171), deren Ziel und Ende die Wiederherstellung des Lebens, die Auferstehung und die Todüberwindung ist (Abb. 172, 174, 177). Arisleus und seine Gefährten wagen das Unternehmen, das zunächst mit einer Katastrophe, nämlich dem Tode des Thabritius, endet. Dieser Tod ist die Straffolge der inzestuösen «coniunctio oppositorum» (Abb. 223, 226). Das Bruder-Schwester-Paar ist allegorisch für die Idee von Gegensätzen überhaupt. Letztere werden mannigfaltig variiert als Trocken-Feucht, Heiß-Kalt, Männlich-Weiblich, Sonne-Mond, Gold-Silber, Merkur-Schwefel, Rund-Viereckig, Wasser-Feuer, Volatil-Schwer, Körperlich-Geistig usw.[41] Der «regius filius» [Königssohn] ist eine Verjüngungsform des Vaterkönigs. Der Jüngling

Abb. 168 Der König als «prima materia», den Sohn verschlingend. (1678)

wird gern mit einem Schwert dargestellt und bedeutet den Geist, der Vater aber den Körper. Der Tod des Sohnes erfolgt in einer Variante der *«Visio»* dadurch, daß er beim Koitus im Leibe der Beya völlig verschwindet. In einer andern Darstellung frißt ihn der Vater auf (Abb. 168), oder die Sonne ertrinkt im Merkur oder wird vom Löwen verschluckt

Abb. 169 Der «grüne Löwe», die Sonne fressend.
(1550)

(Abb. 169). Thabritius ist das männliche, geistige Licht- und Logosprinzip, welches wie der gnostische νοῦς in der Umarmung der Physis versinkt. Der Todesfall ist also der vollzogene Abstieg des Geistes in die Materie. Das Sündhafte dieses Geschehens haben die Alchemisten zwar oft dargestellt, aber anscheinend nicht ganz begriffen (?); deshalb rationalisieren oder verkleinern sie den an sich anstößigen Inzest[42].

Da der Inzest auf Anraten der Philosophen erfolgt, ist der Tod des Königssohnes natürlich eine mißliche und gefährliche Sache. Durch den Abstieg ins Unbewußte bringt das Bewußtsein sich in eine gefährliche Lage; denn es scheint, als ob es sich selber auslöschte. Es ist die Situation des primitiven Helden, der vom Drachen gefressen wird. Da es sich um eine Minderung oder Auslöschung des Bewußtseins handelt und ein solches «abaissement du niveau mental» jenes «peril of the soul» ist, vor welchem der Primitive die allergrößte Angst empfindet (nämlich die Geisterfurcht[43]), ist die absichtliche oder gar mutwillige Auslösung dieses Zustandes ein Sakrileg oder Bruch des Tabu, worauf die schwersten Strafen stehen. Dementsprechend sperrt der König Arisleus und seine Gefährten in einem dreifachen Glashaus ein mit dem Leichnam des Königssohnes. Die Helden sind also in der Unterwelt festgehalten, und zwar am Grunde des Meeres, wo sie unter allerhand Schrecknissen achtzig Tage in intensiver Hitze verharren müssen. Beya wird auf Wunsch des Arisleus mit eingesperrt. (Die Variante der «*Visio*» deutet das Gefängnis

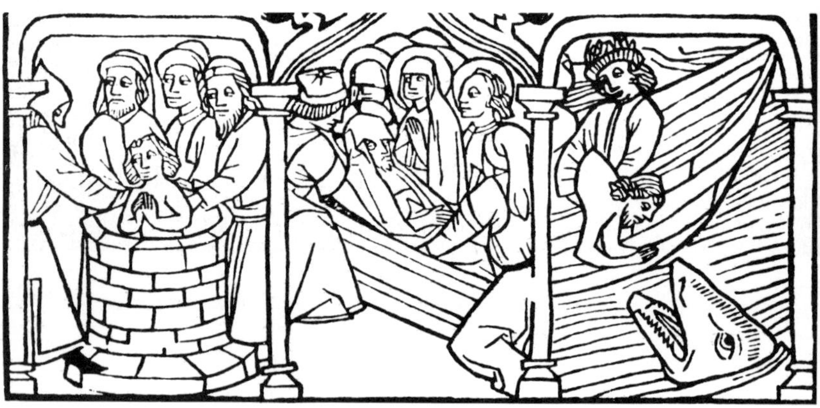

Abb. 170 Die «Nachtmeerfahrt» (Joseph in der Zisterne; Christi Grablegung; Jonas, vom Walfisch verschlungen).
(1471)

Abb. 171 Nachtmeerfahrt des Herakles im Sonnenbecher.
Grund einer attischen Vase (5. Jh. v. Chr.)

als den Uterus der Beya[44].) Sie sind also vom Unbewußten überwältigt und hilflos preisgegeben; das heißt nichts anderes, als daß sie sich freiwillig dem Tode überantwortet haben, um fruchtbares Leben in jenem Gebiet der Seele zu erzeugen, welches bisher in dunkler Unbewußtheit und im Schatten des Todes lag (Abb. 171).

Obschon die Möglichkeit des Lebens durch das Bruder-Schwester-Paar angedeutet ist, muß dieser unbewußte Gegensatz durch das Dazwischentreten des Bewußtseins aktiviert werden; sonst bleibt er latent. Diese Unternehmung aber ist gefährlich. Man versteht die ängstliche Bitte der *«Aurora consurgens»:* «Horridas nostrae mentis purga tenebras, accende lumen sensibus[45].» [Reinige die schrecklichen Finsternisse unseres Geistes, entzünde ein Licht unseren Sinnen.] Man begreift auch MICHAEL MAIER, der wenige fand, die ins Meer tauchen wollten[46]. Arisleus ist in der Gefahr, dem Schicksal eines Theseus und Peirithoos zu verfallen, die bei ihrer Nekyia [Totenopfer] an den Felsen der Unterwelt festwuchsen, das heißt daß das in den unbekannten seelischen Raum vorstoßende Bewußtsein von den archaischen Mächten des Unbewußten übermannt wurde – eine Wiederholung jenes kosmischen Ereignisses der Umarmung von nous und physis. Der Zweck des Abstieges ist im Heldenmy-

Abb. 172 Jonas entsteigt dem Rachen des Walfisches. Dem Ende der Nachtmeerfahrt entspricht das Gewinnen des «lapis angularis» (Eckstein).

(15. Jh.)

Abb. 173 Die Tötung des Königs (mortificatio).
(1624)

thus ganz allgemein dadurch gekennzeichnet, daß in jenem Gefahrbezirk (Wassertiefe, Höhle, Wald, Insel, Burg usw.) die «schwer erreichbare Kostbarkeit» (Schatz, Jungfrau, Lebenstrank, Todüberwindung usw.) zu finden ist (Abb. 172).

Jene Scheu und jener Widerstand, die jeder natürliche Mensch gegen ein zu tiefes Versinken in sich selbst empfindet, sind im Grunde genommen die Angst vor der Hadesfahrt. Wenn man nur Widerstand empfände, wäre die Sache nicht so schlimm. In Wirklichkeit aber geht vom seelischen Hintergrund, eben von jenem dunklen, unbekannten Raum[47], eine faszinierende Anziehung[48] aus, welche um so überwältigender zu werden droht, je weiter man eindringt. Die psychologische Gefahr, die dabei eintritt, ist eine Auflösung der Persönlichkeit in ihre funktionalen Komponenten, wie einzelne Bewußtseinsfunktionen, Komplexe, Erbeinheiten usw. Die Zersetzung – eine funktionelle, auch manchmal wirkliche Schizophrenie – ist eben das, was dem Gabricus (in der Variante des *«Rosarium philosophorum»*) geschieht: er wird im Leibe der Beya in Atome aufgelöst[49], was einer der Formen der «mortificatio» [Tötung] entspricht (Abb. 173).

Dieses Ereignis ist eine Wiederholung der «coniunctio» von nous und physis [Geist und Stoff][50]. Letztere ist aber ein kosmogonisches Ereignis, während ersteres eine durch die Intervention des Philosophen verursachte Katastrophe ist. Solange das Bewußtsein nicht dazutritt, bleiben die

Abb. 174 Jonas im Walfisch.
Frühchristliche Tonampel

Abb. 175 Der Wolf als «prima materia» frißt den toten König; im Hintergrund: Sublimierung der «prima materia» und Wiedergeburt des Königs.
(1687)

Gegensätze des Unbewußten latent. Durch das Bewußtsein werden sie aktiviert, und der «regius filius», der Geist, logos oder nous, wird von der physis verschlungen; das heißt der Körper und seine Organrepräsentanten erlangen die Übermacht über das Bewußtsein. Der Heldenmythus[51] kennt diesen Zustand des Verschlungenseins im Walfisch-(Drachen-) Bauch[52] (Abb. 174): Es herrscht dort drin meist eine solche Hitze, daß dem Helden das Haar ausgeht[53], das heißt er wird kahl wiedergeboren als Säugling (Abb. 176). Diese Hitze ist der «ignis gehennalis», die Hölle, zu

Abb. 176 Jonas im Walfischbauch.
Chludoff-Psalter (byzantinisch, 9. Jh.)

der auch Christus abgestiegen ist zur Todüberwindung als Teil seiner «opera».

Als «Erlöser» macht der Philosoph die Höllenfahrt. Das «verborgene Feuer» ist der innere Gegensatz zur kalten Feuchte des Meeres[54]. Es ist in der *«Visio»* eine unverkennbare Bruthitze[55], welche eben dem Zustand der Selbstbebrütung in der «meditatio» entspricht. Wir begegnen im indischen Yoga der ähnlichen Vorstellung des tapas[56], der Selbstbebrütung. (Der Zweck der Tapasübung ist derselbe wie in der *«Visio»:* nämlich Wandlung und Auferstehung.) (Abb. 177)

Abb. 177 Die «Auferstehung» (Simson mit dem Stadttor der Philister; Christus, dem Grabe entstiegen; Jonas, vom Walfisch ausgespien).
(1471)

F. DER VERBORGENE SCHATZ

Die in der dunklen «materia prima» vermutete «schwer erreichbare Kostbarkeit» ist von den Alchemisten in verschiedener Weise symbolisiert worden. So sagt CHRISTOPHORUS VON PARIS, das Chaos (als materia prima) sei das Werk der allerweisesten Natur. Unser Verstand (intellectus) müsse dieses natürliche Kunstwerk, eben das Chaos, vermittels des «himmlischen und glühenden Geistes» (spiritu) in die himmlische Natur der Quintessenz und der belebenden (vegetabilis) Essenz des Himmels überführen. In diesem Chaos existiere in potentia [der Möglichkeit nach] die genannte kostbare Substanz in der Gestalt einer «massa confusa» der vereinigten Elemente, und deshalb müsse sich die menschliche Vernunft damit fleißig beschäftigen (incumbere debet), damit sie unseren Himmel in die Wirklichkeit (ad actum) überführe[57].

JOHANNES GRASSEUS erwähnt eine Meinung, wonach die materia prima das Blei (der Philosophen) sei, das man auch das Blei der Luft[58] nenne (womit eben auf den inneren Gegensatz angespielt wird). In diesem Blei drinnen sei die strahlende, weiße Taube (Abb. 178), welche das «Salz der Metalle» genannt werde. Sie ist eine keusche, weise und reiche Königin von Saba, vom weißen Schleier verhüllt, welche sich nur dem König Salomon ergeben wollte[59].

Nach der Ansicht des BASILIUS VALENTINUS ist die Erde (als materia prima) kein toter Körper, sondern in ihr wohnt der Geist, welcher das Leben und die Seele der Erde ist. Alle Geschöpfe, auch die Mineralien, empfangen ihre Kräfte vom Geist der Erde. Der Geist ist Leben; er wird von den Sternen genährt, und er gibt Nahrung allem Lebenden, das er in seinem Schoße birgt. Wie die Mutter das ungeborene Kind, so bebrütet auch die Erde (Abb. 163) durch ihren von oben empfangenen Geist die Mineralien in ihrem Schoße. Dieser unsichtbare Geist ist wie ein Spiegelbild, das man auch nicht betasten kann, und dieser Geist ist die Wurzel der im Prozeß notwendigen oder darin entstehenden Körper (radix nostrorum corporum)[60].

Eine ähnliche Idee findet sich bei MICHAEL MAIER[61]: Durch millionenfache Rotation um die Erde hat die Sonne in der Erde das Gold gesponnen. Die Sonne hat allmählich ihr Bild der Erde eingedrückt. Das ist das Gold. Die Sonne ist das Bild Gottes, das Herz[62] ist das Abbild der

Abb. 178 Die Taube (avis Hermetis) erhebt sich aus den vier Elementen als Symbol des aus der Physis befreiten Geistes.
(Wahrscheinlich 18. Jh.)

Abb. 179 Die alchemistische Trinität: der König und sein Sohn mit Hermes in der Mitte (Hermes = Spiritus Mercurii). (1678)

Sonne im Menschen, wie das Gold in der Erde, auch als Deus terrenus [irdischer Gott] bezeichnet, und Gott wird im Gold erkannt. Dieses im Gold erscheinende Gottesbild ist wohl die «anima aurea» [goldene Seele], welche, dem gewöhnlichen Quecksilber eingehaucht, dieses in Gold verwandelt.

Abb. 180 Die christliche Trinität mit dem Heiligen Geist als geflügeltem Mann.

Kupferstich des Meisters der Berliner Passion (Mitte 15. Jh.)

RIPLAEUS ist der Ansicht, man müsse das Feuer aus dem Chaos ausziehen und sichtbar machen[63]. Dieses Feuer ist der Heilige Geist, welcher Vater und Sohn eint[64]. Er wird öfters als geflügelter Greis[65] dargestellt, als Mercurius in der Gestalt des Offenbarungsgottes, der mit Hermes Trismegistos zusammenfällt[66], und bildet mit König und Königssohn eine alchemistische Trinität (Abb. 179 und 180). Dieses Feuer hat Gott in der Erde geschaffen, gleichwie das Fegefeuer der Hölle. In diesem Feuer[67] glühe Gott selber in göttlicher Liebe[68].

Abb. 181 Das Sonnenantlitz.
(1702)

5. Die Lapis-Christus-Parallele

A. DIE LEBENSERNEUERUNG

Die im vorigen Kapitel dargestellten Beispiele zeigen, daß in der prima materia ein Geist steckt, wie im Nilstein des OSTANES. Dieser Geist wurde schließlich als Heiliger Geist gedeutet in Harmonie mit der alten Tradition des nous, der in der Umarmung mit der physis von der Dunkelheit verschlungen wird, nur mit dem Unterschied, daß das Verschlingende gerade nicht das Weibliche par excellence, nämlich die Erde, ist, sondern der nous in Gestalt des Mercurius, respektive des ouroboros, bei dem der Kopf den Schwanz frißt (Abb. 147 und andere), das heißt es ist ein chthonischer, sozusagen materieller Geist, ein Hermaphroditus, der einen männlich-geistigen und einen weiblich-körperlichen Aspekt hat

Abb. 182 Christus als Seelenretter.
Wandgemälde in der Klosterkirche zu Braunweiler, Rheinland (12. Jh.)

(Abb. 183; auch Abb. 54 [Grundwerk 5], 125 und andere). Der ursprüngliche gnostische Mythus hat sich seltsam gewandelt: nous und physis sind in der prima materia ununterscheidbar eins und zu einer «natura abscondita» [verborgenen Natur] geworden.

Abb. 183 Androgyne Gottheit zwischen einer männlichen Schlange mit der Sonne und einer weiblichen mit dem Mond.
Spätbabylonische Gemme

Die Psychologie dieses Motivs entspricht der Projektion eines in höchstem Maße faszinierenden unbewußten Inhalts, der deshalb, wie alle solchen Inhalte, den numinosen, «göttlichen» oder «heiligen» Charakter aufweist. Die Alchemie setzt sich die Aufgabe, diese «schwer erreichbare Kostbarkeit» entweder in Form des physischen Goldes oder der Universalmedizin oder der verwandlungskräftigen Tinktur zu erlangen und sichtbar darzustellen, sofern die Kunst noch im Laboratorium sich betätigt. Insofern aber die praktische, chemische Tätigkeit nie ganz rein war, sondern in sich und durch sich auch die unbewußten Inhalte des Operators ausdrückte, war sie zugleich eine psychische Tätigkeit, die am ehesten mit der *aktiven Imagination* verglichen werden kann[1]. Was von dieser Methode aktiv erfaßt wird, drückt sich auch im *Traumleben* aus. Die Beziehungen beider Formen des aus dem Unbewußten ins Bewußtsein übergreifenden Prozesses zur alchemistischen Anschauungswelt sind so nahe, daß man wohl zur Annahme berechtigt ist, es handle sich beim alchemistischen Verfahren um gleiche oder zum mindesten sehr ähnliche Vorgänge, wie in denen der aktiven Imagination und der Träume, das heißt also in letzter Linie um den Individuationsprozeß.

Wir haben vorhin Arisleus und seine Gefährten, samt Beya und dem toten Thabritius im dreifachen Glashause, in das sie der rex marinus gesperrt hat, verlassen. Sie leiden unter großer Hitze, wie die drei Männer im Feuerofen (Abb. 184), in welchen sie der König Nebukadnezar ge-

Abb. 184 Die drei Jünglinge im Feuerofen.
Sarkophagrelief aus der Villa Carpegna, Rom (altchristlich)

Abb. 185 Unten: Die Dreiheit als Einheit; die Quaternität, auf dem Binarius beruhend.
(1678)

worfen hatte. Der König hat die Vision eines vierten, der gleich ist einem Sohne der Götter, wie *Daniel* 3,25 berichtet. Diese Vision ist insofern nicht ohne Beziehung zur Alchemie, als diese immer wieder an zahllosen Stellen darauf zurückkommt, daß der «lapis trinus et unus» (der Stein dreifach und eins) sei (Abb. 185; auch Abb. 1: Grundwerk 5). Er besteht auch aus den vier Elementen, wobei das Feuer den in der Materie verborgenen Geist darstellt, wie wir gesehen haben. Das ist der vierte, der fehlt und doch da ist, und der immer in der feurigen Not des Ofens erscheint und die göttliche Präsenz darstellt: die Hilfe und die Vollendung des Werkes. In ihrer Not nun sehen Arisleus und seine Gefährten ihren Meister Pythagoras im Traum, und sie bitten ihn um Hilfe. Er aber

Abb. 186 Der Korallenbaum im Meere.
DIOSCORIDES (5. Jh.)

schickt ihnen seinen Jünger Harforetus, welcher der «Urheber der Nahrung» ist[2]. Damit ist das Werk vollendet und Thabritius wieder lebendig[3]. Harforetus hat offenbar die wunderbare Speise gebracht, wie wir vermuten dürfen. Dies wird allerdings erst klar dank der Entdeckung RUSKAS, der uns den Text des Codex Berolinensis zugänglich machte. Dort heißt es nämlich in der den gedruckten Ausgaben der *«Visio»*[4] fehlenden Einleitung: «Pythagoras spricht: ‹Ihr schreibt und habt schon für die Nachkommenschaft aufgeschrieben, wie dieser kostbarste Baum gepflanzt wird und wie der, der von dessen Früchten ißt, niemals mehr hungern wird›[5].» Da die *«Visio»* zu dem Zweck verfaßt ist, der Nachwelt ein Beispiel des Prozesses zu hinterlassen, ist eben darin vom Bäumepflanzen die Rede, und der Schluß der Legende soll die wunderbare, regenerierende Wirkung der Früchte zeigen. Während Arisleus die Not erleidet, und Thabritius im Todesschlummer liegt, ist offenbar der Baum[6] gewachsen und hat Frucht getragen. Die Rolle, welche Arisleus im Glashause spielt, ist völlig passiv. Die entscheidende Handlung kommt vom Meister, der seinen Boten mit der Speise des Lebens schickt.

Wie es heißt, kann einer das geheime Wissen nur durch Eingebung Gottes oder aus dem Munde eines Meisters empfangen, und ebenso kann niemand das Werk vollenden, es sei denn mit Gottes Hilfe[7]. In diesem Falle ist der mythische Meister, der göttliche Pythagoras[8], an Stelle Gottes getreten[9] und hat das Werk der Lebenserneuerung vollendet (Abb. 187). Diese – wie wir wohl sagen dürfen – göttliche Intervention ereignet sich im Traum, wo Arisleus den Meister sieht und um Hilfe anfleht. Wenn die Vereinigung der Gegensätze Geist und Körper, durch Gabricus und Beya ausgedrückt, die Tötung und die Kochung im Ofen nach alchemistischer Ansicht[10] dem Offertorium der Messe entsprechen, so finden wir die Analogie für die Petition an den Helfer im «memento vivorum», in der Fürbitte für die Lebenden und im Gedenken der Märtyrer usw., welche der Wandlung vorangehen. Diese Anrufung geschieht «pro redemptione animarum suarum, pro spe salutis et incolumitatis suae» [zur Rettung ihrer Seelen, für die Hoffnung ihres Heiles und ihrer Wohlfahrt], und der Heiligen wird gedacht, damit Gott um deren Verdienste und Fürbitte willen es zugebe, «ut in omnibus protectionis tuae muniamur auxilio» [daß wir in allem durch deinen hilfreichen Schutz bewahrt werden]. Die Bitte endet mit der Epiklesis, welche die Wandlung einleitet: «... ut nobis corpus et sanguis fiat» (damit uns der Leib und das

Abb. 187 Der Drache speit Jason aus, nachdem er den von Athene verabreichten Trank genossen hat.
Attische Schale (5. Jh.)

Blut werde), nämlich die wundersame Speisung[11], das φάρμακον ζωῆς [Heilmittel des Lebens]. In der *«Visio»* sind es die Früchte des unsterblichen Baumes (Abb. 188, 189, 190), welche das Heil bringen. Die «fructus sacrificii missae», die Früchte des Meßopfers, hingegen, von denen die

Abb. 188 Der Baum der Philosophen, umgeben von den Symbolen des «opus».
(1622)

Kirche spricht, sind insofern nicht dasselbe, als damit die moralischen und sonstigen Wirkungen gemeint sind, und nicht die geweihten Substanzen, die ebenfalls ex opere operato [aus dem (von Christus) gewirkten Werk] hervorgehen.

Abb. 189 Drache mit Hesperidenbaum.
(1702)

Hier scheiden sich aber die Geister. Der Christ empfängt für sich persönlich und für seine Lebensumstände im weitesten Sinne die Früchte des Meßopfers. Der Alchemist hingegen empfängt die «fructus arboris immortalis» [Früchte des unsterblichen Baumes] nicht nur für sich, sondern in erster Linie für den König oder Königssohn, für die Vollendung der gesuchten Substanz. Er nimmt zwar teil an der «perfectio», welche ihm Gesundheit, Reichtum, Erleuchtung und Heil bringt; aber da er nicht der zu Erlösende, sondern ein Gotterlöser ist, liegt ihm in erster Linie daran, die Substanz zu vervollkommnen. Moralische Qualitäten setzt er voraus und zieht sie nur in Betracht, insofern diese das «opus» fördern oder hemmen können. Er legt den ganzen Nachdruck – wie man sagen könnte – auf die Wirkung ex opere operantis [aus dem Werk seines eigenen Tuns], in natürlich viel höherem Maße als die Kirche, weil er ja an Stelle des im Meßopfer sich selbst opfernden Christus steht. Man darf dabei keineswegs denken, daß er etwa aus religiösem Größenwahn sich die Rolle des Erlösers anmaße. Er tut dies noch weniger als der zelebrierende Priester, welcher repräsentativ Christus opfert. Der Alchemist betont stets seine «humilitas» [Demut] und leitet seine Traktate mit Anrufungen Gottes ein. Er denkt nicht daran, sich mit Christus zu identifizieren; im Gegenteil parallelisiert die Alchemie die gesuchte Substanz, den La-

Abb. 190 Kultbaum mit Schlange.
Fragment aus einer altmexikanischen Mayahandschrift

pis, mit Christus. Es handelt sich nicht eigentlich um Identifikation, sondern um das hermeneutische «sicut» (gleichwie), welches die Analogie bezeichnet. Analogie ist aber für den mittelalterlichen Menschen weniger eine logische Figur als vielmehr eine geheime Identität, was ein noch sehr lebendiges Überbleibsel primitiven Denkens ist. Der Ritus der Feuerweihe[12] am Karsamstag ist dafür ein instruktives Beispiel (Abb. 191). Das Feuer ist gleichsam Christus (imago Christi). Der Stein, aus dem der Funke geschlagen wird, ist der «Eckstein», eine weitere «imago» [Bild], und der Funke, der aus dem Steine springt, ist wiederum eine «imago Christi». Die Analogie mit der Extraktion des «pneuma» [Geistes] aus dem Stein im «dictum» des OSTANES ist aufdringlich. «Pneuma» als Feuer, Christus als Feuer (Abb. 58: Grundwerk 5) und als innere Gegensubstanz der Erde sind uns bereits bekannte Vorstellungen. Der Stein, aus dem der Funke springt, ist aber auch die Analogie des Felsengrabes oder des Steines davor. Darin lag Christus als Schlafender und vom Tode Gefesselter während der drei Tage der Höllenfahrt, wo er zum «ignis

Gehennalis» [Höllenfeuer] abgestiegen war. Von dort aufersteht er als neues Feuer (Abb. 234).

Ohne es zu wissen, denkt der Alchemist die «imitatio Christi» [Nachahmung Christi] weiter und gelangt so zu dem oben erwähnten Schluß,

Abb. 191 Die Ausgießung des Heiligen Geistes in Form von Feuerzungen.
Münchener Perikopenbuch (12. Jh.)

daß die vollkommene Angleichung an den Erlöser auch den Angeglichenen in seinem tiefsten Seelengrunde zum Erlösungswerk befähige. Dieser Schluß aber verläuft unbewußt, und dementsprechend fühlt sich der Alchemist nie veranlaßt, anzunehmen, daß Christus das Werk in ihm wirke. Es ist die von ihm erworbene oder von Gott ihm verliehene Weisheit und Kunst, vermöge welcher er den weltschaffenden und im Weltstoff verlorenen nous oder logos zum Heile der Menschheit wieder befreit. Nicht der Artifex ist eine Entsprechung Christi; vielmehr erkennt er in seinem Wunderstein die Entsprechung zum Erlöser. Von diesem Standpunkt aus erscheint die Alchemie wie eine in die Tiefen und Dunkelheiten des Unbewußten hinunterreichende Fortsetzung der christlichen Mystik mit ihrer bis zur Stigmatisation getriebenen Verwirklichung der Christusgestalt. Nur erreicht diese unbewußte Fortsetzung nirgends wieder als solche die Oberfläche, wo das Bewußtsein sich mit ihr auseinandersetzen könnte. Was von dieser unbewußten Entwicklung im Bewußtsein wieder erscheint, sind nur symbolhafte Symptome. Hätte aber der Alchemist es vermocht, seine unbewußten Inhalte sich zu veranschaulichen, so hätte er einsehen müssen, daß er selber an Christi Statt getreten war – genauer gesprochen: nicht er als sein Ich, sondern er als sein Selbst[13] hätte, wie Christus, das «opus» auf sich genommen, nicht den Menschen, sondern den Gott zu erlösen. Er hätte nicht nur sich als Entsprechung Christi, sondern auch Christus als Symbol des Selbst erkennen müssen. Diese ungeheuerliche Schlußfolgerung ist dem mittelalterlichen Geist versagt geblieben. Dem Geiste der Upanishads wäre eine Selbstverständlichkeit, was dem christlichen Europäer als Wahnwitz erscheint. Der Moderne muß sich daher beinahe glücklich schätzen, daß seine geistige Verflachung im Augenblick des Zusammenstoßes mit östlichem Denken und Erleben schon einen dermaßen hohen Grad erreicht hat, daß er nicht einmal merkt, womit er zusammengestoßen ist. Er kann sich jetzt auf der durchaus inadäquaten und darum harmlosen Ebene des Intellektes mit dem Osten auseinandersetzen und dieses Geschäft überdies dem sanskritkundigen Spezialisten überlassen.

B. DIE ZEUGNISSE FÜR DIE RELIGIÖSE DEUTUNG

a) Raymundus Lullius

Es ist nicht verwunderlich, daß sich schon ziemlich früh bei den Lateinern die Analogie Christus-Lapis hervorgedrängt hat, indem der alchemistische Symbolismus mit kirchlicher Allegorik durchtränkt ist. Obschon in dieser Hinsicht kein Zweifel besteht, daß die Allegorien der Kirchenväter die alchemistische Sprache bereichert haben, ist es meines Erachtens recht unsicher, inwiefern das «opus alchemicum» mit seinen verschiedenen Formen als Umgestaltung kirchlicher Riten (Taufe, Messe) und dogmatischer Vorstellungen (Zeugung, Geburt, Leiden, Tod und Auferstehung) verstanden werden kann. Es ist zwar nicht zu bestreiten, daß immer wieder aufs neue Anleihen bei der Kirche gemacht wurden; aber bei den ursprünglichen Grundvorstellungen handelt es sich um Elemente, welche heidnischen, insbesondere gnostischen Quellen entspringen. Die Wurzeln des Gnostizismus liegen ja keineswegs im Christentum, indem letzteres weit eher vom Gnostizismus rezipiert worden ist[14]. Überdies besitzen wir einen chinesischen Text, der von der Mitte des 2. Jahrhunderts datiert und fundamentale Ähnlichkeiten mit der westlichen Alchemie aufweist. Was immer der Zusammenhang zwischen China und dem Okzident gewesen sein mag, so steht damit doch die Existenz paralleler Ideen in der außerchristlichen Sphäre, wo von christlichem Einfluß schlechterdings nicht die Rede sein kann, außer Zweifel[15]. Waite[16] hat die Meinung ausgesprochen, daß der erste, welcher den Stein mit Christus identifizierte, der Paracelsist Heinrich Khunrath (1560–1605) gewesen sei, der Verfasser des *«Amphitheatrum»*, das 1598 erschien. Bei dem etwas späteren Jakob Böhme, der vielfach alchemistische Sprache benützt, ist der Lapis schon zu einer Metapher Christi geworden (Abb. 192). Waites Annahme ist zweifellos irrig. Wir haben nämlich für die Beziehung Lapis-Christus schon viel frühere Zeugnisse; das älteste, das ich bis jetzt feststellen konnte, entstammt dem *«Codicillus»* (Kp. IX) des Raymundus Lullius (1235–1315). Wennschon viele ihm zugeschriebene Traktate von spanischen und provenzalischen Schülern verfaßt sein mögen, so ändert dies nichts an der ungefähren Datierung der Hauptschriften, zu denen der *«Codicillus»* gehört. Jedenfalls ist

Abb. 192 Die Quaternität des Kreuzes im Zodiakus, umgeben von sechs Planeten. Mercurius entspricht dem Kreuz zwischen Sonne und Mond: eine Paraphrase von ☿.

JAKOB BÖHME (1682)

mir keine begründete Meinung bekannt, welche diesen Traktat später als das 14. Jahrhundert ansetzt. Es heißt dort:

«Und wie Jesus Christus, vom Stamme Davids, um der Befreiung und Erlösung des wegen Adams Ungehorsam in Sünde gefangenen Menschengeschlechts willen menschliche Natur angenommen hat, so wird auch in unserer Kunst das, was durch eines zu Unrecht befleckt wird, durch ein anderes, das ihm entgegengesetzt ist, von jener Schmach absolviert, gewaschen und gelöst[17].»

b) Der *«Tractatus aureus»*

Eine noch ältere Quelle wäre wohl der dem HERMES zugeschriebene *«Tractatus aureus»,* welcher schon dem Mittelalter als arabischer Herkunft galt, wenn darin wörtlich auf Christus Bezug genommen wäre. Der Grund, warum ich ihn dennoch anführe, ist der Umstand, daß er Dinge beschreibt, welche den geheimnisvollen Ereignissen der Osterzeit merkwürdig entsprechen und doch in einer ganz anderen Sprache dargestellt sind. Die Stelle lautet ungefähr:

Unser wertvollster Stein, der auf den Mist geworfen wurde, sei ganz billig geworden... Aber wenn wir den gekrönten König mit der roten Tochter verheiraten, dann empfange sie im schwachen Feuer einen Sohn, und sie nähre ihn durch unser Feuer... Dann werde er verwandelt, und seine Tinktur bleibe rot wie Fleisch. Unser Sohn von königlicher Geburt nehme seine Tinktur vom Feuer, und der Tod, der Finsternis und die Wasser entflöhen. Der Drache scheue das Sonnenlicht, und unser toter Sohn werde leben. Der König komme aus dem Feuer und erfreue sich der Hochzeit. Die geheimen Schätze würden eröffnet. Der Sohn sei ein kriegerisches Feuer geworden und überrage die Tinktur, weil er selber der Schatz sei und selber die philosophische Materie trage. «Kommt herbei, ihr Söhne der Weisheit, und freut euch; denn die Herrschaft des Todes ist vergangen, und der Sohn regiert, er trägt das rote Gewand[18], und der Purpur ist ihm angetan»[19] (Abb. 193).

Man kann diesen Text als eine Variante des mythischen Gottmenschen und seiner Todüberwindung und damit auch als eine Analogie des christlichen Dramas auffassen. Da das Alter und die Herkunft dieses HERMES-Textes vorderhand noch unbekannt sind, läßt sich nicht mit Sicherheit ausmachen, ob christliche Beeinflussung vorliegt. Wahrschein-

Abb. 193 Die weiße und die rote Rose als Endprodukte der Verwandlung von Königin und König.
(ca. 1620–1650)

lich ist sie nicht. Sehr frühe Texte, wie der des KOMARIOS[20], stehen nicht im Verdacht, christlich beeinflußt zu sein. (Die religiösen christlichen Einleitungen usw. in den Manuskripten sind Einschiebsel der byzantinischen mönchischen Kopisten.) Und doch enthält gerade letzterer alle Züge eines Regenerationsmysteriums. Allerdings ist es dort kein Erlöser, sondern das ὕδωρ θεῖον [göttliche Wasser], die «aqua permanens» der Lateiner (Abb. 194), welches die Auferstehung der Toten bewirkt, wozu die christliche Wassersymbolik (aqua = spiritus veritatis, Taufe und Eucharistie) eine unverkennbare Parallele darstellt.

Abb. 194 Sulphur als Sonne, Mercurius als Mond überbrücken den Fluß des «ewigen Wassers».
(1718)

c) Zosimos und die Anthroposlehre

In den späteren, dem ZOSIMOS (3. Jahrhundert) zugeschriebenen Texten begegnen wir hingegen dem Gottessohn in unverkennbarer Verknüpfung mit der priesterlichen Kunst (ἱερατικῇ τέχνῃ). Ich gebe die hierauf bezüglichen Stellen in freier Übersetzung[21]:

4, 8: Wenn du nachgedacht und in der menschlichen Gemeinschaft gelebt hast, so wirst du sehen, daß der Sohn Gottes..., der um der heiligen Seelen willen zu allem geworden ist, um sie (die Seelen) aus dem Bereiche der Schicksalsmacht[22] zum Unkörperlichen (Geistigen) herauszureißen – sieh, wie er alles geworden ist: Gott, Engel und leidensfähiger Mensch[23]. Denn, da er alles vermag, kann er alles werden, was er will, und er gehorcht dem Vater, indem er jeden Körper durchdringt[24] und den Geist einer jeden Seele[25] erleuchtet, und er hat ihm (dem Geist) den Ansporn gegeben[26], ihm empor zu dem seligen Orte zu folgen, wo er[27] ja auch vor der Entstehung des Körperlichen[28] weilte, indem er von ihm die Sehnsucht erhält und sich führen läßt zu jenem Licht[29].

5: Und betrachte die Tafel, die auch Bitos[30] schrieb und der dreimal große Platon[31] und der unendlich große Hermes, daß[32] durch das erste hieratische Wort «Thoyth» der erste Mensch bezeichnet wird[33], der Deuter alles Seienden und der Namengeber aller körperlichen Dinge. Die Chaldäer, Parther, Meder und Hebräer hingegen nennen ihn Adam, wovon die Deutung lautet: «jungfräuliche Erde», «blutrote (oder: blutige) Erde», «feurige[34] Erde» und «fleischliche Erde». Dies findet sich in den Bibliotheken der Ptolemäer. Sie legten es[35] in jedem Heiligtum, besonders auch im Serapeion nieder, damals, als Asenan[36] den Hohenpriester von Jerusalem[37] anging, welcher den Hermes schickte, der die ganze hebräische Schrift ins Griechische und Ägyptische übertrug.

6: So heißt nun der erste Mensch bei uns Thoyth und bei jenen Adam, indem sie ihn in der Sprache der Engel benannten. Indessen bezeichneten sie ihn in bezug auf seinen Körper[38] symbolisch durch die vier Elemente[39] aus der ganzen Himmelssphäre (Abb. 195). Denn sein Buchstabe A weist auf den Aufgang (ἀνατολή), die Luft hin, sein D aber auf den sich infolge der Schwere nach unten neigenden Untergang (δύσις) . . . [40]; das M jedoch weist auf den Mittag (μεσημβρία), den mittleren dieser Körper, das in die mittlere, vierte Zone hinein (zur Reife) kochende Feuer[41]. So heißt nun der fleischliche Adam nach seiner ringsum sichtbaren Bildung Thoyth; der in ihm befindliche geistige Mensch aber hat sowohl einen eigentlichen Namen als auch einen Rufnamen. Den eigentlichen Namen weiß ich bisher[42] nicht. Denn nur der unauffindbare Nikotheos weiß dies. Sein Rufname hingegen heißt Licht φῶς), woraus auch folgt, daß man die Menschen φῶτες nannte.

7: Als nun der Lichtmensch[43] im Paradies weilte, durchweht[44] vom Hauch der Schicksalsmacht, überredeten sie (die Elemente)[45] ihn, der ganz ohne Schlechtigkeit und ohne Wirksamkeit war, dazu, den bei ihm[46] befindlichen Adam, nämlich den aus der Schicksalsmacht, aus den vier Elementen bestehenden Adam (vgl.

Abb. 195 Schöpfer, Makrokosmos, Mikrokosmos in menschlicher Gestalt, letzterer umgeben von den Elementen.
HILDEGARD VON BINGEN (12. Jh.)

Abb. 82 [Grundwerk 5] und 117) anzuziehen[47]. Er kehrte sich aber in seiner Unschuld nicht davon ab. Sie aber rühmten sich, daß er geknechtet sei. Den äußeren Menschen nannte (daher) Hesiod[48] das Band, mit dem[49] Zeus den Prometheus fesselte. Nach dieser Fessel schickte er ihm aber noch eine weitere Fessel: die Pandora, welche die Hebräer Eva nennen. Gemäß der allegorischen Ausdrucksweise sind Prometheus und Epimetheus ein einziger Mensch, das heißt Seele und Körper. Und er[50] trägt bald das Bild der Seele, bald das des Geistes, bald aber auch das des Fleisches (Abb. 196), infolge des Ungehorsams, den Epimetheus gegen Prometheus, seinen eigenen Geist[51], beging. Es sagt nämlich unser Geist[52]: «Der Sohn Gottes, der alles kann und zu allem wird, wann[53] er will, erscheint jedem[54], wie er will; Jesus Christus fügte sich zu Adam und trug ihn dorthin empor, wo auch früher die sogenannten Lichtmenschen weilten[55].»

8: Er erschien aber den völlig ohnmächtigen Menschen als ein leidensfähiger und verprügelter Mensch. Und nachdem er heimlich die ihm zugehörigen Lichtmenschen gestohlen hatte[56], erwies er, da er nämlich gar nicht wirklich litt, daß der Tod niedergetreten und fortgestoßen sei. Und sowohl bis heute als auch bis zum Ende der Welt[57] wohnt er an (manchen) Orten[58] versteckt und offen den Seinen bei[59], indem er ihnen heimlich und durch ihren eigenen Geist[60] den Rat gibt, eine Verwechslung ihres bei ihnen befindlichen Adam über sich ergehen zu lassen[61], der von ihnen weg[62] geschlagen und getötet wird, während er blind schwatzt und auf den geistigen und lichten Menschen eifersüchtig ist; (so) töten sie ihren Adam.

9: Dies geschieht aber, bis der Geist Antimimos kommt, der auf sie eifersüchtig ist[63], und der will, daß sie wie früher[64] in die Irre gehen, und der behauptet, er sei selber der Sohn Gottes, obwohl er formlos ist an Leib und Seele. Aber diejenigen, die verständiger geworden sind, weil der wirkliche Sohn Gottes von ihnen Besitz ergriffen hat, geben ihm den eigenen Adam zur Tötung preis und bringen ihre Lichtgeister rettend an den ihnen zugehörigen Ort, wo sie auch vor der Weltentstehung waren. Bevor aber Antimimos, der Eiferer, dies unternimmt[65], schickt er seinen Vorläufer aus Persien, der irrige Fabeln schwatzt und die Menschen nach der Schicksalsmacht irreführt. Die Buchstaben seines Namens aber sind neun, wenn man den Diphtong beibehält, dem Vorbild des Wortes «heimarmene» entsprechend[66]. Nachher, nach etwas mehr oder weniger als sieben Perioden[67], wird er in seiner eigenen[68] Gestalt erscheinen.

10: Und dies (berichten) nur die Hebräer und die heiligen Bücher des Hermes über den lichten Menschen und seinen Wegweiser, den Sohn Gottes, und über den irdischen Adam und seinen Wegweiser, den Antimimos, der aus Lästerung und Betrug behauptet, er sei selber der Sohn Gottes. Die Griechen hingegen nennen den irdischen Adam Epimetheus, der von seinem eigenen Geist, das heißt von seinem Bruder, den Rat erhielt, die Geschenke des Zeus nicht anzunehmen.

Abb. 196 Die drei Erscheinungsweisen des im Prozeß sich wandelnden Anthropos: «corpus», «anima», «spiritus»; unten: Drache und Kröte als Vorstufen.

(1588)

Indem er aber sowohl den Fehler beging, als auch nachher bereute und den Ort der Seligkeit suchte, deutet er[69] alles und berät vollständig diejenigen, die ein geistiges Gehör haben; diejenigen aber, die nur ein körperliches Gehör besitzen, sind der Schicksalsmacht verfallen, indem sie nichts anderes aufnehmen oder zugeben.

11: Und alle, die in bezug auf die an die rechte Zeit gebundenen Färbungen Glück haben, berücksichtigen nichts anderes als das große Buch über die Öfen, indem sie die Kunst geringachten; und sie verstehen auch den Dichter nicht, der da sagt: «Aber die Götter hatten zugleich den Menschen noch nicht gegeben[70]» usw. Auch beachten und sehen sie die Lebensart der Menschen nicht: daß nämlich auch bei ein und derselben Kunst die Menschen auf verschiedene Art zum Ziele gelangen und auf verschiedene Art die gleiche Kunst betreiben, infolge der verschiedenen Charakterarten und Konstellationen der Sterne bei der Ausübung der gleichen Kunst. Und (sie beachten nicht,) daß der eine Arbeitende untätig ist[71], der andere allein (isoliert)[72], der eine frevlerisch zu weit greifend, der andere zu ängstlich und daher ohne Fortschritt; (das ist so bei allen Künsten) und daß diejenigen, die dieselbe Kunst ausüben, sie mit Unterschieden der Werkzeuge und Verfahren betreiben und sich auch verschieden verhalten in bezug auf die geistige Konzeption und die praktische Verwirklichung.

12: Und mehr als bei allen andern Künsten ist dies in der heiligen Kunst zu beachten.

Der Gottessohn bei ZOSIMOS ist allem Anschein nach ein gnostischer Christus, der mehr innere Beziehung zu der iranischen Vorstellung von Gayomard als zum Jesus der Evangelien hat. Die Beziehungen des Autors zum Christentum sind keineswegs eindeutig, indem er wohl ohne Zweifel zu der hermetischen Poimandres-Gemeinde gehört, wie aus der Kratēr-Stelle hervorgeht[73]. Wie in der späteren christlichen Alchemie ist auch hier der Gottessohn gewissermaßen das Paradigma der Sublimation, das heißt der Befreiung der Seele aus der heimarmene [Bestimmung, Schicksal]. Hier wie dort ist er mit Adam, welcher aus der Quaternität von vier verschiedenen Erden besteht, identisch. Er ist der Anthropos, der erste Mensch, der symbolisch durch die vier Elemente gekennzeichnet ist, genau wie der Lapis, der dieselbe Struktur besitzt. Er ist auch charakterisiert durch das Kreuz, dessen Enden den vier Kardinalpunkten entsprechen (Abb. 197; auch Abb. 82 [Grundwerk 5] und 192). Dieses Motiv ist oft ersetzt durch entsprechende Wanderungen, wie die des Osiris[74], die Abenteuerzüge des Herakles[75], die Reisen des Henoch[76] und die symbolische «peregrinatio» [Pilgerschaft] nach den vier Himmelsrichtungen bei

Abb. 197 Christus in den vier Paradiesflüssen, Evangelisten, Kirchenvätern, Tugenden usw.
(15. Jh.)

Abb. 198 Anser respective Cygnus Hermetis.
(1752)

Michael Maier (1568–1622)[77] (Abb. 97: Grundwerk 5). Auch von Hermes Trismegistos werden Reisen erzählt[78], was vielleicht zur «peregrinatio» Maiers Anlaß gegeben hat; wahrscheinlicher allerdings ist bei diesem Autor die Vorstellung vom «opus» als einer Wanderschaft oder Irrfahrt, wie etwa der Argonautenzug nach dem bei den Alchemisten beliebten «aureum vellus» (goldenen Vlies), welches im Titel von mehr als einem Traktat vorkommt. In einem dem Albertus Magnus unterschobenen Traktat wird auch der Alexanderzug angedeutet[79], wobei am Ziel der Fahrt das Hermes-Grab entdeckt wurde. Dabei sitzt (statt des Phönix) ein Storch auf dem Baum.

Adam entspricht Thoth (Θωῢϑ), dem ägyptischen Hermes (siehe Abb. 68: Grundwerk 5). Der innere geistige Mensch in ihm ist φῶς

(Licht) genannt. NIKOTHEOS, der dessen Geheimnamen kennt, kommt bei ZOSIMOS zweimal als eine geheimnisvolle Persönlichkeit vor[80]. Er wird auch in einem koptischen Gnostikertext erwähnt als einer, der den Monogenēs (Unigenitus) erschaut hat. Ebenso erwähnt ihn PORPHYRIUS (im *Leben des Plotin*) als den Autor einer Apokalypse[81]. Die Manichäer rechnen ihn zu den Propheten neben Shēm, Sēm, Enōs und Henoch[82].

Prometheus und Epimetheus stellen den inneren und den äußeren Menschen dar wie Christus und Adam. Das Vermögen, «zu allem zu werden», das dem Gottessohn zugeschrieben wird, ist nicht nur eine Eigen-

Abb. 199 Darstellung des Hermaphroditus mit der geflügelten Kugel des Chaos, der sieben Planeten und dem Drachen.
(1625)

schaft des Pneumas, sondern auch des alchemistischen Merkurs, dessen unbegrenzte Verwandlungsfähigkeit gerühmt wird[83] in Übereinstimmung mit der Versatilität des astrologischen Merkurs (Abb. 24: Grundwerk 5). Er ist die «materia lapidis», das heißt die Wandlungssubstanz par excellence. Ebenso wird dem Merkur das Vermögen der Penetration zugeschrieben (Abb. 150). Er durchdringt die Körper[84] wie ein Gift[85].

Als Gegenspieler des Gottessohnes erscheint Antimimos, der Nachahmer, das böse Prinzip. Er hält sich auch für einen Gottessohn. Die in der Gottheit enthaltenen Gegensätze treten hier deutlich auseinander. Wir begegnen diesem Dämon als dem ἀντίμιμον πνεῦμα an vielen Stellen. Als ein Geist der Finsternis findet er sich im Körper des Menschen und zwingt dessen Seele, alle seine sündhaften Neigungen zu erfüllen[86]. Die Parallele zu dieser Gegensätzlichkeit ist die *Doppelnatur des Mercurius,* die sich im alchemistischen Prozeß zuallermeist im ouroboros offenbart, dem Drachen, der sich selbst frißt, begattet, schwängert, tötet und wieder auferstehen macht. Er besteht als Hermaphroditus aus Gegensätzen und ist zugleich das diese vereinigende Symbol (Abb. 148). Er ist einerseits ein tödliches Gift, ein Basilisk und Skorpion, anderseits die Panazee und ein salvator (Abb. 199).

ZOSIMOS verrät uns mit seinen Ausführungen so ziemlich die ganze geheime und recht eigenartige Theologie der Alchemie, indem er den verborgenen Sinn des «opus» mit einem gnostischen Erlösungsmysterium parallelisiert. Mit dieser Feststellung soll nur angedeutet sein, daß die Christus-Lapis-Analogie der Lateiner ihr heidnisch-gnostisches Vorspiel hat und keineswegs erst im Mittelalter erspekuliert worden ist.

d) Petrus Bonus

Die älteste Quelle, die ausführlich von der Beziehung des Steines zu Christus handelt, scheint die 1330–39 verfaßte Schrift des PETRUS BONUS von Ferrara zu sein[87]. Ich gebe dessen Darstellung[88] auszugsweise wieder:

Diese Kunst ist teils natürlich, teils göttlich oder übernatürlich. Am Ende der Sublimation (Abb. 200) nämlich keimt eine strahlend weiße Seele (anima candida) durch die Vermittlung des Geistes, und mit dem Geist selbst fliegt sie zum Himmel (Abb. 134). Und dies ist der Stein klar und offenkundig. Soweit ist das

Abb. 200 Adler und Schwan als Symbole der sublimierten «spiritus»; vorne rechts: Saturn.
(1622)

Verfahren zwar ziemlich wunderbar, aber noch im Rahmen der Natur. Was aber die Fixierung und Permanenz der Seele und des Geistes am Ende der Sublimation betrifft, so geschieht dies durch die Hinzufügung des geheimen Steines, der mit den Sinnen nicht erfaßt wird, sondern allein durch den Intellekt, durch Inspiration oder göttliche Offenbarung oder durch die Lehre eines Wissenden. Alexander sagt, daß es zwei Kategorien gäbe: das Anschauen durch das Auge und das Verstehen durch das Herz[89]. Dieser geheime Stein ist ein Geschenk Gottes. Er ist der Stein, ohne welchen die Alchemie nicht bestehen könnte. Er ist das Herz und die Tinktur des Goldes, worüber Hermes sagt: «Es ist notwendig, daß am Ende der Welt Himmel und Erde verbunden werden: was das philosophische Wort ist[90].» Auch sagte Pythagoras in der «Turba»: «Das hat Gott Apollo verheimlicht, damit die Welt nicht verwüstet werde.» So steht die Alchemie über der Natur und ist göttlich. In diesem Stein liegt die ganze Schwierigkeit der Kunst. Der Intellekt kann es nicht erfassen, sondern muß es glauben, wie die göttlichen Wunder und das Fundament des christlichen Bekenntnisses. Darum ist Gott allein der Operator, während die Natur dabei passiv ist. Aus der Kenntnis ihrer Kunst wußten die alten Philosophen um das Kommen des Weltendes und die Auferstehung der Toten. Dann nämlich wird die Seele ihrem ursprünglichen Körper wieder verbunden auf Ewigkeit. Der Körper wird gänzlich verklärt (glorificatum) und unverweslich und von fast unglaublicher Subtilität[91], und er wird alles Feste durchdringen. Seine Natur wird sowohl geistig wie körperlich sein. Wenn der Stein wie ein Mensch im Grabe zu einem Pulver zersetzt ist, gibt ihm Gott Seele und Geist zurück und nimmt ihm alle Unvollkommenheit; dann wird die Substanz (illa res) gestärkt und verbessert, wie der Mensch nach der Auferstehung auch stärker und jünger wird, als er vorher war. Die alten Philosophen haben den Jüngsten Tag in dieser Kunst, nämlich in der Keimung und Geburt dieses Steines, gesehen, weil darin die Vereinigung der zu verklärenden (beatificandae) Seele mit ihrem ursprünglichen Körper zur ewigen Herrlichkeit geschieht. So auch wußten die Alten, daß eine Jungfrau empfangen und gebären müsse, weil in ihrer Kunst der Stein empfängt und von sich selber schwanger wird und sich selber gebiert[92]. Solches kann nur durch die Gnade Gottes geschehen. Deshalb sagt Alphidius[93] vom Stein, daß dessen Mutter Jungfrau sei und dessen Vater das Weib nicht kenne. Dazu wußten sie auch, daß Gott Mensch werde am Jüngsten Tag dieser Kunst[94] (in novissima die hujus artis), an welchem die Vollendung des Werkes stattfindet, daß der Erzeuger und das Erzeugte eins, der Greis und der Knabe, Vater und Sohn, alle eins werden. Weil nun keine Kreatur wegen ihrer Unähnlichkeit sich mit Gott einigen kann, mit Ausnahme des Menschen, so muß Gott mit dem Menschen eins werden. Und das geschah in Christo Jesu und seiner Jungfrau Mutter[95]. Deshalb sagt Balgus in der «Turba»: «Oh, welche Wunder der Natur, die die Seele des Geistes in einen jugendlichen Körper verwandelt haben, und der Vater ist zum Sohne geworden» (Abb. 166). Ähnlich hat auch Plato (scribens in Alchemicis) ein Evangelium geschrieben, das nach langer Zeit Johannes, der Evangelist, vollendet hat. Plato hat die Anfangsworte von «Am Anfang war das Wort» bis «Es war ein Mensch, gesandt von Gott» geschrieben[96]. Gott hat dem Philosophen dieses wundersame Beispiel gezeigt, dafür daß er übernatürliche Werke auszuführen imstande sei. Morienus sagt, daß Gott dieses Magisterium seinen Philosophen oder Propheten, deren Seelen er in seinem Paradies einen Wohnsitz angewiesen habe[97], anvertraute.

Aus diesem Text, der auf alle Fälle um ein Jahrhundert älter ist als Khunrath, geht unzweifelhaft hervor, daß schon damals die Beziehung zwischen dem Mysterium Christi und dem des Lapis dermaßen auf der Hand lag, daß das philosophische «opus» als eine Parallele, als Nachahmung und vielleicht sogar als Fortsetzung des göttlichen Erlösungswerkes erschien.

e) Die *«Aurora Consurgens»* und die Lehre von der «Sapientia»

Die nächste Quelle ist die *«Aurora consurgens»*[98], von der sich eine dem 15. Jahrhundert angehörende Handschrift, der Codex Rhenovacensis (Kloster Rheinau), in Zürich befindet. Leider ist die Handschrift verstümmelt und beginnt erst in der vierten Parabel. Ich bin auf diese Handschrift aufmerksam geworden durch die Tatsache, daß der Drucker von *«Artis auriferae quam Chemiam vocant»* nur den zweiten Teil der *«Aurora consurgens»* (1593) herausgegeben hat. Er setzte aber eine kleine Notiz davor für den Leser, worin er sagt, er hätte den ganzen Traktat der Parabeln oder Allegorien absichtlich weggelassen, weil der Autor nach der altertümlichen Art der Dunkelmänner (antiquo more tenebrionum) fast die ganze Heilige Schrift, besonders *Salomon,* den *Psalter,* vor allem aber das *Hohelied* so behandelte, daß es den Anschein hätte, als ob die ganze Heilige Schrift nur zu Ehren der Alchemie geschrieben worden wäre. Ja, er habe sogar das allerheiligste Mysterium der Inkarnation und des Todes Christi zum Mysterium des Lapis aufs profanste verdreht, allerdings, wie er (der typographus CONRAD WALDKIRCH) gerne zugeben wolle, nicht mit böser Absicht, sondern wie es eben jene Zeit der Finsternis (seculum illud tenebrarum) mit sich brachte. Damit meint WALDKIRCH die vorreformatorische Zeit, deren Verhältnis zu Mensch und Stoff und deren Erlebnis der göttlichen Präsenz im Geheimnis der «materia» dem Protestanten schon aus dem Gesichtsfeld geschwunden war.

Im Codex Parisinus Lat. Nr. 14006 ist der ganze Traktat erhalten. Auch gibt es einen Abdruck des Traktates in der Sammlung des JOHANNES RHENANUS[99]. Das Alter der Schrift, die dem heiligen THOMAS VON AQUIN (†1274) unterschoben ist, dürfte dadurch einigermaßen bestimmt sein, daß der jüngste darin zitierte Autor ALBERTUS MAGNUS (1193–1280) ist. Die sonst überall (das heißt im 15. Jahrhundert) zitierten Autoritäten, ARNALDUS DE VILLANOVA (†1313) und RAYMUNDUS LULLIUS (†1315), sind nicht erwähnt. Da THOMAS 1323 kanonisiert wurde und damit sein Ruhm aufs höchste stieg, lohnten sich von dieser Zeit an Unterschiebungen. Wenn die Entstehungszeit also etwa in die erste Hälfte des 14. Jahrhunderts verlegt wird, so dürfte dies der Wahrscheinlichkeit entsprechen. Der Verfasser ist offenbar ein Kleriker, der seine Vulgata auswendig kennt. Seine ganze Sprache ist von Bibelzitaten durchtränkt, wie sein Geist von alchemistischer Philosophie erfüllt ist. Die Alchemie ist ihm schlechterdings identisch mit der «Sapientia Dei». Er beginnt seinen Traktat mit den Worten aus *Sap.* [Weish.] 7,2 und *Prov.* [Sprüche] 1,20–21:

Es kam mir zugleich alles Gute mit ihr[100], jener Weisheit des Südwindes (sapientia austri), welche draußen klagt und sich hören läßt auf den Gassen, welche ruft vorn unter dem Volk und in dem Eingang des Tores der Stadt ihre Worte redet[101]: Kommt her zu mir und laßt euch erleuchten, und eure Operationen werden nicht zu Schanden werden[102]. Ihr alle, die ihr mein begehrt[103], werdet von

Abb. 201 Die Sapientia als Mutter der Weisen.
(1520)

meinen Reichtümern erfüllt. Kommt also her, Söhne, höret mir zu, ich will euch die Wissenschaft Gottes lehren. Wer ist weise und versteht diese, von der Alphidius sagt, daß Erwachsene und Kinder auf Wegen und in den Gassen daran vorbeigehen, und daß sie täglich von den Zugtieren und dem Vieh im Straßenkot zertreten werde... (lat. Text s. GW).

Die «sapientia austri» ist die Weisheit des Heiligen Geistes nach dem patristischen Sprachgebrauch[104]. Unserm Autor ist die «Sapientia» die «regina Austri, quae ab oriente dicitur venisse, ut aurora consurgens» (die Königin des Südwindes)[105], von der gesagt ist, daß sie von Osten gekommen sei, wie die aufgehende Morgenröte[106] (Abb. 201).

Das *«Rosarium philosophorum»* zitiert ohne Erwähnung unseres Textes[107]:

«Diese (sapientia) ist meine Tochter, um derentwillen gesagt ist, daß die Königin des Südens aus dem Osten gekommen sei, wie die aufsteigende Morgenröte, um zu hören, zu verstehen und um zu sehen die Weisheit Salomonis, und in ihre Hand ist gegeben Macht, Ehre, Kraft und Herrschaft, und sie trägt die königliche Krone der strahlenfunkelnden sieben Sterne gleich einer für ihren Mann ge-

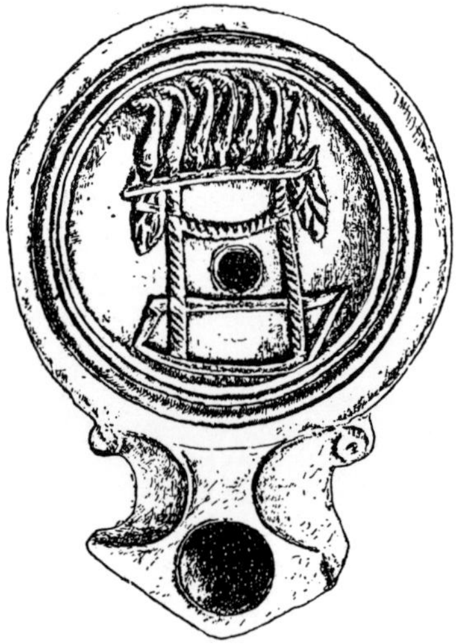

Abb. 202 Abendmahlstisch mit sieben Fischen.
Christliche Tonampel aus Karthago

Abb. 203 Die Chnufisschlange mit siebenstrahliger Krone.
Gnostische Gemme

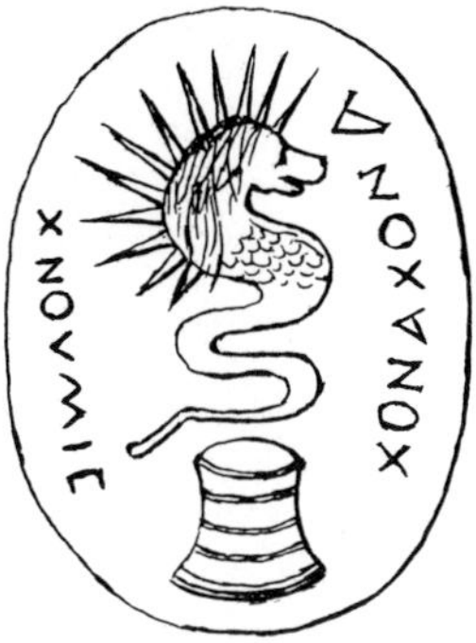

Abb. 204 Die löwenköpfige, zwölfstrahlige XNOVMIC-Schlange über einem Altarstein.
Gnostisches Amulett

schmückten Braut, und ihr Gewand ist beschrieben mit goldenen griechischen, arabischen und lateinischen Buchstaben: ‹Ich bin die einzige Tochter der Weisen, den Dummen ganz und gar unbekannt.›»

Dies ist unzweifelhaft ein Zitat aus der *«Aurora consurgens»*. Im Urtext sind es statt sieben zwölf Sterne. Die sieben beziehen sich offenbar auf die sieben Sterne in der Hand des apokalyptischen «similis filio hominis» [einem Menschensohne ähnlich] (*Offb.* 1,13 und 2,1). Die sieben Sterne stellen in der *Apokalypse* die sieben Engel der sieben Gemeinden und die sieben Geister Gottes dar (Abb. 202). Das historische sous-entendu der Sieben ist die uralte Gesellschaft der sieben Götter, welche in die sieben Metalle der Alchemie übergegangen sind (Abb. 21, 79 [Grundwerk 5], 154 und andere). Aus diesem Sitz sind sie erst durch die Wissenschaft der letzten hundertfünfzig Jahre vertrieben worden. Noch bei PARACELSUS thronen im «mysterium magnum» der «prima materia» die «Götter» als Archonten «zu einem unheil inen und uns gesetzt»[108].

Der Urtext hat, wie gesagt, zwölf Sterne, die sich auf die zwölf Jünger und die zwölf Zodia [Tierkreiszeichen] beziehen (Abb. 92, 100: Grundwerk 5). Die Agathodämonschlange auf gnostischen Gemmen weist auch zwölf oder sieben Strahlen um den Kopf auf (Abb. 203, 204, 205).

Abb. 205 Schicksalsgöttin (?) als Schlange mit sieben Köpfen.
Siegel des heiligen Servatius aus der Kathedrale von Maastricht

In der zweiten Homilie des Clemens wird bemerkt, daß die Zahl der Apostel der der zwölf Monate entspreche[109]. Im manichäischen System konstruiert der Erlöser ein kosmisches Schöpfrad mit zwölf Krügen (den Zodiakus [Tierkreis]), das zur Emporhebung der Seelen dient[110]. Dieses Rad steht in einem sinngemäßen Zusammenhang[111] mit der «rota», dem «opus circulatorium» der Alchemie[112], welches den gleichen Zweck, nämlich den der Sublimation, hat, wie Dorn sagt: «Von der materia prima nimmt das Rad der Schöpfung seinen Anfang, indem es zu den einfachen Elementen hinübergeht[113].» Den Begriff der «rota philosophica» (Abb. 80 und 104: Grundwerk 5) erweiternd, sagt Ripley, daß das Rad durch die vier Jahreszeiten und die vier Himmelsgegenden gedreht werden müsse. Damit gewinnt dieses Symbol Anschluß an das der «peregrinatio» und der Quaternität. Das Rad erweitert sich zum Sonnenrad, das durch die Himmelsviertel rollt, und damit wird es identisch mit dem Sonnengott oder -helden, welcher die Passion der schweren Werke und der Selbstverbrennung, wie Herakles, oder der Gefangenennahme und Zerstückelung durch das böse Prinzip, wie Osiris, erleidet. Eine Parallele zum Wagen des Helios (Abb. 206) ist bekanntlich der feurige Wagen, auf dem Elias (Abb. 207) zum Himmel fährt[114]. Dementsprechend sagt Pseudo-Aristoteles[115]: «Nimm die Schlange und setze sie auf den Wagen mit den vier Rädern und laß ihn so oft zur Erde zurückkehren, bis er eingetaucht wird in die Tiefe des Meeres und nichts mehr gesehen wird

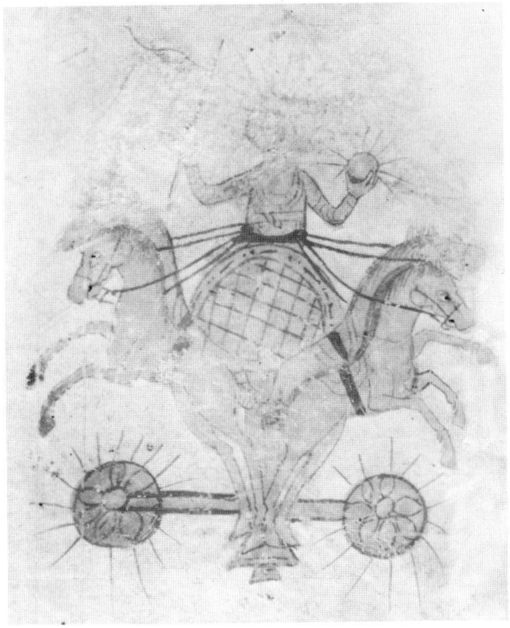

Abb. 206 Helios mit Strahlenglobus auf einem Vierpferdewagen.
Londoner Psalter (1066)

als das allerschwärzeste tote Meer.» Das hier benützte Bild ist zweifellos das der im Meer untergehenden Sonne. Die Sonne ist aber ersetzt durch die Schlange des Mercurius, also der Substanz, die gewandelt werden soll. In der Tat faßt MICHAEL MAIER das «opus circulatorium» auf als ein Bild des scheinbaren Sonnenlaufes:

«Während jener Heros nämlich, gleichwie ein freudiger Riese[116], im Osten aufsteigt und zum Untergang eilend versinkt, damit er immer wieder von Osten zurückkehre, verursacht er diese Zirkelgänge und läßt in der glänzenden Materie des Quecksilbers, wie in einem Spiegel, (solche) Formen zurück, daß durch menschlichen Fleiß das Gold gesucht, von Verunreinigungen befreit, durch Feuer und Wasser geprüft und zu einem Gott, dem Schöpfer, wohlgefälligen Gebrauch übergeführt werde[117].»

Abb. 207 Die Himmelfahrt des Elias.
Frühchristliche Wandmalerei im Friedhof der Lucina, Rom

Der Kreis, den die Sonne beschreibt, ist «die in sich selber zurücklaufende Linie (gleichsam die Schlange, die mit dem Kopf den eigenen Schwanz packt)», aus welcher Gott erkannt werde. Das sei der «glänzende Ton», der «durch die Scheibe (rota) und die Hand des höchsten und allmächtigsten Töpfers» zu jener irdischen Substanz geformt werde, in welcher die Sonnenstrahlen gesammelt und gefangen würden. Diese Substanz ist das Gold[118]. In seinem Traktat *«Introitus apertus ad occlusum regis palatium»* differenziert PHILALETHES[119] die MAIERsche Ansicht: In «unserem» Merkur sei ein feuriger Schwefel, respektive ein «sulphureus ignis» enthalten. Dieses Feuer ist ein «geistiger Samen», welchen unsere Jungfrau[120] in sich gesammelt habe, weil unverdorbene Jungfrauschaft «geistige Liebe» zulassen könne, laut dem Autor des Hermetischen Geheimnisses und laut der Erfahrung selber. Man beachte, daß diese Jungfrau, die als «intemerata» (unbefleckt) eine offenkundige Analogie zu Maria ist, von einem Samen geschwängert wird, welcher nicht etwa der Heilige Geist, sondern ein «schwefliges Feuer» ist, das heißt also ein «ignis gehennalis» (Höllenfeuer)[121]. Die virgo ist Mercurius[122] (Abb. 208), wel-

Abb. 208 Mercurius als «anima mundi».
(16. Jh.)

Abb. 209 Das geflügelte Runde (genannt «Aurum aurae») als Endprodukt des alchemischen «opus» und seine Spiegelung im Lebensbrunnen. Symbolische Darstellung des «opus» mit Attributen (Bäume, Planetenberge usw.).

(1675)

cher aber infolge der Gegenwart des männlich-aktiven Sulfurs Hermaphroditus ist[123]. Der Sulfur ist das «aurum volatile» (Abb. 209) (ein «geistiges» Gold, das «aurum non vulgi», des *«Rosarium philosophorum»*) und zugleich das «primum movens, quod rotam vertit axemque vertit in gyrum» (Erstbewegende, welches das Rad und die Achse im Kreise dreht).

LAURENTIUS VENTURA[124] kann nicht umhin, das Rad in Beziehung zur EZECHIEL-Vision zu setzen. So sagt er, vom Lapis sprechend, daß EZECHIEL «in dessen Gestalt das Rad im Rade und den Geist des Lebens, der inmitten der Räder war» gesehen habe[125] (Abb. 109 [Grundwerk 5] und 207). Und deshalb sei «dieses (mysterium) von einigen der Deus terrestris [irdische Gott] genannt worden»[126]. Wie es scheint, ist dieser Gedanke keine Erfindung des VENTURA, sondern, wie er angibt, ein Zitat aus «Lilium», einer mir unzugänglichen Quelle, die auf alle Fälle ins 14. Jahrhundert zurückgeht, wenn sie nicht noch älter ist[127].

Die Idee des zirkulierenden «opus» respektive der rotierenden Arkansubstanz drückt sich schon im antiken Traktat des KOMARIOS als das «Mysterium des Wirbelwindes» (μυστήριον τῆς λαίλαπος) nach Art des Rades (τροχοῦ δίκην)[128] aus. (Vgl. dazu *Zacch.* 9,14: «et Dominus Deus in tuba canet et vadet in turbine austri» [und Gott der Herr wird in die Posaune stoßen und daherfahren im Stürmen des Südwinds]). In diesen Zusammenhang gehört wohl auch das mystische Logion bei ZOSIMOS[129]: «Und was bedeutet dies: ‹die die Naturen besiegende Natur› und ‹sie wird vollendet und wird wirbelartig›?» (καὶ γίνεται ἰλιγγιῶσα). Die Wandlungssubstanz ist eben eine Analogie des sich drehenden Weltalls, des Makrokosmos, respektive ein Spiegelbild desselben, dem Innersten der Materie eingeprägt. Psychologisch handelt es sich um etwas wie eine Spiegelung des rotierenden Himmels im Unbewußten, eine «imago mundi», vom Alchemisten in seine «prima materia» projiziert. Diese Deutung ist allerdings insofern einseitig, als es sich bei der Idee der Arkansubstanz auch um einen Archetypus handelt, der sich am einfachsten in der Idee des Seelenfunkens (scintilla, σπινθήρ) und der Monade ausdrückt.

Die Personifikation der Sapientia im Buch der *Weisheit Salomonis* war offenbar der Anlaß zur Identifikation derselben mit der «regina austri» [Königin des Südwindes]. In der Alchemie tritt sie durchaus als Sapientia Dei [Weisheit Gottes] auf, und bei den Kirchenvätern ist der Südwind eine Allegorie des Heiligen Geistes, vermutlich wegen der heißen und trockenen Eigenschaft dieses Windes. Aus diesem Grunde heißt in der arabischen Alchemie der Sublimationsprozeß der «große Südwind», womit die Erhitzung der Retorte und ihres Inhaltes gemeint ist[130]. Der Heilige Geist ist feurig und bewirkt die Exaltation. Das Äquivalent des Heiligen Geistes – wenn man so sagen darf – ist das geheime Feuer, der

Abb. 210 «Der Wind hat es in seinem Bauche getragen» *(Tabula samaragdina)*. Der «foetus spagyricus» ist der erneuerte Mercurius selber.

(1687)

«spiritus igneus» im Mercurius, dessen Gegensätze in einem «agens», eben dem Feuer, und einem «patiens», dem Quecksilber, bestehen. Wenn nun ABU'L-QĀSIM das erhitzende Feuer den «großen Südwind» nennt, so befindet er sich in Übereinstimmung mit der ältesten griechischen Ansicht von Hermes als dem Windgott[131] (Abb. 210 und 211).

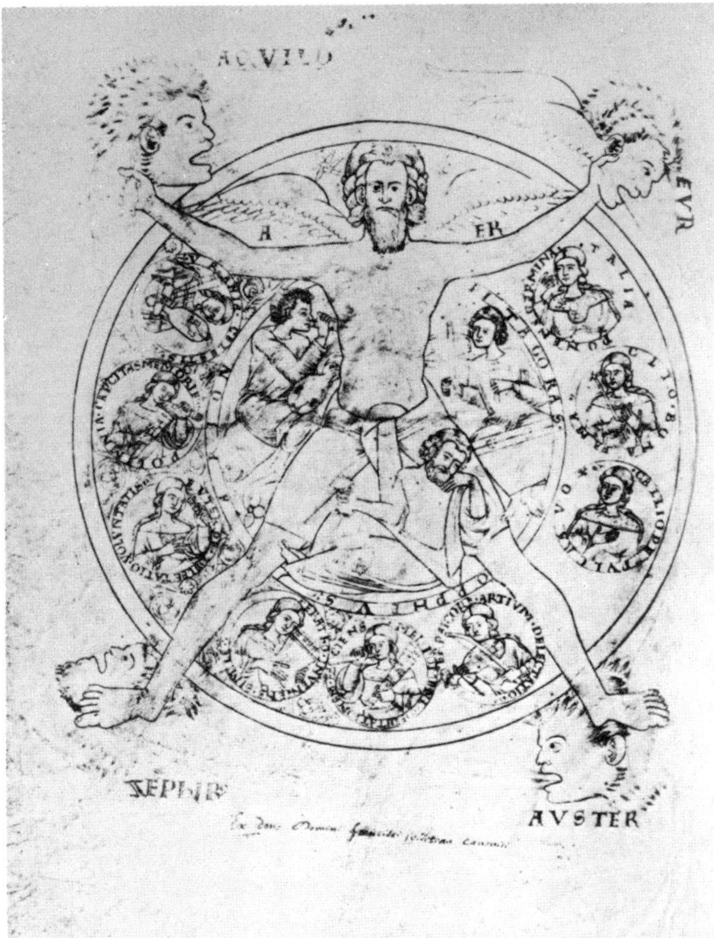

Abb. 211 Der Luftgott Aër als Erzeuger aller Harmonie; im inneren Kreis: Arion, Pythagoras, Orpheus; im äußeren: die neun Musen; in den Ecken: die vier Winde. – Hermes ist ein Windgott.

(13. Jh.)

Ich habe mich etwas länger beim Anfang der *«Aurora»* aufgehalten, weil er ein treffliches Beispiel für die Beschaffenheit des ganzen Textes ist, nicht nur in Hinsicht der Sprache, sondern auch mit Rücksicht auf den Inhalt. Da die *«Aurora* I» später als Beispiel eines religiösen alchemistischen Textes veröffentlicht wird, will ich nur in Kürze auf einige Christus-Lapis-Parallelen aufmerksam machen. *«Aurora* I», 2. Kapitel, nennt die Wissenschaft eine Gabe und ein Sakrament Gottes und eine göttliche Sache, die von den Weisen in Bildern verhüllt wurde, woraus hervorgeht, daß das «opus alchemicum» dem «opus divinum» der Messe als ebenbürtig angesehen wurde (vgl. unten). – *«Aurora* I», 6. Kapitel, beschreibt den Stein mit den Worten des *Hohenliedes* «Talis erit mihi filius dilectus»[132] und des 44. [45.] *Psalmes* «ipsum videte, speciosum forma prae filiis hominum, cuius pulchritudinem Sol et Luna mirantur»[133]. (Ein solcher wird unser geliebter Sohn sein. Sehet ihn, der schön an Gestalt ist vor allen Menschenkindern, dessen Schönheit Sonne und Mond bewundern.) Hier wird der «filius philosophorum» dem «Bräutigam» des *Hohenliedes,* der bekanntlich auf Christus gedeutet ist, gleichgesetzt. In der «Parabola secunda de diluvio aquarum et morte» (*«Aurora»* I, 7. Kapitel) heißt es: «... dann wird die Zeit erfüllt sein, in der Gott seinen Sohn senden wird[134], wie er gesagt hat, welchen er gesetzt hat zum Erben über alles, durch welchen er auch die Welt gemacht hat[135], (und) zu dem er einst sprach: ‹Du bist mein Sohn, heute habe ich dich gezeugt›[136]; dem auch die Magier vom Morgenlande drei kostbare Gaben darbrachten» usw. Auch hier ist Christus eine Lapis-Parallele. In der vierten Parabel (*«Aurora»* I, 9. Kapitel) wird ebenso die Trinität als Parallele herangezogen (vgl. auch Abb. 179 und 180): «... wie der Vater, so der Sohn und so auch der Heilige Geist, und diese Drei sind Eins, nämlich Körper, Geist und Seele; denn alle Vollendung beruht auf der Dreizahl, d. i. Maß, Zahl und Gewicht» (Abb. 212).

In der sechsten Parabel (*«Aurora* I», 9. Kapitel) heißt es:

«Wie in der Turba geschrieben steht: Die Erde trägt Alles, da sie schwer ist[137], weil sie das Fundament des ganzen Himmels bildet, darum weil sie trocken[138] erschien bei der Trennung der Elemente[139]. Da ward ein Weg im Roten Meer, ohne Hindernis, da dieses große und weite Meer[140] den Felsen[141] erschütterte und die metallischen Wässer[142] herausflossen (Abb. 213). Darauf verschwanden im Trockenen die Ströme[143], welche die Gottesstadt erfreuen[144]; wenn dies Sterbliche angezogen haben wird die Unsterblichkeit und dies Verwesliche des Lebendigen

Abb. 212 Tricephale Darstellung der Trinität.
(1480)

die Unverweslichkeit[145], dann wahrlich wird das Wort in Erfüllung gehen...: Der Tod ist verschlungen in den Sieg, o Tod, wo ist nun dein Sieg? Wo deine Sünde mächtig war, da ist jetzt auch die Gnade noch viel mächtiger. Denn gleich wie in Adam alle sterben, also werden sie in Christo alle lebendig gemacht werden. Da zwar durch einen Menschen der Tod, aber auch durch ihn (Jesum) die Auferstehung der Toten gekommen ist. Denn der erste Adam und seine Söhne sind aus vergänglichen Elementen entstanden, deshalb mußte das Zusammengesetzte auch notwendigerweise wieder zerfallen, der zweite Adam hingegen, welcher der philosophische Mensch genannt wird, ist aus reinen Elementen entstanden und ging daher in die Ewigkeit ein. Was nämlich aus einfacher und reiner Substanz besteht, bleibt unzerstörbar in Ewigkeit[146]. So wie auch Senior sagt: Ein Einziges gibt es, das niemals stirbt[147], da es in beständiger Zunahme weiterlebt, wenn der Leib verklärt sein wird bei der Auferstehung der Toten am jüngsten Tage; weshalb auch der Glaube die Auferstehung des Fleisches und das ewige Leben nach dem Tode bezeugt. Dann wird der zweite Adam zum ersten Adam und dessen Söhnen[148] sagen: Kommt her, ihr Gesegneten meines Vaters, ererbet das ewige Reich, das euch bereitet ist von Anbeginn der Operation[149]; esset mein Brot und trinket den Wein, den ich euch gemischt habe, da dies alles für euch

Abb. 213 Quellwunder: Moses schlägt Wasser aus dem Felsen. (13. Jh.)

bereitet ist. Wer Ohren hat zu hören, der höre, was der Geist der Lehre den Söhnen der Wissenschaft vom irdischen und vom himmlischen Adam sagt, worauf die Philosophen mit folgenden Worten anspielen: Wenn du Wasser aus der Erde, Luft vom Wasser, Feuer von der Luft und Erde von dem Feuer erlangt haben wirst[150], dann besitzest du unsere Kunst, ganz und vollkommen» usw.

Von besonderem Interesse in dieser Stelle ist die Parallele des Lapis oder der «aqua sapientum» mit dem zweiten Adam, welche durch das HERMES-ZITAT des SENIOR Christus mit der Anthroposlehre der Alche-

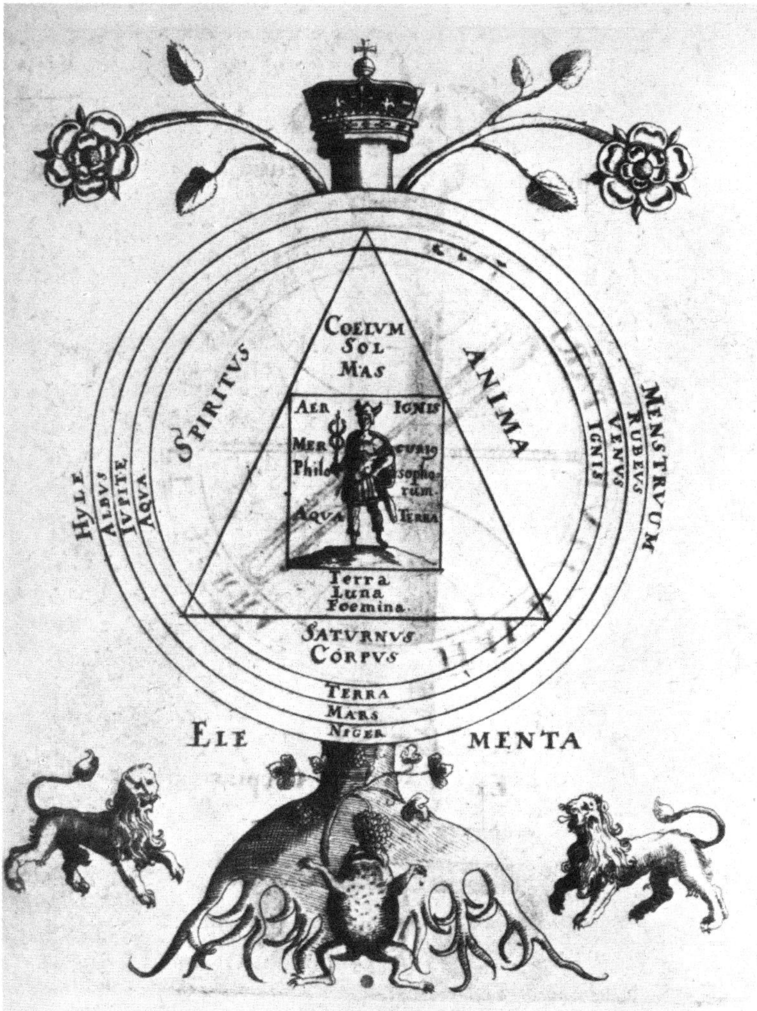

Abb. 214 Symbol der hermetischen Wandlung: der «homo philosophicus» als Mercurius.
(1630)

mie verbindet. Christus ist hier identisch mit dem «homo philosophicus», dem Mikrokosmos (Abb. 214), welcher zugleich das «Eine ist, das nicht stirbt und das alles Tote belebt». Der «homo philosophicus» ist anscheinend doppelsinnig: einerseits bedeutet er «das Eine», nämlich die Tinktur oder das «elixir vitae», anderseits aber den inneren, unsterblichen Menschen, welcher mit dem Anthropos identisch oder wenigstens mit diesem in Beziehung gesetzt ist. (Vgl. auch Abb. 117, 195, und andere). Eine Weiterentwicklung der Lehre findet sich bei PARACELSUS[151].

In diesem Stile fährt die *«Aurora»* weiter, indem sie in der siebten Parabel eine «confabulatio dilecti cum dilecta» bringt, nämlich das «Liebesgespräch von Christo und seiner Kirchen» (Lutherbibel), und schließt mit den Worten: «Sieh, wie gut und lieblich ist es, zu zweit in einem zu wohnen! Wir wollen uns darum hier drei Hütten bauen; dir eine, mir die zweite, und unseren Söhnen die dritte, da ein dreifaches Seil schwerlich zerreißt[152].» Diese drei Hütten setzt der Autor in Beziehung zu dem *«Liber trium verborum»* des KALID[153]. Die drei Worte, «in denen die ganze Wissenschaft verborgen liege», seien «den Frommen, das heißt den Armen weiterzugeben... vom ersten Menschen bis zum letzten». Die drei Worte sind: «Während drei Monaten bewahrt das Wasser den Fötus im Mutterleib, während drei Monaten wärmt ihn die Luft (und) ebensolange bewacht ihn das Feuer.» «Und dieses Wort», fügt KALID bei, «und diese Lehre und das dunkle Ziel stehen offen, so daß man die Wahrheit sieht.»

Obschon die drei Hütten, dem vorausgehenden Text entsprechend, für den «sponsus Christus» [Bräutigam Christus] und, wie wir wohl vermuten dürfen, für die «Sapientia» als «sponsa» bestimmt sind, so nimmt am Schluß die «Sapientia» das Wort und bietet dem Adepten und den Philosophen, den Söhnen der Weisheit, zwei der Hütten an. Das «dreifache Seil» (Abb. 215) weist zwar zunächst auf den innigen Verband der «Sapientia» und ihrer Adepten hin; wie aber die Erwähnung der «tria verba» des KALID dartut, ist es auch der dreigeteilte Prozeß, welcher «corpus», «anima» und «spiritus» der Wandlungssubstanz zum unvergänglichen Zusammenhalt bringt[154] (Abb. 185, 196). Das Zusammengehaltene, das heißt die Verbindung (im chemischen Sinne), ist das Resultat des «opus», nämlich der «filius philosophorum» oder Lapis, in einer dem «corpus mysticum» der Kirche vergleichbaren Art (Abb. 234): Christus ist der Weinstock, das Ganze; die Jünger aber sind die Ranken, die

Abb. 215 Die Vollendung des Prozesses: «oculatus abis» (mit Augen versehen, gehst du weg). Hermes, als Anthropos mit dem Artifex und der Soror durch das dreigeteilte Seil verbunden; unten: Herkules, wegen seiner «opera» beliebtes Symbol; im Hintergrund: die nun nicht mehr gebrauchte Leiter.

(1702)

Teile. Man hat vom anonymen Autor dieses Traktates tatsächlich den Eindruck, daß er die Heilige Schrift in die Alchemie hineinzieht, wie ihm nicht mit Unrecht vorgeworfen wurde. Es ist erstaunlich, zu sehen, wie er mit bestem Gewissen die ungeheuerlichsten Umdeutungen vornimmt, ohne seines Tuns auch nur im geringsten bewußt zu werden. Wie ich in meinen *«Paracelsica»* gezeigt habe, beobachten wir eine ähnliche Haltung bei dem etwa zwei Jahrhunderte jüngeren Paracelsus, ebenso beim Verfasser des *«Aquarium sapientum»*. Unser Autor hat eine dermaßen geläufige Kenntnis der Vulgata, daß man in ihm einen Kleriker vermuten darf. Wir haben das Zeugnis des Humanisten Patritius dafür, daß die hermetische Philosophie gar nicht als gegensätzlich zum kirchlichen Christentum empfunden wurde. Im Gegenteil sah man darin eine Unterstützung des christlichen Glaubens. So hat auch Patritius in der Vorrede zu seinem Buch an den Papst Gregor XIV. die Bitte gerichtet, er möge an Stelle des Aristoteles den Hermes treten lassen[155].

Der *«Aurora»*-Text ist insofern von historischer Bedeutung, als er wohl um mehr als zweihundert Jahre älter ist als Khunrath (1598) und Böhme (1610). Merkwürdigerweise ist Böhmes erste Schrift ebenfalls betitelt: *«Aurora, oder die Morgenröte im Aufgang»*. Sollte Böhme die *«Aurora consurgens»* wenigstens dem Titel nach gekannt haben?

f) Melchior Cibinensis und die alchemistische Paraphrase der Messe

Die nächste Quelle für die Identität des Lapis mit Christus ist ein interessantes Dokument aus dem Anfang des 16. Jahrhunderts. Es wurde, wie sein Titel bezeugt, an Ladislaus, König von Ungarn und Böhmen, geschickt. Der Autor heißt Nicolaus Melchior von Hermannstadt[156]. Er hat den alchemischen Prozeß in Form der Messe dargestellt [lat. Text s. GW] (Abb. 216):

Introitus missae...: Die Grundlage des Werkes ist die Auflösung der Körper.

Kyrie eleison: Herr, Quell aller Güte, Eingeber der heiligen Kunst, von dem für deine Gläubigen jegliches Gute ausgeht, erbarme dich.

Christe eleison: Christus, Heiliger, gebenedeiter Stein des Wissens um die Kunst, der du für das Heil der Welt das Licht der Wissenschaft entzündet hast, zur Ausrottung des Türken <!> erbarme dich.

Kyrie eleison: Herr, göttliches Feuer, steh unseren Herzen bei, damit wir zu deinem Lob in gleicher Weise die Sakramente der Kunst verbreiten mögen, erbarme dich.

Gloria in excelsis... ⟨Bloße Anrufung.⟩

Collecta (Gebet vor der Epistellesung). Der hauptsächlichste Gedanke ist, daß der «famulus tuus N. N.» die «heilige Kunst der Alchemie» zum Lobe Gottes und der Ausbreitung des christlichen Glaubens (!) ausüben möge.

Epistola. (Bloße Anrufung.)

Graduale (meist aus Psalmversen bestehender Chorgesang; in alten Zeiten auf den Stufen [gradus] des Ambo gesungen): Erhebe dich, Nordwind, und komm, Südwind: durchwehe meinen Garten, und würzige Düfte mögen ihm entströmen[157].

Abb. 216 Der Artifex als Priester; links die Erde, das Mercuriuskind säugend: «matrix eius terra est» *(Tabula smaragdina)*.
(1617)

Versus: Er kommt herab wie Regen über ein Vlies, und wie ein Schauer träufelt er auf die Erde. Alleluja. O seliger Schöpfer der Erde, weißer als Schnee, süßer als Süße, duftend wie Balsam vom Boden des Gefässes her. O heilsame Arznei der Menschen, die du jegliche Schwäche des Körpers pflegst, o erhabener Brunnen, dem das wahre Lebenswasser wahrhaftig in den Garten deiner Gläubigen entsprudelt.

Nach dem Evangelium folgt ein «Ave praeclara».

Ich will daraus nur einige wesentliche Punkte hervorheben (das übrige findet sich in den Fußnoten): Nach der Verlesung des Evangeliums, wo das Credo folgt, hat Melchior ein Ave, aber kein Ave Maria, sondern ein «Ave praeclara»[158], von dem der Autor gerade nur so viel erwähnt, ohne die Fortsetzung zu geben. «Ave praeclara» beginnt ein Marienhymnus, welcher verschiedenen Autoren zugeschrieben wird: unter anderem dem Albertus Magnus, dessen vermutete Urheberschaft einem Alchemisten besonders interessant sein mußte. Rémy de Gourmont[159] zitiert aus dem «Osnabrücker Register von Sankt Marien» folgende Legende: Es sei dem Albertus im Traum eine Jungfrau in königlichem Gewande erschienen, die ihm Vorwürfe machte, weil er der Jungfrau Maria für ihre Wohltaten keine genügende Dankbarkeit erwiesen habe. Auf diesen Traum hin habe Albertus das «Ave praeclara» [lat. Text s. GW] gedichtet. Es ist für einen Alchemisten voll verlockender Anspielungen:

Sei gegrüßt, hellstrahlender Stern des Meeres, Maria, göttlich geboren zur Erleuchtung der Völker…

Jungfrau, Schmuck der Welt, Himmelskönigin, vor allen erwählt wie die Sonne, schön wie das Leuchten des Mondes…

Laß ⟨uns⟩ von der süßen Quelle, die der Felsen in der Wüste von sich gab, mit ernstem Glauben trinken und die im Meere gebadeten Lenden gürten, ⟨und⟩ die eherne Schlange am Kreuz betrachten (Abb. 217).

Laß, o Jungfrau, die du Mutter geworden bist durch das heilige Feuer und durch des Vaters Wort, welches du, wie der brennende Dornbusch, getragen hast, uns, die durch das Fell Unterschiedenen[160], mit dem Fuß, mit reinen Lippen und mit dem Herzen dir nahen[161].

Während Melchiors Text die Frage offen läßt, ob «praeclara» sich auf die vorangegangene «aqua vitae» bezieht, läßt er aber keinen Zweifel darüber offen, daß mit «praeclara» nicht nur die Jungfrau, sondern ein Marienhymnus gemeint ist. Er fährt nämlich fort: «Es möge das Ave

Abb. 217 Der gekreuzigte «serpens mercurialis», die eherne Schlange des Moses.
(17. Jh.)

praeclara gesungen werden, welches ‹Testament der Kunst› genannt werden sollte, da ja die ganze chemische Kunst figürlich in ihm verborgen ist, und selig der, der diese Sequenz versteht[162].»

Mit der Sequenz ist ein Marienhymnus gemeint, und zwar mit Wahrscheinlichkeit der oben zitierte, wie aus dem nachstehenden MELCHIORschen Text hervorgeht. Die Jungfrau wird mit dem arcanum der Kunst identifiziert, wohl in Anlehnung an das *«Testamentum»* des RAYMUNDUS LULLIUS[163], welches sich höchster Autorität erfreute. Einer ähnlichen Vorstellung begegnen wir schon im KOMARIOS-Traktat, wo es heißt: «Ostanes und seine Gefährten sprachen zu Kleopatra: In dir ist verborgen das ganze schauervolle und staunenswerte Geheimnis[164].»

MELCHIOR gibt im folgenden eine alchemistische Paraphrase des Marienhymnus:

«Sei gegrüßt, o schöne Leuchte des Himmels, du strahlendes Licht[165] der Welt; hier vereinigst du dich mit dem Mond, es wird (fit) das Band des Mars[166] (copula martialis) und die ‹coniunctio› des Merkurs[167]. Aus diesen dreien vor allen, im Flußbett wird geboren durch das magisterium der Kunst der starke Riese[168], welchen tausendmal Tausende suchen, nachdem diese drei sich selbst aufgelöst haben, nicht zu Regenwasser..., sondern zu merkurialischem Wasser, zu diesem unserem gesegneten Gummi[169], der durch sich selbst gelöst wird und der den Namen sperma der Philosophen hat. Jetzt sucht er[170] schnell, sich zu verbinden, sich mit der jungfräulichen Braut zu verloben und diese im Bade zu befruchten in gemäßigtem Feuer (Abb. 218). Aber die Jungfrau wird nicht sofort schwanger, wenn sie nicht in häufiger Umarmung geküßt wird. Dann empfängt sie in ihrem Leibe, und so entsteht der glückbringende Embryo, und das der Naturordnung entsprechend. Dann erscheint auf dem Grunde des Gefäßes der starke Äthiopier, verbrannt, kalziniert, entfärbt und gänzlich tot und leblos[171] (Abb. 219). Er bittet, begraben, mit seiner Feuchtigkeit begossen und langsam kalziniert[172] zu werden, bis er aus dem starken Feuer in strahlender Gestalt hervorgeht. ... Siehe eine wunderbare Wiederherstellung oder Erneuerung des Äthiopiers! Infolge des Bades der Wiedergeburt gibt er sich einen neuen Namen, den die Philosophen den natürlichen Schwefel nennen und ihren Sohn, welcher der lapis philosophorum ist. Siehe, es ist *eine* Wurzel, *eine* Essenz, der nichts Äußeres hinzugesetzt, sondern viel Überflüssiges weggenommen wird durch das magisterium der Kunst. ... Er ist der Schatz der Schätze, der höchste philosophische Heiltrank, das himmlische Geheimnis der Alten. Selig, der solches findet.

Der solches gesehen hat, schreibt und spricht offen, und ich weiß, daß es sein wahres Zeugnis ist. Gott sei gepriesen in Ewigkeit!»...

Abb. 218 Das «Bad der Philosophen».
(1622)

Damit ist eigentlich die Handlung zu Ende. Es folgt nun eine Art Rekapitulation der Hauptteile. Das Offertorium bezieht MELCHIOR auf den Stein, den die Bauleute verwarfen, und der zum Eckstein wurde. «Das wurde von Gott gemacht und ist wunderbar in unsern Augen.» Darauf folgt die Sekret, welche zur alchemistischen Oblation überleitet. Das dargebrachte Opfer ist das «opus», das heißt «nostrum artificium benedictae artis alchemiae» [unser Handwerk gesegneter alchemistischer Kunst], «das dem glorreichen Namen Gottes und der heilbringenden Reformation der Kirche stets geweiht sein soll durch unsern Herrn Jesum Christum. Amen.»

Abb. 219 Darstellung des «Äthiopiers», welcher die «nigredo» bedeutet.
(1582)

Der Wandlung entspricht sachlich die Regeneration des Äthiopiers; aber die «consecratio» fehlt. Die Mariensequenz «Ave praeclara» enthält die Wandlung als ein Geheimnis «in gremio virginis» [im Schoß der Jungfrau nach MELCHIORS Auffassung. Er stützt sich dabei auf alte Tradition. So findet sich bei SENIOR ZADITH folgende Stelle:

«Der Vollmond ist das Wasser des Philosophen und die Wurzel der Wissenschaft. Denn der Mond ist die Herrin der Feuchtigkeit, der vollkommene und runde Stein und das Meer, woraus ich verstanden habe, daß diese (Luna) die Wurzel dieser verborgenen Wissenschaft ist[173].»

Luna [Mond] ist hier (wie Isis) als Herrin des Feuchten die «prima materia» in der Gestalt des Wassers und so die Mutter des «hydrolithus» (Wassersteins): ein Synonym des mit Christus parallelen Lapis. Indem «scientia» und «prima materia» vielfach als identisch gebraucht werden, ist die «scientia» oder «sapientia» identisch mit dem Mond als dem weiblichen Prinzip (Abb. 220), woraus sich die gnostische Lehre von der Sophia als Mutter oder Braut Christi ergibt.

Es folgt nun noch die Postcommunio: «Ehret unsern König, der aus dem Feuer kommt[174], den Erleuchteten und mit dem Diadem Gekrönten, in Ewigkeit.» Den Schluß bildet eine «Complet» zur Stärkung des christlichen Glaubens und zur Ausrottung der Türken.

Abgesehen von den Geschmacklosigkeiten dieses Textes, ist er sehr erleuchtend im Sinne unseres Themas. MELCHIOR hat offenbar die Analogie der beiden «opera» erkannt und ganz naiv das individuelle «opus» in seiner Dürftigkeit an Stelle der altehrwürdigen Worte der Messe gesetzt. MELCHIOR hat zur Zeit der Reformation gelebt, und es dauerte nicht mehr lange, bis in weiten Gebieten Europas die Messe ersetzt wurde durch nichts weniger als sakrosankte Worte von Prädikanten [Predigern], die zwar das Wort Gottes verkündeten, aber auf ihre Art. MELCHIOR tat etwas Ähnliches. Wenn wir ihm daher das Recht eines subjektiven Glaubensbekenntnisses zubilligen, so wird er annehmbarer. Es geht aus dem mitgeteilten Text mit Deutlichkeit hervor, daß MELCHIOR den alchemischen Prozeß als dem Transsubstantiationsvorgang äquivalent empfand, und es war ihm ein Bedürfnis, sein Erlebnis[175] deshalb eben in Form der Messe darzustellen. Es ist allerdings merkwürdig, daß er die alchemische Transmutation nicht an Stelle der Wandlung einrückt, sondern etwa in der Gegend des Credo, so daß die Handlung zunächst vor

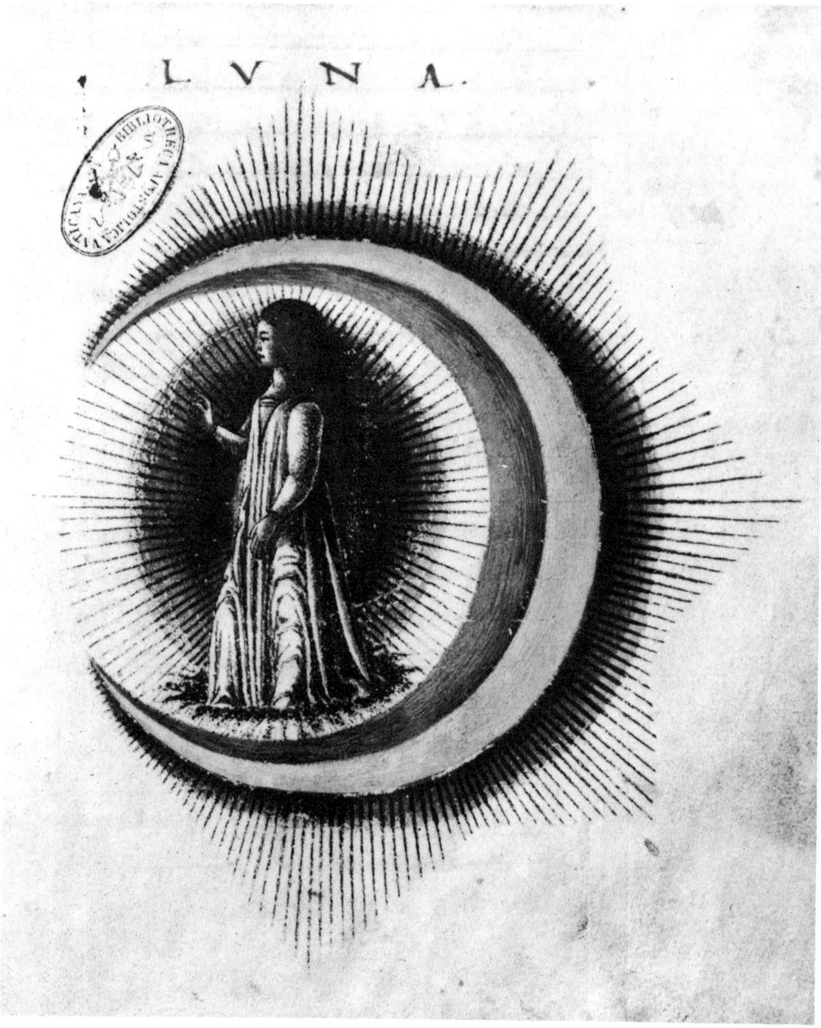

Abb. 220 Darstellung des Mondes.
(15. Jh.)

der Konsekration abschließt. In der zweiten Fassung der Rekapitulation fehlt der Höhepunkt des Messeritus wiederum, und die Darstellung springt von der Secreta des Offertoriums direkt auf die Postcommunio über. Diese Eigentümlichkeit läßt sich wohl durch eine gewisse heilige Scheu vor dem feierlichsten und ergreifendsten Teil der Messe, nämlich der Konsekration, erklären. Man dürfte dies daher als ein wenigstens indirektes Zeichen eines Gewissenskonfliktes zwischen dem Erlebnis des von außen wirkenden Ritus und der inneren, individuellen Erfahrung auffassen. Obschon Christus als Lapis oder «medicina» nirgends erwähnt ist, geht doch aus dem Sinn des MELCHIORschen Textes diese Identität mit überwältigender Deutlichkeit hervor.

g) Georgius Riplaeus

Ein weiteres Zeugnis, das WAITE hätte bekannt sein sollen, findet sich bei dessen Landsmann, dem Kanonikus Sir GEORGE RIPLEY von Bridlington[176] (1415–90) (siehe Abb. 30, 92 [Grundwerk 5], 196, 228, 251 und 257). Der Ausgabe des *«Liber duodecim portarum»,* dem RIPLEYschen Hauptwerk, ist eine Tabelle der philosophischen Entsprechungen von B. À PORTU, Aquitanus, vorangestellt. Die Tabelle gibt die Entsprechungen der sieben Metalle mit chemischen Stoffen und sogenannten «Typen» wieder. Unter letzteren sind die alchemistischen Symbole zu verstehen, wie zum Beispiel die Tinkturen, die Lebensalter, die Tierkreiszeichen usw. Unter diesen Entsprechungen finden sich auch sieben Mysterien, wobei dem Golde das mysterium altaris (eben die Messe) zugeschrieben ist, während die alchemische Entsprechung die «transmutatio» ist (Abb. 221). Von den Getreidearten gehört dazu das triticum (Weizen). Dieser B. À PORTU dürfte mit dem Paracelsisten BERNARDUS GEORGIUS PENOTUS identisch sein. Dieser ist zwischen 1520 und 1530 in Port-Sainte-Marie in Guienne (einem Teil des alten Aquitanien) geboren und starb 1620 im Armenhaus von Yverdon (Waadt) ebenso hochbetagt wie enttäuscht vom paracelsischen Optimismus, von dem er zur Zeit seines Studiums in Basel angesteckt worden war. Er teilte das unvermeidliche Schicksal jener, denen zum Verständnis des krausen Meisters der nötige Humor fehlte und denen die Geheimlehre vom «aurum non vulgi» allzu geheim blieb. Sein Zeugnis zeigt aber, daß die Analogie des «opus» mit

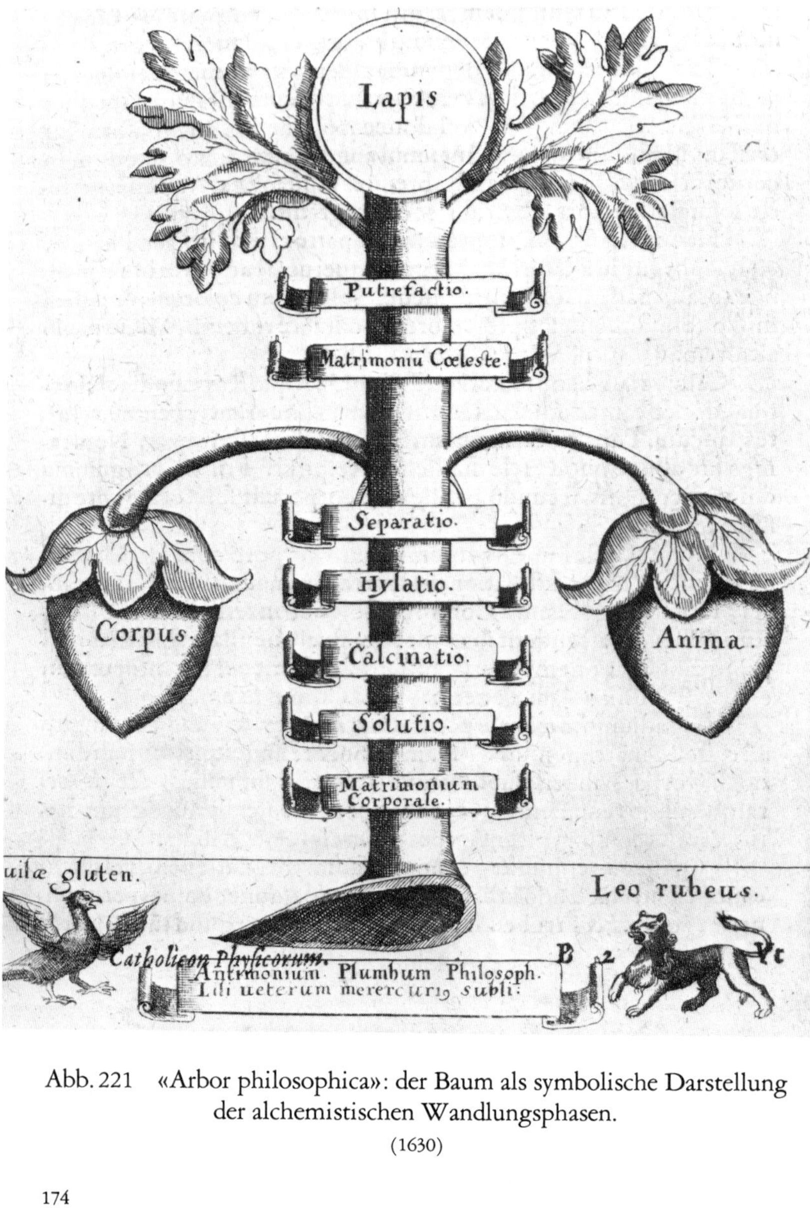

Abb. 221 «Arbor philosophica»: der Baum als symbolische Darstellung der alchemistischen Wandlungsphasen.
(1630)

der Messe auch in den Paracelsischen Kreisen Gültigkeit hatte. PARACELSUS war ein Zeitgenosse des MELCHIOR und könnte wohl unabhängig von diesem zu ähnlichen, sowieso schon in der Luft liegenden Schlüssen gekommen sein. Auch MICHAEL MAIER erschien die MELCHIORsche Analogie bedeutsam genug, um sie als Symbol XI seinen *«Symbola aureae mensae»* (1617) einzureihen (Abb. 216) unter der Devise: «Lapis, ut infans, lacte nutriendus est virginali» [Der Stein muß als Kind mit jungfräulicher Milch genährt werden].

In der *«Cantilena Georgii Riplaei»*[177] lesen wir folgende Legende:

«Es war einmal ein edler König (das ‹caput corporum›); der war ohne Nachkommen. Er beklagte seine Sterilität: ein ‹defectus originalis› müsse in ihm entstanden sein, obschon er ohne natürlichen Leibesfehler ‹unter den Sonnenflügeln ernährt› wurde. Er sagt wörtlich: ‹Aber leider fürchte und weiß ich sicher, daß, wenn ich nicht sofort die Hilfe der Species genieße, ich nicht zeugen kann. Aber ich habe mit großem Staunen gehört, daß ich durch den Baum Christi (Abb. 222) wiedergeboren werden soll.› Er wolle nun wieder in den Mutterleib zurückkehren und sich in die ‹prima materia› auflösen. Die Mutter regte ihn zu diesem Vorhaben an und verbarg ihn alsbald unter ihrem Gewand, bis sie ihn wiederum durch sich und in sich inkarniert hatte. Sie wurde nun schwanger. Während der Schwangerschaft aß sie Pfauenfleisch und trank das Blut des grünen Löwen. Endlich gebar sie das Kind, das dem Monde glich und dann in den Glanz der Sonne überging. Der Sohn wurde wieder König. Der Text sagt: ‹Die herrlichen, schimmernden Waffen der vier Elemente gab dir Gott, in deren Mitte die erlöste Jungfrau (virgo redimita) war.› Von ihr entfloß ein herrlicher Balsam, und sie leuchtete mit strahlendem Antlitz, geschmückt mit dem kostbaren Stein. Aber in ihrem Schoß lag der grüne Löwe[178], aus dessen Seite Blut floß (Abb. 242). Sie wurde mit einem Diadem gekrönt und im Empyreum als Gestirn eingesetzt. Der König wurde ein höchster Triumphator, ein großer Heiler aller Kranken, ein Erlöser (reformator) von allen Sünden.»

Soweit die *«Cantilena»*. An einer andern Stelle sagt RIPLAEUS[179]:

«Christus sprach: ‹Wenn ich erhöht sein werde, so werde ich alles zu mir ziehen.›[180] Von jener Zeit an, wo beide Teile, welche gekreuzigt und entseelt sind, miteinander verlobt sind, werden Mann und Frau zugleich begraben (Abb. 223) und nachher durch den Geist des Lebens wieder belebt. Dann müssen sie in den Himmel erhoben werden, damit dort Körper und Seele verklärt und auf den Wolken inthronisiert werden können; dann werden sie alle Körper zu ihrer eigenen Würde ziehen.» (Abb. 224)

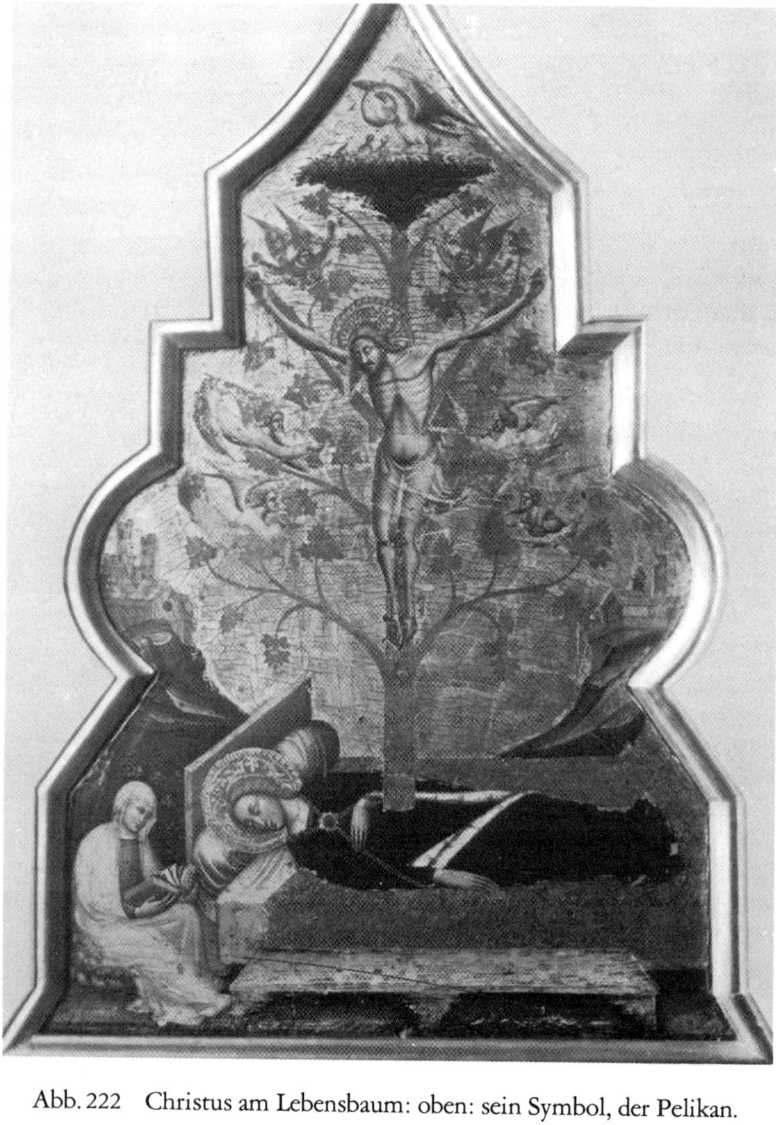

Abb. 222 Christus am Lebensbaum: oben: sein Symbol, der Pelikan.
(um 1350)

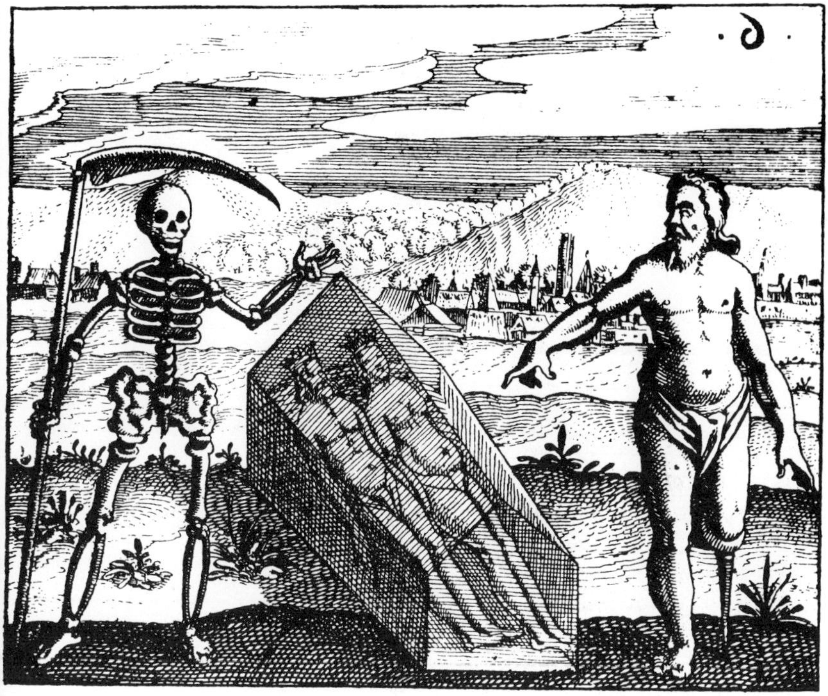

Abb. 223 Die «mortificatio» oder «nigredo» und «putrefactio». Sol und Luna, nach der Konjunktion dem Tode verfallen. (1622)

Wenn man sich vergegenwärtigt, daß der Autor kein Laie, sondern ein gelehrter Kanonikus ist, so kann man wohl nicht annehmen, daß er der Parallele mit den wesentlichsten dogmatischen Vorstellungen unbewußt gewesen sei. Es wird zwar nirgends direkt gesagt, daß der Lapis Christus sei; aber in der Rolle des Königs und der Mutter-Jungfrau lassen sich unschwer die heiligen Figuren erkennen. RIPLEY hat wohl absichtlich diese Parallelen gewählt, ohne sich einer Blasphemie bewußt zu sein. Der Typograph CONRAD WALDKIRCH in Basel hätte aber Feuer und Schwefel auf ihn herabregnen lassen. RIPLEY gehörte zu jener Zeit, wo

Abb. 224 Die Verklärung des Körpers als Krönung Mariens.
(1420)

Gott mit seinen Mysterien noch in der Natur wohnte und wo das Erlösungsgeheimnis auf allen Stufen des Seins stattfand, weil eben das unbewußte Geschehen noch in ungestörter, paradiesischer Partizipation mit dem Stoff lebte und an diesem erfahren werden konnte.

Ein letzter Ausläufer dieser mittelalterlichen Weltanschauung begegnete mir noch in meiner Jugend in der Form folgender Erfahrung:

Wir hatten damals eine Köchin aus dem schwäbischen Schwarzwald, welcher das Geschäft oblag, die für die Küche bestimmten Opfer des Hühnerhofes hinzurichten. Es handelte sich um Zwerghühner, deren Hähne sich durch besondere Streitsucht und Boshaftigkeit auszeichneten. Einer davon tat sich durch Grausamkeit vor allen hervor, und meine Mutter gab der Köchin den Auftrag, den Übeltäter zum Sonntagsbraten herzurichten. Ich kam gerade dazu, wie sie den enthaupteten Hahn zurückbrachte und zu meiner Mutter sagte: «Er ist jetzt doch noch selig gestorben, obwohl er so böse war. Er hat noch geschrien: ‹Verzeih mir's, verzeih mir's!›, bevor ich ihm den Kopf abgeschlagen habe. Jetzt kommt er doch in den Himmel!» Meine Mutter antwortete entrüstet: «Reden Sie nicht solchen Unsinn! Nur die Menschen kommen in den Himmel», worauf die Köchin erstaunt entgegnete: «Die Hühner haben doch einen Gockelerhimmel, wie die Menschen einen Menschenhimmel.» – «Aber nur die Menschen haben eine unsterbliche Seele und eine Religion», sagte ebenso verwundert meine Mutter. «Nein, das ist nicht richtig», erwiderte die Köchin; «die Tiere haben auch Seelen, und alle haben ihren besonderen Himmel, die Hunde, Katzen und Pferde, und das darum, weil zur Zeit, als der Heiland der Menschen auf die Erde kam, auch der Gockelerheiland zu den Hühnern kam, und darum müssen auch diese vor dem Tode ihre Sünden bereuen, wenn sie in den Himmel kommen wollen.»

Die Anschauung unserer Köchin stellt einen folkloristischen Rest jenes Geistes dar, welcher das Erlösungsdrama auf allen Stufen des Seins erblicken konnte und es darum auch in den geheimnisvollen und unverständlichen Wandlungen des Stoffes wiederfand.

Was die Einzelheiten unseres Textes anbetrifft, so ist der kranke König, der doch vollkommen geboren war, der Mensch, der an einem Zustand geistiger Unfruchtbarkeit leidet. In der Vision des ARISLEUS ist das Land unfruchtbar, weil sich nur Gleiches mit Gleichem paart, anstatt daß Gegensätze vereinigt werden. Die Philosophen raten dem König, seinen Sohn und seine Tochter zu vereinigen und durch einen Bruder-Schwester-Inzest (Abb. 225) das Land wieder fruchtbar zu machen. Bei RIPLEY ist es ein Mutter-Sohn-Inzest. Beide Formen sind der Alchemie geläufig

Abb. 225 Dem Bruder-Schwester-Paar wird der Liebestrank gereicht. (1687)

und stellen das Urbild der königlichen Hochzeit dar (Abb. 32: Grundwerk 5). Diese endogame Begattung ist nichts anderes als eine Variante der Idee des Ouroboros, der mit sich selber den Kreis schließt, da er hermaphroditischer Natur ist. Bei ARISLEUS bemerkt der König, daß er darum König sei, weil er einen Sohn und eine Tochter habe, was seine Untertanen wegen ihrer Unfruchtbarkeit nicht hätten. Die «gestatio in cerebro», die Gehirnschwangerschaft[181], deutet auf psychische Inhalte, das heißt genauer auf ein psychisches Gegensatzpaar, welches aus sich selber schöpferisch zu werden vermag (Abb. 226). Aber offenbar hat der König

Abb. 226 Konjunktion der Gegensätze im hermetischen Gefäß respektive im Wasser (= Unbewußten).
(ca. 1620–1650)

bis dahin seine Kinder nicht zur Fortpflanzung gelangen lassen, indem er deren Lebensäußerung unterdrückte oder außer acht ließ. Es sieht aus, wie wenn er der Existenz seiner Kinder unbewußt gewesen und erst auf den Rat der Philosophen hin zum Bewußtsein von deren Bedeutung gelangt wäre. Die Schuld an der Unfruchtbarkeit trägt nämlich die Projektion des Unbewußten, das sich nicht weiter «entwickeln» oder «erlösen» kann, wenn es nicht dem Bewußtsein integriert wird. Das Bruder-Schwester-Paar stellt das Unbewußte respektive einen wesentlichen Inhalt desselben dar (Abb. 227). Der Psychologe von heutzutage würde daher dem König den Rat gegeben haben, sich der Existenz seines Unbewußten zu erinnern und damit seiner Stagnation ein Ende zu bereiten. Wie es in sol-

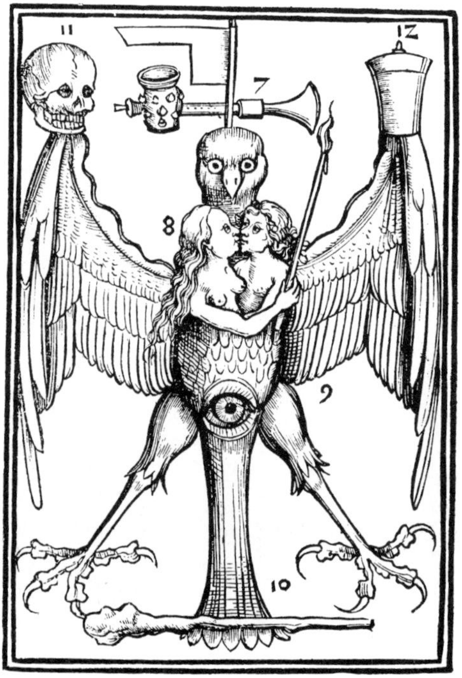

Abb. 227 Coniunctio. Phantastische Mischfigur.
(1503)

Abb. 228 Der gefiederte König, der seine Federn verzehrt und sich damit ernährt.

(1588)

chen Fällen stets zu gehen pflegt, erscheint dann ein Gegensatz, das heißt ein Konflikt peinlicher Art, an der Oberfläche, und man begreift ohne Schwierigkeit, warum es der König vorgezogen hat, seines Konfliktes unbewußt zu bleiben. Da der Konflikt der moralischen Komplikationen nie entbehrt, ist er – unter diesem Gesichtswinkel – passend als moralisch anstößiger Inzest dargestellt. Der Mutterinzest bei RIPLEY ist allerdings in der Form des antiken Adoptionsritus verhüllt; aber nichtsdestoweniger wird die Mutter schwanger. Das Unsichtbarwerden des Königs unter dem Gewand der Mutter entspricht der totalen Auflösung des Gabricus im Leibe der Beya in der zweiten Version der *«Visio Arislei»*[182]. Der König stellt das dominierende Bewußtsein dar, welches im Laufe der Auseinandersetzung mit dem Unbewußten von letzterem verschlungen wird, woraus die «nigredo» (Abb. 34 [Grundwerk 5], 137, 219 und andere), das heißt ein Zustand der Finsternis, hervorgeht, welcher aber schließlich zu einer Erneuerung und Wiedergeburt des Königs führt.

Die eigentümliche Idee, daß der König «unter den Sonnenflügeln» ernährt worden sei (Abb. 228), könnte sich auf jene *Maleachi*-Stelle (4,2) beziehen, welche schon frühzeitig die Verehrung Christi als Helios oder Sol, gegen die sich noch AUGUSTIN wenden mußte, rationalisieren half.

Abb. 229 Der Adler als Symbol des aus der Materie aufsteigenden Geistes.
(1752)

Abb. 230 Der Pfau, der Retorte entsteigend.
(18. Jh.)

Sie lautet: «Euch aber, die ihr meinen Namen fürchtet, wird die Sonne der Gerechtigkeit aufgehen, die Heilung birgt unter ihren Flügeln. Und ihr werdet herausgehen und springen wie Kälblein aus dem Stall[183].» Diese Stelle ist stets als messianische Weissagung verstanden worden, was RIPLEY selbstverständlich bekannt war. Es handelt sich bei den Sonnenflügeln[184] um ein sehr altertümliches Bild, das aber dem Hebräer MALEACHI nahelag: nämlich um das ägyptische Sonnensymbol. Der von dieser Sonne Genährte ist der Gottsohn: nämlich der König[185].

Wie in der Arisleus-Vision der tote Königssohn durch die Früchte des philosophischen Baumes wieder zum Leben gebracht wird, so soll der kranke König bei RIPLEY durch eine besondere «species» geheilt werden. Es muß darunter ein φάρμακον ζωῆς, ein «elixir vitae», verstanden sein. Der Baum, durch den er wiedergeboren werden soll, ist das Kreuz Christi einerseits (Abb. 222), anderseits der unsterbliche Baum mit den Wunderfrüchten der Arisleus-Vision (Abb. 188 und 189). Die Nahrung der Mutter während der Schwangerschaft sind Pfauenfleisch und Blut. Der Pfau ist zwar ein altchristliches Symbol des Erlösers; es ist jedoch zweifelhaft, ob RIPLEY das gewußt hat. Der Pfau (Abb. 230 und 111) ist aber ein naher Verwandter des Phönix[186], der als Symbol Christi RIPLEY bekannt war. Das Blut stammt vom grünen Löwen, der im Schoße der Jungfrau liegt und aus der Seitenwunde blutet[187]. Es handelt sich also um Kommunionssymbolik und um die Seitenwunde des im Schoße der Pietà liegenden Christus. Der grüne Löwe ist eine Wandlungsform des Mercurius[188].

Die Mutter ist als Wiedergebärerin identisch mit dem Baum. In der *«Pandora»* von 1588 ist der Baum als gekrönte, nackte Jungfrau (Pandora) dargestellt[189] (Abb. 231). Die arbor philosophica ist ein beliebtes Symbol und stellt den philosophischen Prozeß dar. Wenn RIPLEY vom Baum Christi spricht, so identifiziert er den Wunderbaum mit dem Kreuz Christi[190]. (Abb. 188, 221 und 222)

Am Schluß des Prozesses findet eine Apotheose der Mutter-Jungfrau statt. Die bereits erwähnte *«Pandora»* enthält eine Darstellung der Apotheose in Form einer Erhöhung Mariens, der «assumptio Beatae Mariae Virginis» (Abb. 232). Nach dem Tode wurde nämlich durch ein göttliches Wunder ihr Leib wieder mit der Seele vereint und zusammen mit dieser in den Himmel aufgenommen. Diese Ansicht ist neuerdings zum Dogma erhoben worden. In der Abbildung ist Maria als «terra, corpus, lyb, die wonn der jungfrowenn wardt», bezeichnet; die Taube senkt sich

Abb. 231 Mercurius als Jungfrau (Pandora) und «arbor philosophica». (1588)

Abb. 232 Glorifikation des Körpers in Gestalt der Marienkrönung. An Stelle des Sohnes steht die Sapientia (Hermes senex). Der Heilige Geist ist von ihm verschieden. Es handelt sich um die Herstellung der Quaternität. Unten: die Extraktion des Mercuriusgeistes aus der «prima materia».

(1588)

auf sie nieder, und Gottvater (?) berührt sie von rechts her segnend mit der Hand. Sie ist gekrönt. Die Gestalt Gottes mit der Weltkugel ist beschriftet als «anima, Seel, Jesse pater, filius et mater». «Mater» bezieht sich auf die neben ihm, dem König, inthronisierte Himmelskönigin, in welcher der Stoff der Erde, verklärt als Auferstehungsleib, in die Gottheit aufgenommen ist[191]. Zu ihrer Linken findet sich eine Gottvater ebenbürtige, bärtige Gestalt, beschriftet: «Sapientia, Wyßheit». Unten im Bild ist die Befreiung des Rebis aus der «materia prima» dargestellt[192]. Das Ganze hat Mandalaform, umrahmt von den Evangelistensymbolen. Die Beschriftung am untern Bildrand lautet: «Figura speculi Sanctae Trinitatis. Gstalt des Spiegels der Heiligen Dryheit»[193].

RIPLEY charakterisiert seinen König als Triumphator, Heiland aller Kranken und Erlöser von allen Sünden. Das *«Rosarium»* (1550) enthält am Schluß das Bild des auferstehenden Christus mit der Beschriftung (Abb. 234): «Nach meinem viel unnd manches leiden unnd marter groß / Bin ich erstanden, clarifiziert, und aller mackel bloß.»

h. Die Epigonen

Als Epigonen bezeichne ich die Autoren des 17. Jahrhunderts, welches zwar eine Hochblüte der Alchemie erlebte, aber doch schon den Zerfall letzterer einleitete, indem immer deutlicher die mystica von den physica getrennt wurden. Einerseits trat die mystisch-philosophische Richtung stärker hervor, und anderseits begann die eigentliche Chemie sich deutlicher abzuzeichnen. Das Zeitalter der Naturwissenschaft und Technik war im Aufgang, und die introspektive mittelalterliche Geisteshaltung neigte sich dem Untergang zu. Die religiös-metaphysische Wertung erwies sich in zunehmendem Maße als ungeeignet, um jenes seelische Erfahrungsmaterial, welches das «opus alchymicum» zutage förderte, adäquat auszudrücken. Es war der erst nach mehreren Jahrhunderten sich einstellenden Erfahrungspsychologie vorbehalten, die dunklen seelischen Gehalte hermetischer Erlebnisse in ein neues Licht zu rücken.

In der Literatur des ausgehenden 16. und des beginnenden 17. Jahrhunderts tritt die mystische Spekulation, wohl ermutigt durch den Humanismus und durch das kirchliche Schisma, vielfach aus der Hülle des früheren Geheimnisses hervor, soweit es den Autoren überhaupt möglich

Abb. 233 Christliche Quaternität: die Drei und die Eine (= Maria). (1457)

war, das Unsagbare in Wort und Bild zu fassen. Die hervorgebrachte, zum Teil geradezu groteske Bildsymbolik trug nicht nur nichts zur Klärung des Arkanums, sondern weitgehend zu dessen Entwertung in den Augen der Profanen und damit zum Untergang der hermetischen Weisheit bei. Wieviel damit der seelischen Kultur Europas verlorengegangen ist, beginnt unser psychologisch geschärfter Sinn heute, namentlich im Anblick der beispiellosen Zerrüttung Europas, zu ahnen. Glücklicherweise ist der Verlust nicht unwiederbringlich: «Natura tamen usque recurret». [Die Natur kehrt dennoch allsogleich zurück.]

Abb. 234 Der auferstandene Christus als Symbol des «filius philosophorum». (1550)

Aus dieser Literatur möchte ich im folgenden noch einige Christus-Lapis-Parallelen erwähnen.

In dem Traktat *«De arte chimica»*[194] eines Anonymus[195] findet sich eine Mercurius-und-Lapis-Parallele, die ich nicht unerwähnt lassen kann: nämlich eine «aequiparatio» [Gleichstellung] des Mercurius mit der Jungfrau Maria. Der Text lautet: «Vernimm[196] das tiefe Gleichnis: Der Ätherhimmel war allen Menschen verschlossen, so daß sie zur Hölle hinuntergingen und dort ewig gefangen blieben. Aber Christus Jesus hat die Pforte des ätherischen Olymps geöffnet und das Plutonische Reich aufgeschlossen, damit die Seelen befreit würden, als im jungfräulichen Uterus mit Hilfe des Heiligen Geistes, durch unsägliches Geheimnis und tiefstes Sakrament, die Jungfrau Maria jenes empfing, was das Herrlichste im Himmel und auf Erden war; endlich hat sie uns den Heiland der ganzen Welt geboren, welcher durch seine überschwengliche Güte alle in Sünde Verlorenen retten wird, wenn sich der Sünder nur öfter zu ihm wendet. Die Jungfrau aber blieb unverletzt und unversehrt; daher wird der glorreichsten göttlichen Jungfrau Maria nicht ohne guten Grund der Mercurius gleichgestellt (non immerito... aequiparatur). Denn Mercurius ist Jungfrau, weil er im Bauch der Erde niemals irgendeinen metallischen Körper vermehrt hat und dennoch uns den Stein erzeugt durch die Lösung des ‹Himmels›; das heißt er öffnet das Gold und führt die Seele heraus, welche du als Göttlichkeit (divinitatem) verstehen sollst, und er trägt sie eine kleine Zeit in seinem Bauche und leitet sie zu seiner Zeit in einen gereinigten Körper über. Daraus geht uns der Knabe, das heißt der Lapis, hervor, durch dessen Blut die untern Körper gewandelt (tincta) in den goldenen Himmel heil zurückgeführt werden[197].»

Als «anima mundi» läßt sich der Mercurius in der Tat mit der gnostischen παρθένος τοῦ φωτός (Lichtjungfrau) und der christlichen virgo Maria vergleichen (Abb. 8, 105, 107 [Grundwerk 5], 164, 165, 208) oder, wie es der Text will, sogar «gleichsetzen», womit ich nota bene die Ansicht unseres Anonymus wiedergebe. Der «puer» ist dann «filius macrocosmi» (Abb. 64 [Grundwerk 5], 192, 214, 234 und andere), und als solcher eine Analogie Christi. Auch der Autor zieht diese Konsequenz, indem er die körperliche Natur Christi mit der Wirkung des Steins vergleicht: «Im Körper Christi war eine so große Wahlverwandtschaft (affinitas) der Elemente und eine solche Verbundenheit (colligatio), weil er keiner Sünde verfallen war, daß er, auch wegen der wunderbaren Vereinigung der göttlichen Essenz, niemals gestorben wäre, wenn er nicht, um den Menschen zu erlösen, um dessentwillen er geboren war, freiwillig den Tod erstrebt hätte[198].»

Bekanntlich tritt im Lapis an Stelle des chaotischen Widerstreites der Elemente deren innigste gegenseitige Bindung ein, was den Stein eben inkorruptibel macht, weshalb dieser, wie der Autor meint, dieselbe Wirkung wie das Blut des Erlösers habe: nämlich «Gesundheit und langes Leben in Glückseligkeit: um dessentwillen unser Stein vor allem erstrebt werden soll»[199].

In die Reihe der zweifelhaften Autoren gehört auch der vielgenannte BASILIUS VALENTINUS, ein Pseudonymus, der angeblich anfangs des 15. Jahrhunderts gelebt haben soll[200]. Als mutmaßlicher Autor kommt JOHANN THÖLDE (um 1600) von Frankenhausen in Thüringen in Betracht. Die Schriften des BASILIUS VALENTINUS erschienen von 1602 an. Eine der frühesten Erwähnungen findet sich in dem 1617 erschienenen Werke des MICHAEL MAIER: *«Symbola aureae mensae»*. MAIER ist durchaus unsicher über die Autorschaft dieser Schriften. Er schreibt: «Obscurus omnibus manere quam innotescere maluit.» [Er blieb lieber allen unverständlich, statt bekannt zu werden.] Der Stil der VALENTINschen Schriften weist unzweifelhaft auf das ausgehende 16. Jahrhundert frühestens hin. Der Autor ist stark von PARACELSUS beeinflußt und hat dessen Begriff des Archeus sowie die Astral- und Elementargeisterlehre übernommen[201]. Auf p. 364 der mir vorliegenden Gesamtausgabe von 1700 findet sich eine *«Allegoria S. S. Trinitatis, et Lapidis, Philosophici»*, aus der ich folgendes entnehme:

«Also ist zu achten der Mercurius Philosophorum ein spiritualisch corpus, wie ihn die Philosophi heißen. Aus Gott dem Vater ist gebohren sein einiger Sohn Jesus Christus / welcher ist Gott und Mensch / und ist ohne Sünde / hat auch nicht bedürfft zu sterben: Er ist aber freywillig gestorben und aufferstanden um seiner Brüder und Geschwister willen / auff daß sie mit ihm ewiglich ohne Sünde lebeten. Also ist Gold ohn allen defect, und ist fix / daß es alle Examina bestehet und herrlich / aber um seiner imperfecten und krancken Brüder und Schwestern willen stirbet es / und stehet auff herrlich / erlöset und tingiret sie zum ewigen Leben / und machet sie perfect zu gutem Golde.

Die dritte Person in Trinitate ist Gott der heilige Geist / ein Tröster von unserm Herrn Jesu Christo / seinen gläubigen Christen gesandt / der stärcket und tröstet sie im Glauben biß zum ewigen Leben: Also ist auch der Spiritus Solis materialis, oder Mercurius corporis, wenn sie zusammen kommen / so heist er alsdenn Mercurius duplicatus, das sind die zween Spiritus, Gott der Vater und Gott der heilige Geist: Aber Gott der Sohn homo glorificatus, gleich wie unser glorificirtes und fixes Gold / der Lapis Philosophorum, daher wird dieser Lapis auch Trinus genannt: Nehmlich ex duabus aquis vel spiritibus, minerali & vegetabili, und von dem animalischen sulphure Solis[202].»

Im Jahre 1619 erschien eine alchemistische Erbauungsschrift, betitelt *«Wasserstein der Weysen»*. Auf p. 67 f. dieser Schrift sagt der anonyme Autor, er wolle nun dartun, wie der verworfene Eckstein (lapis angularis =

Christus) mit dem «jrrdischen und leiblichen Philosophischen Stein sich accordire, unnd durch auß fein und artlich uber einstimme», woraus dann zu ersehen sein werde, «wie das der jrrdische Philosophische Stein ein wahre Harmonia, contrafactur unnd vorbildt des wahren geistlichen und himlischen Steins Jesu Christi seye». Diese Absicht führt der Autor auf annähernd fünfzig Seiten durch. Die Schrift fand große Beachtung, und selbst JAKOB BÖHME zählte unter deren Bewunderer. KOPP, der diese Schrift erwähnt[203], entsetzt sich über die blasphemische Vermischung alchemistischer Vorstellungen, die sich höchst anstößiger Symbolik bedienen, mit religiösen Anschauungen. Man darf aber mit der mittelalterlichen Naivität nicht zu streng ins Gericht gehen, sondern muß zu verstehen suchen, was mit so unbeholfener Sprache angedeutet sein wollte.

Bei JAKOB BÖHME (1575–1624) spielt die Lapis-Christus-Parallele eine bedeutende Rolle, auf die ich aber hier nicht näher eingehen möchte. Als charakteristische Stelle erwähne ich *«De signatura rerum»*[204].

Aus diesem Material geht nun auch mit aller Deutlichkeit hervor, was die Alchemie im letzten Grunde suchte. Sie wollte ein «corpus subtile», den verklärten Auferstehungsleib, herstellen: nämlich einen Körper, der zugleich Geist ist[205]. In dieser Tendenz begegnet sie sich mit der chinesischen Alchemie, wie uns durch den Text des *«Geheimnisses der Goldenen Blüte»* bekannt geworden ist. Dort handelt es sich um den «Diamantleib», das heißt um die Unsterblichkeit, erreicht durch die Verwandlung des Körpers. Der Diamant ist um seiner Durchsichtigkeit, seines Feuers und seiner Härte willen ein geeignetes Symbol. So sagt auch ORTHELIUS[206], daß die Philosophen kein besseres Heilmittel gefunden hätten als jenes, das sie wegen seiner Härte, Durchsichtigkeit und Rubinfarbe den edeln und gebenedeiten Stein der Philosophen genannt hätten.

Eben dieser ORTHELIUS hat auch ausführlich über die «Theologie» des Lapis geschrieben. Da er aber jünger ist als BÖHME, so möchte ich ihn nur erwähnen, weil er sich mit dem in der Materie befindlichen Geist beschäftigt:

Es gebe zwei Schätze: der eine sei das geschriebene Wort und der andere das zur Tatsache gewordene (verbum factum). Im «verbum scriptum» sei Christus gleichsam noch in Wickelbändern in seiner Wiege (in cunis suis involutus), im «verbum dictum et factum» hingegen sei das Wort verkörpert in Gottes Geschöpfen, wo man es sozusagen mit den Fingern berühren kann; aus diesen müß-

Abb. 235 Alchemistische Quaternität: die Drei und die Eine
(= Körper und Weiblichkeit).
(1550)

ten wir unsern Schatz heben, denn das Wort sei nichts anderes als das Feuer, das Leben und der Geist, welchen von Anfang der Schöpfung die heilige Trinität ausgebreitet, und welcher auf den Urwassern gebrütet habe (incubavit), und der durch das Wort Gottes allen Dingen eingeblasen (inspiratus) und inkorporiert worden sei – wie es heiße: «Der Geist Gottes füllte den Erdkreis.» Es hätten einige die Meinung ausgesprochen, daß dieser Weltgeist (spiritus mundi) die dritte Person der Gottheit gewesen sei; aber sie hätten das Wort «Elohim» nicht in Erwägung gezogen, welches nämlich als Mehrzahl sich auf alle Personen der Trinität erstrecke. Er sei von dieser ausgegangen und erschaffen worden. Dieser Geist sei körperlich geworden und der hauptsächlichste Inhalt des Erlösers (Salvatoris) oder philosophischen Steins und das eigentliche Mittel (medium), durch welches Körper und Seele vereint erhalten werden während der Dauer unseres Lebens (Abb. 235).

Der «spiritus mundi», der auf den Urwassern lag, hätte diese geschwängert und einen Keim in ihnen ausgebrütet, wie eine Henne auf dem Ei. Dieser sei die «virtus», die im Innern der Erde und besonders in den Metallen wohnt, und es sei die Aufgabe der Kunst, den Archäus[207], den «spiritus mundi», vom Stoffe zu trennen und eine Quintessenz zu erzeugen, deren Wirkung mit derjenigen Christi auf die Menschheit verglichen werden könne.

Bei diesem Epigonen der Alchemie blitzt, wie wir gesehen haben, noch einmal die gnostische Vision des sich in die physis verwickelnden nous auf. Der Philosoph aber, der einst als ein Herkules in die acherontischen Finsternisse hinunterstieg, um ein göttliches «opus» zu erfüllen, ist hier zum spekulativen Laboranten geworden, welcher das hohe Ziel hermetischer Mystik aus den Augen verloren hat und sich nun um einen hygienischen Krafttrank müht, der «Leib und Seele zusammenhält», wie schon der Großvater von einem guten Wein zu sagen pflegte. Diese Wendung verdankt die Alchemie dem übermächtigen Einfluß des PARACELSUS, welcher der Ahnherr des modernen medizinischen Denkens ist. ORTHELIUS neigt schon zur Naturwissenschaft und überläßt das mystische Erlebnis der Kirche.

An PARACELSUS und BÖHME hat sich die Alchemie gespalten in die Naturwissenschaft einerseits und die christlich-protestantische Mystik anderseits. Ihr Stein ist wieder, was er gewesen ist: «vilis vilissimus», billig am billigsten, «in via eiectus», auf die Straße geworfen, wie das Kleinod in SPITTELERS *«Prometheus und Epimetheus»*. MORIENUS[208] könnte heute wieder sagen: «Nimm das, was auf dem Düngerhaufen mit Füßen getreten wird; wenn nicht, so wirst du, wenn du ohne Treppe hinaufsteigen willst, auf den Kopf herunterfallen» – womit er meint, wenn man das, was man verworfen, nicht annehme, es einen in jenem Augenblick anfalle, wo man höher hinauf wolle.

In der ausgehenden Alchemie des 17. Jahrhunderts findet sich die Christus-Lapis-Parallele häufig, aber in bloß epigonenhafter Form. In dieser Zeit kamen die Geheimgesellschaften, vor allem die Rosenkreuzer, auf – ein bester Beweis dafür, daß sich das Geheimnis der Alchemie erschöpft hatte! Denn die Existenz des Geheimordens ist ja dazu da, ein Geheimnis zu schützen, das seine Vitalität eingebüßt hat und daher nur noch formal am Leben zu erhalten ist. In diese Tragik erlaubt uns MICHAEL MAIER wenigstens einen Blick: Er gesteht am Ende seines Hauptwerkes, daß er bei der großen «peregrinatio» weder den Mercurius noch den Phönix, sondern nur eine Feder des letzeren gefunden hat. Das heißt: es ist ihm bewußt geworden, daß das große Abenteuer zu nichts weiterem geführt hat als zu seiner reichen schriftstellerischen Tätigkeit, deren Verdienste, wenn es auf den Geist der folgenden drei Jahrhunderte allein angekommen wäre, sich wohl niemand mehr erinnert hätte. Obschon dem zunehmend materialistischer werdenden Zeitgeist die Alchemie nur eine große Enttäuschung und einen absurden Irrtum bedeutete, so ist doch «quaedam substantia in Mercurio quae nunquam moritur» [eine gewisse Substanz im Merkur, die nie stirbt] – ein Faszinosum, das nie gänzlich schwand, auch wenn es sich in das närrische Gewand der Goldmacherei hüllte.

Abb. 236 Die Inhalte des hermetischen Gefäßes. (1676)

6. Die alchemistische Symbolik im religionsgeschichtlichen Rahmen

A. DAS UNBEWUSSTE ALS MUTTERBODEN DER SYMBOLE

Als sich die wirkliche Chemie von der tastenden Experimentiererei und Spekuliererei der königlichen Kunst abgespalten hatte, blieb nur die Symbolik übrig als ein gleichsam wesenloser Dunst, dem jegliche Substanzhaftigkeit abzugehen schien. Trotz alledem verlor sie aber nicht eine gewisse faszinierende Eigenschaft, die immer wieder den einen oder andern in mehr oder minderem Maße beeindruckte. Eine dermaßen reiche Symbolik wie die der Alchemie verdankt ihr Dasein stets einer zureichenden Ursache und niemals einer bloßen Laune oder phantastischer Spiele-

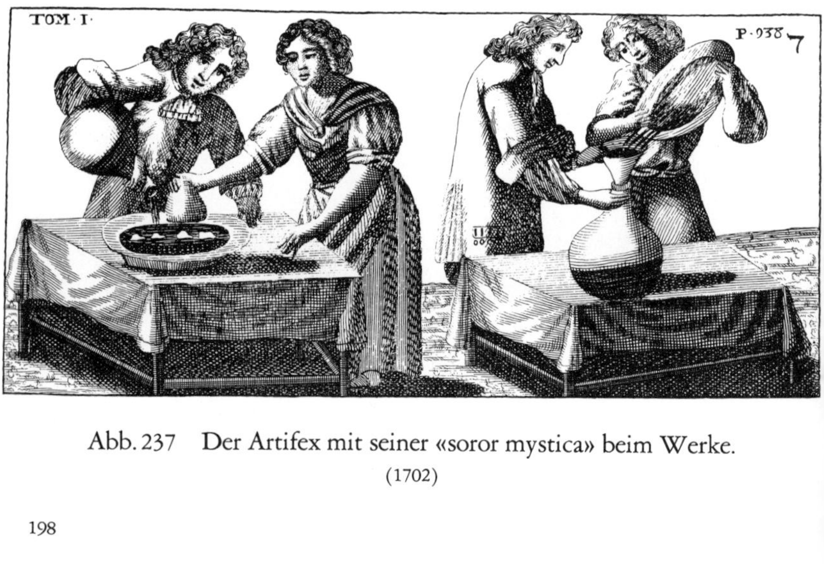

Abb. 237 Der Artifex mit seiner «soror mystica» beim Werke. (1702)

rei. Zum mindesten drückt sich in ihr ein wesentliches Stück Seele aus. Aber diese Seele war unbekannt; denn sie ist, wie sie mit Recht heißt, das Unbewußte. Obschon es keine prima materia, die allem Seienden Wurzel ist, in materialistischem Sinne gibt, so könnte doch nichts Seiendes erkannt werden, wenn es nicht eine erkennende Psyche gäbe. Nur vermöge der psychischen Existenz ist uns «Sein» überhaupt gegeben. Das Bewußtsein erfaßt aber nur einen Teil seines eigenen Wesens, indem es das Produkt eines psychischen Lebens ist, welches, als vorbewußt, das Bewußtwerden erst ermöglicht. Obschon das Bewußtsein immer wieder der Täuschung verfällt, daß es aus sich selber entstehe, weiß die wissenschaftliche Erkenntnis, daß alle Bewußtheit auf unbewußten Vorbedingungen beruht, also auf einer Art von unbekannter «prima materia», von welcher die Alchemisten all das aussagen, was man etwa vom Unbewußten aussagen könnte. So stammt zum Beispiel die «prima materia» aus dem Berg, in dem es keine Unterschiede gibt[1], oder sie ist, wie ABU'L-QASIM sagt, «abgeleitet von einem einzigen und nicht von getrennten Dingen, noch von unterscheidenden oder unterschiedenen Dingen»[2]. Und im «mysterium magnum» des PARACELSUS, welches eben die prima materia ist, ist «keinerlei genus gewesen»[3]. Oder die prima materia wird gefunden im Berg, wo alles verkehrt ist, wie ABU'L-QASIM sagt: «Und die Spitze dieses

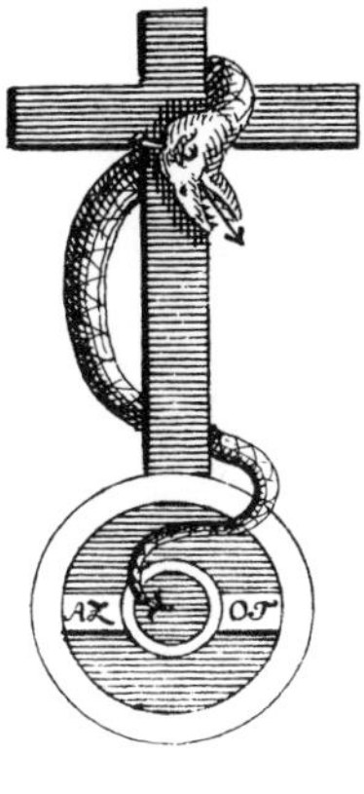

Abb. 238 Die eherne Schlange Mosis am Kreuz: der «serpens mercurialis» (siehe auch Abb. 217).
(1760)

Felsens ist mit seiner Basis verwechselt, und sein nächster Teil reicht bis zu seinem fernsten, und sein Kopf befindet sich an der Stelle seines Rükkens und umgekehrt[4].»

Solche Aussagen sind Ahnungen vom paradoxen Wesen des Unbewußten, die man nirgends anderswo unterzubringen wußte als eben im Unbekannten des Objektes, sei es nun des Stoffes oder des Menschen. Dem Gefühl, daß das Geheimnis entweder in einem seltsamen Lebewesen oder im Gehirn des Menschen zu finden sei, wird in der Literatur mehrfach Ausdruck verliehen[5]. Das wandlungsfähige Wesen der «prima materia» war gedacht entweder als diese selber oder deren Essenz respektive «anima». Diese wurde als Mercurius bezeichnet und darunter ein paradoxes Doppelwesen verstanden, welches man Monstrum, Hermaphroditus oder Rebis nannte (Abb. 125, 199 und andere). Die Christus-Lapis-Parallele setzt die Wandlungssubstanz in Analogie zu Christus (Abb. 192 und andere), im Mittelalter zweifellos unter dem Einfluß des Dogmas der Transsubstantiation; in früherer Zeit aber überwiegt die gnostische Tradition alter heidnischer Vorstellungen. Mercurius wird der ans Kreuz gehängten Schlange (Abb. 238) (*Joh.* 3, 14) verglichen – um nur eine der zahlreichen Parallelen anzuführen.

B. DAS EINHORNMOTIV ALS PARADIGMA

a) Das Motiv des Einhorns in der Alchemie

Wie sich die Mercurius-Symbolik mit der gnostisch-heidnischen und kirchlichen Tradition vermischt, möchte ich am Beispiel des Einhorns darstellen. Das Einhorn ist kein fest umrissener Tatbestand, sondern ein vielfach variiertes Fabelwesen; so gibt es einhörnige Pferde, Esel, Fische, Drachen, Skarabäen usw. Es handelt sich hier deshalb, genauer gesagt, um das Motiv der Einhörnigkeit. In der *«Chymischen Hochzeit»* des ROSENCREUTZ kommt ein schneeweißes Einhorn [Unicorn] vor, das seine Reverenz vor einem Löwen macht. Das Unicorn, wie der Löwe, ist Symbol des Mercurius. Etwas später verwandelt sich das Einhorn in eine

Vom Einhorn.

Einhorn ist das Thier genannt/
Vnsern Landen vnbekandt.
Arlunnus schreibt daß dieses Thier/
Zu den Jungfrauwen hab begier.
In Weibskleider man leget an
Ein Jüngling hübsch/der pflegt denn an
Demselben orth/mit Geruch gehen
Da diß Thier ist/wenns thut verstehen/
Vnd also ein schön Jungfrauw findt
In ihre Schoß/legt es sich gschwindt/
Entschlefft allda/der Jäger gut
Das Horn vom Kopff segen thut.

Von

Von einem andern Einhorn.

Hie aber sichst stehn ein Einhorn/
Gar grimmig in die Erden born.
Schwerlich das Thier zu zähmen ist/
Weils so voller Betrug vnd List.
Erst hast gehört durch groß verlangen/
Von einer Jungfraw wirdts gfangen.
Der gdültig Job auch solches klagt/
Im dreyssigst sibendn Capitel sagt:
Das Einhorn wirst nimmer binden/
Mit Riemen hart / noch vberwinden.
Es wirdt auch nicht ein einig Mann/
Diß Thier der Krippen legen an.

G Vom

Abb. 239 Einhorn. (Das Horn ist das des Narwals.)
(1569)

weiße *Taube*[6], ein anderes Symbol des Mercurius, dessen volatile Form, der «spiritus», eine Parallele des Heiligen Geistes ist. In den LAMBSPRINCKschen Symbolen[7] enthalten mindestens zehn Figuren (von fünfzehn) Darstellungen der Doppelnatur des Mercurius. Figur 3 konfrontiert das Unicorn mit einem Hirsch (Abb. 240). Letzterer ist als «cervus fugitivus» ebenfalls ein Symbol des Mercurius[8]. In einer Serie von sieben Symbolen des Prozesses ist bei MYLIUS[9] das sechste ein unter eienem Baum gelagertes Einhorn als Symbol des die Auferstehung einleitenden «spiritus vitae» (Abb. 188). In der Symboltabelle des PENOTUS[10] ist das Einhorn zusammen mit Löwe, Adler und Drache dem Gold zugeordnet. Das «aurum non vulgi» [nicht vulgäre Gold] ist ein Synonym

Abb. 240 Hirsch und Einhorn, Seele und Geist symbolisierend. (1678)

des Mercurius, ebenso wie Löwe[11], Adler und Drache[12]. In einem Gedicht *«Von der Materi und Prattick des Steins»*[13] heißt es:

> Ich bin das recht Einhorn der Alten /
> Wer mich kan von einander spalten /
> Und wider zusammen Leymbt und ticht,
> Das mein Leichnam nicht mehr auffbricht...

In diesem Zusammenhang muß ich nochmals auf RIPLEY verweisen, wo wir der Stelle begegneten: «Aber in ihrem Schoß lag der grüne Löwe, aus dessen Seite Blut floß.» Dieses Bild deutet einerseits auf die bekannte Vorstellung der Pietà, anderseits aber auf das vom Jäger verwundete Einhorn, das im Schoß der Jungfrau gefangen wird (Abb. 241 und 242): ein in mittelalterlichen Darstellungen häufiges Motiv. Hier hat allerdings der grüne Löwe das Einhorn ersetzt, was dem Alchemisten aber insofern keine Schwierigkeit verursacht, als der Löwe ebenfalls ein Symbol des Mercurius ist. Die Jungfrau stellt dessen weibliche, passive Seite dar, das Einhorn oder der Löwe aber die wilde, ungebändigte, männliche, penetrierende Kraft des «spiritus mercurialis». Da das Symbol des Unicorn als «allegoria Christi» und des Heiligen Geistes dem ganzen Mittelalter bekannt war, so war dieser Zusammenhang auch dem Alchemisten geläu-

Abb. 241 Bändigung des Einhorns durch die Jungfrau.
(1520)

Abb. 242 Erlegung des Einhorns im Schoße der Jungfrau.
Die «Seitenwunde» ist von Bedeutung.

fig, so daß, wenn er sich dieses Symbols bediente, ihm die Verwandtschaft, ja sogar die Identität von Mercurius und Christus ohne Frage vor Augen schwebte.

b) Das Einhorn in der kirchlichen Allegorik

Die kirchliche Sprache entlehnt die Einhornallegorik den Psalmen, wo das Unicorn (in Wirklichkeit der Büffel) in erster Linie die Macht Gottes darstellt, wie *Psalm* 28 [29], 6: «Er macht den Libanon hüpfen wie ein Kälblein und den Sirjon wie einen jungen Büffel[14]»; sodann auch die Lebenskraft des Menschen (Abb. 243 und 244), wie in *Psalm* 91 [92], 11: «Hoch erhebst du mein Horn wie das des Büffels[15].» Auch die Macht des Bösen wird der Kraft des Unicorn verglichen, wie in *Psalm* 21 [22], 22: «Hilf mir aus dem Rachen des Löwen, den Hörnern der Büffel entreiße mich[16].» An diese Metaphern lehnt sich TERTULLIANS Anspielung auf Christus an: «Sein Schmuck ist der des Stieres, sein Horn das des Einhorns[17].» Er spricht hier über den Segen des Moses (5 *Moses* 33, 13 ff.):

> Vom Herrn gesegnet ist sein Land
> Mit dem Köstlichsten vom Himmel droben
> und aus der Flut, die drunten lagert,
> dem Köstlichsten, was die Sonne hervorbringt,
> und dem Köstlichsten, was die Monde erzeugen...
> Sein erstgeborener Stier ist voller Hoheit,
> Und seine Hörner sind die eines Wildochsen;
> Mit ihnen stößt er die Völker nieder...

Abb. 243 Einhornwappen der Herren von Gachnang, Schweiz.
Zürcher Wappenrolle (1340)

Abb. 244 Allegorische Darstellung der Verherrlichung des Ariost.
Die Stirnmähne des Pferdes ist zum Zopf geflochten, was ein Einhorn vortäuscht, wohl nicht ohne Absicht.

(1488–1525?)

Abb. 245 Maria mit dem liebenden Einhorn im «verschlossenen Garten».
Schweizer Bildteppich (1480)

Es ist klar, daß in diesem Zusammenhang das Horn des Rhinozeros das Glück, die Stärke und die Gesundheit des Gesegneten bedeutet. «Damit wurde», so sagt TERTULLIAN, «Christus bezeichnet: als Stier wegen beiderlei Eigenschaften, den einen hart (ferus = wild, ungezähmt) als ein Richter, den andern milde (mansuetus = zahm) als ein Erretter. Seine Hörner sind die Enden des Kreuzes...» In ähnlicher Weise deutet dieselbe Stelle JUSTINUS[18]: «Cornua unicornis cornu eius. Niemand nämlich kann sagen oder beweisen, daß die Hörner des Einhorns in einem andern Gegenstand oder in einer andern Gestalt als in der, welche das Kreuz darstellt, gefunden werden könnten.» Denn in Christus ist die Kraft Gottes erschienen. Dementsprechend wird Gott von PRISCILLIAN «einhörnig» genannt: «Einhörnig ist Gott, ein Felsen ist uns Christus, ein Eckstein Jesus, der Mensch der Menschen ist uns Christus[19].» Wie die Einzigartigkeit des Unigenitus durch das Einhorngleichnis ausgedrückt wird, so benützt Sankt NILUS dieselbe Allegorie, um die furchtlose Selbständigkeit des καλόγηρος, des Mönches, zu kennzeichnen: «Er ist ein Einhorn, ein selbständiges Lebewesen»[20].

BASILIUS versteht unter dem «filius unicornium» Christus. Ein Geheimnis sei die Entstehung des Unicorn, wie die Zeugung Christi, sagt AMBROSIUS. NICOLAUS CAUSSINUS, dem ich diese Notizen entnehme, fügt hinzu, daß der zornige und rachsüchtige Gott im Schoße der Jungfrau, von der Liebe gefangen genommen, sich besänftigt habe[21] (Abb. 245). Diesem kirchlichen Gedankengang geht der alchemistische von der Bändigung des Löwen und Drachen parallel (Abb. 246). Ähnlich verhält es sich mit der Wandlung des alttestamentlichen Gottes in den neutestamentlichen Gott der Liebe. «Gewiß hat Gott», sagt PICINELLUS, «der überaus Schreckliche, nachdem er in den Leib der allerseligsten Jungfrau eingezogen ist, sich der Welt als friedlich und ganz und gar gezähmt dargestellt[22].»

Abb. 246 Mandala mit vier Rankenwerkmedaillons, in denen Hirsch, Löwe, Greif und Einhorn zu sehen sind.

Bodenplatte aus der Backsteinfabrik des Klosters St. Urban (Luzern)

Abb. 247 Jungfrau mit Einhorn.
Chludoff-Psalter (byzantinisch, Ende des 9. Jh.)

In seinem *«Speculum de mysteriis ecclesiae»* sagt HONORIUS VON AUTUN:

«Einhörnig wird das sehr wilde Tier mit nur einem Horn genannt. Um es zu fangen, wird eine Jungfrau aufs Feld gesetzt, zu welcher das Tier dann kommt, und indem es sich in ihren Schoß legt, wird es so gefangen. Durch dieses Tier wird Christus dargestellt und durch dessen Horn seine unüberwindliche Stärke[23]. Der, welcher sich in den Leib der Jungfrau legte, ist von den Jägern gefangen worden; das heißt er wurde in menschlicher Form von denen, die ihn lieben, gefunden[24]» (Abb. 247).

RUPERTUS[25] vergleicht Christus ebenfalls mit dem Rhinozeros, und BRUNO HERBIPOLENSIS[26] nennt ihn einfach Cornu (Horn). CAUSSINUS schreibt, daß ALBERTUS MAGNUS in seinen *«Hypotyposes»* der Jungfrau im Zusammenhang mit dem Monocerus Erwähnung täte. ALBERT war ein Kenner der Alchemie und schöpfte Zitate aus den HERMES-Traktaten. In der *«Tabula smaragdina»* findet sich der «Sohn» von ungeheurer Stärke, der in die Erde hinuntersteigt und alles Feste durchdringt. Die Jungfrau

Abb. 248 Die Erschaffung der Eva als Präfiguration der Heilsgeschichte; daher die Gegenwart des Einhorns. (15. Jh.)

ist nicht nur astrologisch ein Erdzeichen, sondern sie bedeutet auch die Erde (Abb. 248) (bei TERTULLIAN und AUGUSTIN). ISIDOR von SEVILLA hebt die «perforierende» Wirkung des Unicorn hervor[27]. In der *«Tabula»* handelt es sich um einen nur leicht verhüllten Mutter-Sohn-Inzest[28], was dem Alchemisten ALBERT hätte bewußt sein können.

Abb. 249 Wildes Einhorn.
(1595)

Wie schon bemerkt, ist das Unicorn nicht eindeutig. Es kann auch das Böse bedeuten. So sagt der *«Physiologus Graecus»*[29] in betreff des Unicorns, «daß es ein schnell laufendes Tier sei, ein Horn habe und gegen die Menschen Böses sinne» (μνησίκακον δὲ ὑπάρχει ἐν ἀνθρώποις). Der heilige BASILIUS aber sagt: «Siehe nun zu auch du, o Mensch, und nimm

Abb. 250 Wilder Mann, auf dem Einhorn reitend.
Kupferstich (um 1463)

dich in acht vor dem Einhorn, nämlich vor dem Dämon (Abb. 249). Denn er sinnt gegen die Menschen auf Böses (μνησίκακος τοῖς ἀνθρώποις) und er ist klug im Bösestun...» (σοφὸς τοῦ κακοποιῆσαι).

Diese Beispiele mögen genügen, um darzutun, wie eng sich die alchemistische Symbolik an die kirchlichen Metaphern anschließt. Bei den kirchlichen Zitaten ist zu beachten, daß das Einhornsymbol ebenfalls den Aspekt des Bösen enthält (Abb. 250). Als ursprünglich monströses Fabeltier enthält es eine innere Gegensätzlichkeit, eine «coniunctio oppositorum». Dieser Umstand macht es insbesondere geeignet, das «monstrum Hermaphroditum» der Alchemie auszudrücken[30].

c) Das Einhorn im Gnostizismus

Zwischen der kirchlichen Sprache und der gnostisch-heidnischen Symbolik besteht ebenfalls ein Zusammenhang. HIPPOLYTOS, über die Doktrin der Naassener berichtend, sagt, daß die Schlange (naas) in allen Dingen und Wesen wohne. Nach ihr (νάας) würden alle Tempel (νάους) benannt (*Elenchos* V,9,12). Der Schlange sei jedes Heiligtum, jede Einweihung (τελετή) und jedes Mysterium geweiht. Dies erinnert unmittelbar an den Satz der *«Tabula smaragdina»:* «Pater omnis telesmi totius mundi est hic» (Dieser ist der Vater der Vollendung der ganzen Welt). τέλος, τελετή und τελεσμός heißen alle dasselbe: nämlich Vollendung, im alchemistischen Sinne die Vervollkommnung und Reifung der «corpora imperfecta» [unvollkommenen Körper] sowie des Laboranten selber[31].

«Diese (Naassener) sagen, daß die Schlange die feuchte Substanz sei, gerade so wie Thales von Milet auch (sagte) (für diesen war nämlich das Wasser das Urelement), und daß keines der Wesen überhaupt, der Unsterblichen sowohl wie der Sterblichen, der Belebten sowohl wie der Unbelebten, ohne sie Bestand haben könne.»

Diese Definition der Schlange fällt zusammen mit der des alchemistischen Mercurius, welcher ebenfalls ein Wasser, nämlich das «göttliche» (ὕδωρ θεῖων, aqua permanens), das Feuchte, das «humidum radicale» (wurzelhafte Feuchte) und der Lebensgeist (spiritus vitae) ist, der nicht nur allem Lebendigen, sondern auch als Weltseele (anima mundi) allem Seienden innewohnt. – HIPPOLYTOS fährt fort: «Ihr (der Schlange) un-

Abb. 251 Die sieben Stufen des Prozesses, als Einheit dargestellt. (1588)

terstünden alle Dinge, und sie sei gut, und sie habe von allem in sich selber wie im Horn des einhörnigen Stiers (ἐν κέρατι ταύρου μονοκέρωτος). Sie gebe überhaupt die Schönheit und die Reife allen Wesen...»

Die Schlange ist also, wie das Horn des Unicorn, ein Alexipharmakon [Gegengift] und überdies das Prinzip, das alle Dinge zur Reifung und Vollkommenheit bringt. Das Unicorn als Symbol des Mercurius ist uns bereits bekannt. Daneben ist letzterer aber auch die Wandlungssubstanz

Abb. 252 Die Keuschheit.
(16. Jh.)

par excellence, welche ihrerseits wieder Vollendung und Reifung der unvollkommenen oder unreifen Körper bringt. Aus diesem Grunde preist ihn die Alchemie als salvator [Retter, Erlöser] und servator [Erhalter]. Sie (die Schlange) durchdringe alles, sagt HIPPOLYTOS, «indem sie gleichsam aus Edem hervorgehe und sich in vier Anfänge spalte»[32]. Es ist der Grundgedanke der Alchemie, daß alles aus Einem hervorgehe (Abb. 251) – «...sicut omnes res fuerunt ab uno... sic omnes res natae fuerunt ab hac una re», sagt die *«Tabula»* –, daß dieses Eine sich in die vier Elemente spalte (Abb. 252) und aus diesen wieder zur Einheit zusammengesetzt werde. Die «prima materia» heißt unter anderem «Paradieserde», welche Adam bei seiner Vertreibung mitgenommen hätte. Der «Mercurius philosophorum» besteht aus den vier Elementen (Abb. 214). In einem von HIPPOLYTOS zitierten Mysteriengesang wird Osiris als das «himmlische Horn des Mondes (ἐπουράνιον μηνὸς κέρας) und das gleiche Urwesen auch als Sophia und Adam bezeichnet[33]. Diese Analogien sind uns in ihrem alchemistischen Aspekt bereits bekannt. Eine in diesem Zusammenhang erwähnte weitere Analogie ist der «vielgestaltige Attis». Die Wandelbarkeit und Vielgestaltigkeit des Mercurius ist eine Grundvorstellung der Alchemie. Auf die in diesem heidnischen System rezipierten christlichen Vorstellungen brauche ich wohl nicht einzugehen; der Vergleich mit den christlichen Zitaten dürfte genügen.

d) Der einhörnige Skarabäus

Eine wichtige Quelle für die Einhornsymbolik des Mercurius sind des HORAPOLLO *«Hieroglyphica»* (Kapitel X). Dieser Autor sagt, daß das dritte «genus» des Skarabäus einhörnig (μονόκερως) und wegen dieser eigenartigen Gestalt dem Mercurius heilig sei, wie der Ibis. Überdies sei der Skarabäus ein μονογενής (Eingeborener, «unigena»), insofern er αὐτογενὲς ζῷον (ein aus sich entstandenes Lebewesen) sei. Bei PARACELSUS ist die «prima materia» ein «increatum» [Ungeschaffenes], und in der ganzen Alchemie ist sie als Mercurius, respektive als «serpens» [Schlange] oder «draco» [Drache], doppelgeschlechtlich, befruchtet und gebiert sich selbst (Abb. 253). Der «unicus filius» [einzige oder einzigartige Sohn] ist der «filius Philosophorum», eben der Stein. Die Zerstückelung des Drachen, das heißt die «separatio elementorum» [Trennung der Elemente], geschieht in einem Papyrustext auch dem Skarabäus: «Der Sonnenkäfer, der geflügelte, an Himmels Mittagshöhe stehende Herrscher wurde geköpft, zerstückelt[34].» Ich verweise dazu auf die «sechste Gleich-

Abb. 253 Harpokrates, umschlossen von einem Ouroboros.
Gnostische Gemme

nus» des *«Splendor solis»*[35], wo die «separatio» als ein zerstückelter Leichnam dargestellt ist. Dabei steht folgender Text:

«Rosinus[36] spricht / das er welle durch ein Gesicht anzeygen / das er hat gesehen vonn einem Menschen / der was Todt / unnd was doch auffs höchste am Leib gantz weiß / wie ein Saltz / dem waren seine Glider zertheylet / unnd sein Haupt was fein Guldin / aber vom Leib abgescheyden ...[37]»

Der goldene Kopf bezieht sich ursprünglich auf das Haupt des Osiris, welcher in einem griechischen Papyrus als ἀκέφαλος (kopflos) bezeichnet ist[38]. Auch nannten sich die griechischen Alchemisten «Kinder des goldenen Kopfes»[39].

Der Skarabäus wird in der alchemistischen Literatur selten erwähnt. In den alten Texten findet er sich im *«Consilium coniugii»:* «Kein Wasser wird zu ‹quelles› <Elixir>, außer jenem <quelles>, welches aus den Skarabäen unseres Wassers wird»[40]. Die «aqua nostra» ist nichts anderes als die «aqua divina», eben der Mercurius.

e) Das Einhorn in den Veden

Die vorchristlichen Spuren des Einhorns führen nach Osten[41]. So begegnen wir ihm schon in den Hymnen des *«Atharva-Vêda»* (III,7) in einem «Charm against kshetriya, hereditary disease»:

1. Auf dem Kopf der flinken Antilope wächst ein Heilmittel. Er hat die kshetriya (ererbte Krankheit) mit Hilfe des Horns in alle Richtungen vertrieben.
2. Die Antilope ist mit ihren vier Füßen hinter dir hergegangen. O Horn, löse die kshetriya, die in sein Herz hineinverwirkt ist.
3. (Das Horn), das dort drüben erglänzt, wie ein Dach mit vier Flügeln (Seiten), mit diesem treiben wir jegliche kshetriya aus deinen Gliedern fort[42].

Ein Einhorn, obschon er nie so genannt wird, scheint auch der Fisch des Manu zu sein (Abb. 254). Es wird stets von dessen Horn gesprochen, und nicht von Hörnern. Nach der im *«Shatapatha-Brâhmana»*[43] berichteten Legende zog Manu einen Fisch auf, der, immer größer werdend, ihn

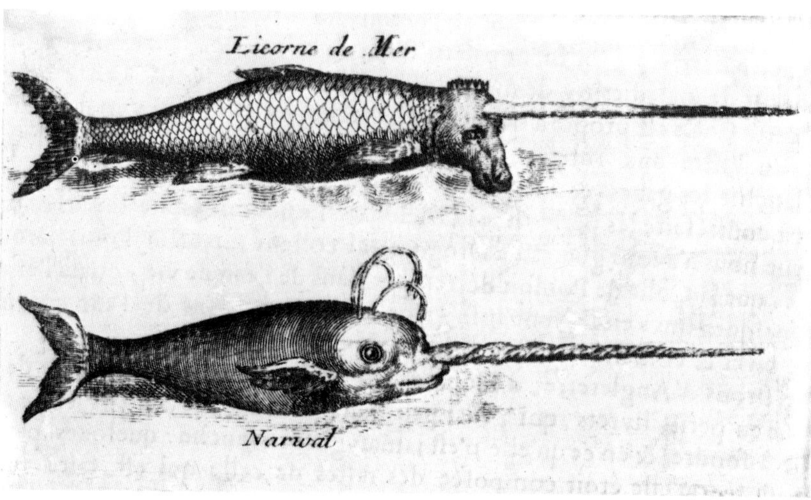

Abb. 254 Das «See-Einhorn» (Monodon, Monokeros), dessen Stoßzahn die Vorlage zu den alten Einhorndarstellungen ist.
(1694)

schließlich über die Sintflut zog zu sicherem Gestade. Manu band sein Schiff an dessen Horn[44]. Der Fisch ist eine Inkarnation Vishnus (Abb. 255). Manu bedeutet Mensch[45]. Seine Gestalt entspricht in vielen Hinsichten dem hellenistischen Ἄνθρωπος. Er ist der Vater der Menschheit. Er stammt direkt von der Gottheit (von Svayambhū, dem «Selbstseienden», das heißt von Brahman). Er ist Gottmensch, identifiziert mit Prajapati, dem Herrn aller geschaffenen Wesen, und sogar mit Brahman selber, der höchsten Seele. Im *«Rigveda»* wird er «Vater Manu» genannt, und es heißt, daß er mit seiner Tochter die Menschen erzeugt habe. Er ist der Begründer der sozialen und moralischen Ordnung[46]. Er ist der erste Opferer und Priester[47]. Er übermittelte die Doktrin der Upanishaden an die Menschen[48]. Von besonderem Interesse ist, daß er auch von dem androgynen Viraj hergeleitet wird. Das *«Shatapatha-Brâhmana»* verbindet ihn mit einem Stier, dem die Aufgabe zufällt, die Asuras und Rakshas (götterfeindliche Dämonen) zu zerschmettern[49]. Schließlich ist er auch ein Vater der Arzneikunde[50]. Manu ist nach buddhistischer Tradition der Herr des goldenen Zeitalters[51]. Das Horn findet sich hier also im Zusammenhang mit einer Gestalt, welche durch Name und Art die nächste Beziehung zum Anthropos hat.

Das Jungfraumotiv in Verbindung mit dem Einhorn findet sich im *«Rāmājana»* und im *«Mahābhārata»* (III, 110–113). Ein Eremit, genannt Rischjasringa (Gazellenhorn), Sohn des Wibhāndaka, oder Ekasringa (Einhorn), wird von der Königstochter Sānta aus der Einsamkeit geholt und geheiratet oder von einer Hetäre verführt, weil einzig auf diese Weise eine furchtbare Trockenheit, welche das Land heimsuchte, gebrochen werden kann[52].

f) Das Einhorn in Persien

Eine bedeutsame Beschreibung des Unicorn findet sich im *«Bundahis»*:

«Was den dreibeinigen Esel betrifft, so sagt man, daß er inmitten des weiträumigen Ozeans steht; er hat drei Füße, sechs Augen, neun Mäuler, zwei Ohren, ein Horn, einen weißen Körper; seine Nahrung ist geistig, und er ist rechtschaffen. Und zwei seiner sechs Augen befinden sich an der Stelle der Augen, zwei zuoberst auf dem Kopf und zwei auf dem Buckel. Mit der Schärfe dieser sechs Augen bezwingt er und richtet zugrunde. Von den neun Mäulern sind drei am Kopf, drei am Buckel und drei an der Innenseite der Flanken; und jedes Maul ist etwa

Abb. 255 Vishnu in seiner Fischinkarnation.
Indische Miniatur (18. Jh.)

so groß wie eine Hütte, und er selbst ist so groß wie der Berg Alwand. Jeder der drei Füße ist, wenn er auf dem Boden steht, so groß wie eine Herde von tausend Schafen, die darunter lagern könnte. Und jede Fußfessel hat einen solchen Umfang, daß tausend Männer mit tausend Pferden darin Platz fänden. Was die zwei Ohren anbelangt, ist es Mâzendarân, den sie umfassen werden. Das eine Horn ist wie aus Gold und hohl, und tausend Verzweigungen sind daran gewachsen, von denen einige zu einem Kamel passen würden, andere zu einem Pferd, wieder andere zu einem Ochsen, einige würden zu einem Esel passen, groß und klein zugleich. Mit diesem Horn wird er all die gemeine Verderbnis, die den Bemühungen schädlicher Kreaturen zuzuschreiben ist, besiegen und zerstreuen.

Wenn dieser Esel seinen Hals in den Ozean steckt, werden seine Ohren Schrecken bringen, und alle Wasser der weiträumigen See werden vor Erregung erbeben, und die Seite von Ganavâd wird erzittern. Wenn er einen Schrei ausstößt, werden alle weiblichen Geschöpfe des Wassers unter den Geschöpfen des Aûharmazd trächtig werden; und alle trächtigen schädlichen Wasserkreaturen werden, wenn sie diesen Schrei hören, ihre Jungen vorzeitig werfen. Wenn er in den Ozean harnt, wird alles Meerwasser gereinigt werden, das in den sieben Gegenden der Erde vorhanden ist – aus diesem Grunde harnen übrigens alle Esel ins Wasser, wenn sie in das Wasser kommen –, wobei er spricht: ‹Wenn du, o dreibeiniger Esel, nicht für das Wasser geschaffen wärest, würde das gesamte Meerwasser durch die Verunreinigung verdorben, welches das Gift des bösen Geistes in sein Wasser gebracht hat, durch den Tod der Geschöpfe des Aûharmazd.›

Tîstar ergreift das Wasser vollständiger aus dem Meer mit Hilfe des dreibeinigen Esels. Von der grauen Ambra sagt man, daß sie der Dung des dreibeinigen Esels ist; denn wenn er viel geistige Nahrung hat, geht auch die Feuchtigkeit der flüssigen Nahrung durch die Adern, die zum Körper gehören, in den Harn, und der Dung wird weggeworfen[53].»

Das Monstrum ist offenbar auf der Dreizahl basiert. Als Esel weist es hin auf den indischen Wildesel bei KTESIAS, als kosmologisches Wesen aber auf die monströsen Personifikationen der «prima materia» (Abb. 256) bei den arabischen Alchemisten. Im Buche des OSTANES zum Beispiel findet sich ein solches Monstrum mit Geierflügeln, Elefantenkopf und Drachenschwanz, das den Adepten die Schlüssel zum Schatzhaus gibt[54]. Der Esel steht im Ozean, wie der Baum Gôkard, der aus dem tiefen Schlamm im Ozean wächst[55]. Der *«Bundahis»* sagt vom Baum:

«Es ist nötig als Hervorbringer der Erneuerung des Weltalls, denn seine Unsterblichkeit wird daraus bereitet.» «Einige sagen, es sei das Wahre-Heilende, andere das Kraftvoll-Heilende, wieder andere das All-Heilende[56].»

Abb. 256 Monströses Fabeltier, enthaltend die «massa confusa», aus der der Pelikan (Symbol für Christus und den Lapis) entsteht.
(1752)

Der Esel und der Baum[57] sind offenbar verwandt, und zwar vermöge des Umstandes, daß beide Lebens-, Zeugungs- und Heilungskraft bedeuten. Es ist eine echt primitive Gleichung: beide sind oder haben *mana*. So beziehen die arabischen Alchemisten auch ihre «prima materia» vom Baum im Westland. Es heißt im Buche des *Abu'l-Qasim*[58]:

«Dieser Grundstoff, der geeignet ist für die Art des Elixiers, wird von einem einzigen Baume genommen, der im Westen wächst... Und dieser Baum wächst auf dem Ozean, wie Pflanzen auf der Erde wachsen. Wer immer von diesem Baume ißt, dem müssen Menschen und Geister gehorchen; es ist derselbe Baum, von dem zu essen Adam (Friede sei mit ihm!) zu essen untersagt war, und als er davon aß, wurde er von seiner engelgleichen in menschliche Gestalt verwandelt. Und *dieser Baum kann in jegliche tierische Gestalt umgeformt werden.*»

Das Monstrum und der Baum bedeuten beide das φάρμακον ἀθανασίας, das Elixier, das Alexipharmakon und die Panazee. Die Eigenschaft des Baumes, daß er sich in alle Lebewesen verwandeln kann, ist auch dem Mercurius, der alle Gestalten annehmen kann, zugeschrieben (Abb. 257).

Der Esel ist ein «daemon triunus» [dreieiniger Dämon], eine chthonische Trinität, welche die lateinische Alchemie als dreiköpfiges Ungeheuer darstellt, und mit Mercurius, sal [Salz] und sulphur [Schwefel] identifiziert[59]. Das antike Gerücht über die Eselsverehrung im Tempel von Jerusalem und den Spottkruzifixus[60] vom Palatin will ich nur beiläufig erwähnen; ebenso die saturnische Bedeutung von Jahwe und Jaldabaoth als Demiurgen, wodurch diese Gestalten der ebenfalls saturnischen «prima materia» angenähert werden.

g) Das Einhorn in der jüdischen Tradition

Im *«Talmud»*[61] wird erzählt, daß das Einhorn der Sintflut entkam, und zwar außen an der Arche befestigt, weil es wegen seiner riesenhaften Körpergröße nicht in die Arche aufgenommen werden konnte. Auf gleiche Weise überlebt Og, der König von Basan, die Sintflut. Die Stelle lautet:

«Erklärlich ist es nach demjenigen, welcher sagt, die Sintflut sei über das Israelland nicht niedergegangen, daß das Einhorn erhalten blieb – wieso aber blieb es erhalten nach demjenigen, welcher sagt, sie sei niedergegangen? R. Jannai erwiderte: ‹Man nahm Junge in die Arche auf.› – Rabba b. Bar Hana erzählte ja aber, er habe ein junges Einhorn gesehen, das so groß war wie der Berg Tabor; der Berg Tabor mißt vierzig Parasangen, dessen Halsumfang drei Parasangen und dessen Kopf anderthalb Parasangen einnahm, das, als es Kot auswarf, den Jarden verstopfte[62]? R. Joḥanan erwiderte: ‹Man nahm seinen Kopf in die Arche auf.› – ‹Der Meister sagte ja aber, daß sein Kopf anderthalb Parasangen einnahm?› – ‹Vielmehr man nahm seine Nasenspitze in die Arche auf.› – ‹... Die Arche stieg ja in die Höhe?› – Res Laqis erwiderte: ‹Man band seine Hörner an die Arche.› – ‹R. Hisda sagte ja aber, daß sie mit Heißem gesündigt und Heißem bestraft wor-

Abb. 257 Die Wandlungen des Mercurius im Prozeß.
Die Melusine (Lilith) als Sapientia am Baume.
(1588)

den sind[63]?› – ‹Wie blieb auch nach deiner Auffassung die Arche[64] erhalten? Und wo hielt sich ferner Og, der König von Basan[65], auf? Vielmehr geschah ihnen ein Wunder, und (das Wasser) blieb an den Seiten der Arche kalt.›»

Eine entsprechende Version dieser Erzählung ist in der Midraschsammlung *«Pirke R. Eliezer»*[66] enthalten, wonach Og außerhalb der Arche auf einer Leitersprosse mitfuhr (Kp. 23).

Nach Targum Pseudo-Jonathan zu *Gen* 14,13 hielt sich Og auf dem Dach der Arche auf[67].

Og ist nach einer talmudischen Legende[68] ein Abkömmling einer der in *Gen* 6 erwähnten gefallenen Engel, die sich mit Menschentöchtern verbanden:

«Merke, Siḥon und Og waren ja Brüder; denn der Meister sagte: ‹Siḥon und Og waren Söhne Aḥijas, des Sohnes Samḥazajs[69].›» Der Raschi-Kommentar sagt hierzu, Siḥon und Og seien die Söhne von Achija gewesen, «der abstammte von Schemhazai und Azael, den beiden Engeln, die zur Zeit Enosch herabkamen».

Die Riesenhaftigkeit Ogs wird im *«Talmud»* an mehreren Stellen geschildert, am «riesenhaftesten» wohl in Traktat Nidda[70]:

«Abba Saúl, nach andern R. Joḥanan, sagte: ‹Ich war Totengräber. Einst lief ich hinter einem Reh her und geriet in den Keulenknochen eines Toten; drei Parasangen lief ich hinter ihm her, doch erreichte ich das Reh nicht, und der Keulenknochen war nicht zu Ende. Als ich umgekehrt war, sagte man mir: Er war von Og, dem König von Basan.›»

Es ist nicht unmöglich, daß zwischen Og und dem Einhorn ein innerer Zusammenhang besteht: Beide entkommen der Flut, indem sie irgendwie außen an der Arche festgehalten sind. Beide sind riesenhaft. Ferner wird, wie wir sahen, das Einhorn mit dem *Berg* Tabor verglichen, und auch Og steht mit einem Berg im Zusammenhang: Er riß einen Berg aus, um ihn auf das Lager der Israeliten zu werfen[71]. In einem Midrasch[72] geht die Parallele aber noch weiter: Das Einhorn ist ein Berg und wird von einem Löwen bedroht, und in der obigen Geschichte wird Og von Mose getötet, dem «Knecht Jahwes», der im Alten Testament so oft mit dem Löwen verglichen wird. Der Midrasch lautet:

«Es sprach R. Huna bar Idi: Zu der Zeit, da David noch die Herde hütete, da ging er und fand das Einhorn (Re'em) schlafend in der Wüste, und er dachte, es sei ein Berg und stieg auf es herauf und weidete (die Herde). Da schüttelte sich das Einhorn und stand auf. Da ritt David auf ihm und reichte bis zum Himmel. In dieser Stunde sprach David (zu Gott): ‹Wenn du mich von diesem Einhorn herunterbringst, dann baue ich dir einen Tempel von 100 Ellen, wie das Horn dieses Einhorns.› ... Was tat ihm der Heilige, gelobt sei er? Er fügte es, daß ein Löwe kam, und als das Einhorn den Löwen sah, fürchtete es sich vor ihm, kauerte sich nieder vor dem Löwen, weil er König über ihm ist, und David stieg zur Erde hinab. Aber als David den Löwen sah, fürchtete er sich vor ihm. Darum heißt es: ‹Befreie mich vom Rachen des Löwen, so wie du mich erhörst (befreist) von den Hörnern der Büffel.›»

Ein anderer Midrasch[73] zeigt das Einhorn – hier nicht «Re'em», sondern ausdrücklich «das Einhorn» (ha-unicorius) genannt – im Kampf mit dem Löwen. Die Stelle lautet:

«Und es gibt in unserem Land auch das Einhorn (ha-unicorius), das ein großes Horn auf seiner Stirne hat. Und es gibt auch viele Löwen. Und wenn ein Einhorn einen Löwen sieht, da treibt es den Löwen in die Nähe eines Baumes, und das Einhorn will den Löwen schlagen. Und der Löwe bewegt sich von seinem Ort, und das Einhorn stößt mit seinem Horn gegen den Baum, und sein Horn dringt so sehr in den Baum ein, daß es dasselbe nicht mehr herausziehen kann, und dann kommt der Löwe und tötet es, und manchmal ist es umgekehrt.»

In der *«Chymischen Hochzeit»*, wie im Wappen Englands, sind Löwe und Einhorn zusammengestellt (Abb. 258): Alchemistisch sind beide Symbole des Mercurius, wie sie kirchlich allegoriae Christi sind. Löwe und Einhorn deuten auf die innere Gegensatzspannung des Mercurius hin. Der Löwe steht dem Drachen nahe als gefährliches Tier. Der Drache muß getötet werden; dem Löwen werden wenigstens die Pfoten abgehauen. Auch das Unicorn muß gezähmt werden; als Monstrum hat es aber schon höhere symbolische Bedeutung und ist geistigerer Art als der Löwe. Wie RIPLEY zeigt, kann dieser aber auch die Stelle des Einhorns einnehmen. Die beiden riesenhaften Wesen Og und das Einhorn erinnern etwas an Behemoth und Leviathan, die zwei Erscheinungsweisen des Jahwe. Wie diese, so sind auch Og und das Einhorn Personifikationen von dämonischen Naturmächten, wie der einhörnige Esel des *«Bundahis»*. Die Macht der Gottheit offenbart sich nicht nur im Geist, sondern auch in der wilden Tierhaftigkeit der Natur innerhalb und außerhalb des Menschen. Die Gottheit ist ambivalent, solange der Mensch im Naturzusammenhang steht. Die Eindeutigkeit Gottes als «summum bo-

Abb. 258 Einhorn und Löwe.
(15. Jh.)

num» [im Sinne von: nur Gutes] ist deutlich contra naturam. Deshalb offenbart der ambivalente Mercurius den geheimen Paganismus der Alchemie. Im Gegensatz dazu ist die Androgynie Christi ausschließlich als geistig und symbolisch gedacht, also außerhalb des Naturzusammenhan-

Abb. 259 Der K'i-lin verkündet die Geburt des Konfuzius. *Ein K'i-lin speit eine Jade-Urkunde aus.* Als K'ung-tse noch nicht geboren war, kam ein K'i-lin in das Haus des Statthalters von Tsou und spie eine Jade-Urkunde aus. Ihre Inschrift lautete: «Der Sohn des Bergkristalls 〈wörtlich: der Wasser-Essenz〉 wird das zerfallene Reich der Chou fortsetzen und König ohne Königsabzeichen sein.» Die Mutter Yen wunderte sich darüber und band eine gestickte Schleife ans Horn des K'i-lin. Es verbrachte zwei Nächte, und dann ging es weg.

(ca. 18. Jh.)

ges. Dagegen verrät die Existenz des Widerparts, des «Herrn dieser Welt», die durch die Androgynie angedeutete Gegensätzlichkeit der im Sohn offenbar gewordenen Gottheit.

h) Das Einhorn in China

Auch in China kommt das Einhorn vor. Nach dem *«Li-Ki»* gibt es vier wohlwollende oder geistige Tiere: nämlich das Einhorn (K'i-lin)[74], den

Abb. 260 Der K'i-lin zeigt den Tod des Konfuzius an. *Der Fang eines K'i-lin auf einer Winterjagd im Westen.* Im 14. Jahre (der Regierung) des Herzogs Ai (von Lu, –481) wurde auf einer Winterjagd im Westen ein K'i-lin gefangen. K'ung-tse wurde davon erschüttert und hörte auf, am Ch'un-ts'iu zu schreiben. Das K'ung-ts'ung-tse (Sammlung von Erzählungen über Konfuzius) sagt: Die Sippe der Shu-sun (Adelsfamilie in Lu) brannte Buschwerk ab und fing dabei ein K'i-lin. Niemand erkannte es. Sie warfen es an der Kreuzstraße von Wu-fu weg. (Der Jünger) Jan-yu berichtete es und sagte: «Ein Hirschleib mit einem Fleischhorn, ist das nicht ein unglückverheißendes Ungetüm des Himmels?» K'ung-tse ging hin und schaute es an. Er weinte und sprach: «Es ist ein K'i-lin! Das K'i-lin, das gütige Tier, erscheint und stirbt. Mein Tao ist erschöpft!»

(ca. 18. Jh.)

Phönix, die Schildkröte und den Drachen. Das Einhorn ist das höchste der vierfüßigen Tiere. Es hat den Körper eines Rehs, einen Ochsenschwanz und Pferdehufe. Auf dem Rücken trägt es fünf verschiedene Farben, und am Bauch ist es gelb. Mit anderen Tieren ist es gutmütig. Es heißt, daß es bei der Geburt von guten Kaisern oder großen Weisen erscheine. Wird es verwundet, so hat dies unheilverkündende Bedeutung. Zuerst ist es im Garten des Gelben Kaisers erschienen. Später lebten zwei Einhörner in P'ing-yang, der Hauptstadt des Kaisers Yao. Ein Einhorn erschien der Mutter des Konfuzius, als sie mit diesem schwanger war (Abb. 259). Vor dem Tode des Konfuzius geschah es als Omen, daß ein Fuhrmann ein Einhorn verwundete (Abb. 260). Es ist bemerkenswert, daß das männliche Einhorn K'i heißt, das weibliche dagegen Lin; durch die Verbindung beider Charaktere (K'i-lin) wird das Genus als solches bezeichnet[75]. Damit haftet dem Einhorn etwas Androgynes an. Die Beziehung zum Phönix und zum Drachen hat es auch in der Alchemie, wo der Drache die niederste Form des Mercurius, der Phönix dagegen die höchste Form desselben darstellt.

Wie schon mehrfach angeführt, ist das Horn des Rhinozeros ein Alexipharmakon (Gegengift), weshalb es auch heute noch an der Ostküste von Afrika einen beliebten Artikel im Handel mit China bildet, wo es zu giftfesten Trinkbechern verarbeitet wird. Der *«Physiologus Graecus»*

Abb. 261 Papst mit Einhorn als Symbol des Heiligen Geistes.
(1570)

erzählt, wenn eine Schlange das Wasser der Tränke vergiftet habe, dann warteten die Tiere, das Gift bemerkend, bis das Einhorn ins Wasser gegangen sei, «indem es mit seinem Horn das Kreuz symbolisiert» (σταυρὸν ἐκτυπώσας τῷ κέρατι αὐτοῦ) und getrunken habe, weil dadurch die Kraft des Giftes verschwinde[76].

i) Der Einhornbecher

Der heilende Becher ist noch ohne Beziehung zum «Becher des Heils», nämlich dem Kommunionskelch, und zum Orakelbecher. MIGNE erwähnt von Kardinal TORQUEMADA, er habe immer einen Einhornbecher auf dem Tisch gehabt: «Das Horn des Einhorns schützt vor Zauber»[77] (Abb. 261 und 262). «Himmlisches Horn des Mondes» nannten die Griechen «Geryon, den Dreileibigen». Dieser sei aber der «Jordan»[78], «der hermaphroditische Mensch in allen Wesen», der «alle Dinge gemacht habe», resümiert HIPPOLYTOS die naassenische Lehre. Und in diesem Zusammenhang erwähnt er den Becher des Joseph und des Anakreon:

«Aber die Stelle ‹Nichts war ohne ihn gemacht›[79] bezieht sich auf die Formwelt, weil diese geschaffen wurde ohne seine Beihilfe durch das dritte und vierte (nämlich der Quaternität). Denn dieses ist... der Becher, aus welchem der König, während er aus ihm trinkt, seine Orakel zieht[80].» Ebenso hätten die Griechen auf dieses Geheimnis angespielt mit den anakreontischen Versen:

> Der Becher sagt mir,
> Von wo ich werden muß
> Sprechend mit sprachlosem Schweigen.

Er allein genügte, um von den Menschen erkannt zu werden, (nämlich) der Becher Anakreons, der sprachlos spricht unsägliches Geheimnis. Denn sprachlos ist, sagen sie, Anakreons Becher; doch spricht er zu ihm, sagt Anakreon, mit sprachloser Stimme, woher er werden müsse, das heißt geistig und nicht fleischlich, wenn er hören wird das in der Stille verborgene Geheimnis. Und das ist das Wasser an jenen schönen Hochzeitsfesten, welches Jesus, indem er es wandelte, zu Wein machte. Dieses ist, sagen sie, der große und wahrhafte Anfang der Zeichen, den Jesus in Kana in Galilaea machte, und so offenbarte er das Königreich der Himmel. Dieser (Anfang) ist das Königreich der Himmel, welches inwendig in uns liegt als ein Schatz, als ein Sauerteig verborgen in drei Maß Mehl[81].»

Abb. 262 Das lunare Einhorn.
Kehrseite einer Medaille von ANTONIO PISANO (1499)

Wie wir bereits vernahmen, steht das «Horn des Mondes» in nächstem Zusammenhang mit dem Einhorn. Hier bedeutet es, neben dem Γηρυόνης τρισώματος[82] (dem dreileibigen Geryon) und dem Jordan, den hermaphroditischen Menschen, der mit dem Johanneischen Logos [Christus] identisch ist. Das «dritte und vierte» sind Wasser und Erde. Diese beiden Elemente formen nach alchemistischer Ansicht die untere Welthälfte in ihrer Retorte, und HIPPOLYTOS vergleicht sie einem Becher (κόνδυ). Dies ist der Orakelbecher des Joseph und des Anakreon. In die Elemente übersetzt, bedeutet das Wasser den Inhalt, die Erde aber das Enthaltende, nämlich den Becher selber. Der Inhalt ist das von Jesus in Wein gewandelte Wasser, welches auch durch den Jordan repräsentiert ist. Letzterer bedeutet den Logos, womit die Analogie mit dem Kommunionskelch evident ist. Sein Inhalt ist leben- und heilspendend, wie der Kelch im 4. Buch *Esra* 14,39 f.:

Abb. 263 The Campion Pendant (Vorderansicht), aus dem Horn eines Narwals in emailliertes Gold gefaßt.

Auf der Rückseite ist ersichtlich, daß Teile des Horns für Heilzwecke abgeschabt wurden (16. Jh.)

«Da that ich den Mund auf, und sieh, ein voller Kelch ward mir gereicht; der war gefüllt wie von Wasser, dessen Farbe aber dem Feuer gleich war. Den nahm ich und trank; und als ich getrunken,

entströmte meinem Herzen Einsicht,
meine Brust schwoll von Weisheit,
meine Seele bewahrte die Erinnerung[83].»

Das Geheimnis des Bechers ist auch das des Hornes, und dieses wiederum ist die Essenz des Stärke, Gesundheit und Leben bedeutenden Einhorns (Abb. 263). Die gleichen Eigenschaften messen bekanntlich die Alchemisten ihrem Steine zu, welchen sie als «carbunculus» beschreiben[84]. Dieser Stein findet sich nach der Sage unter dem Horn des Unicorn, wie Wolfram von Eschenbach mitteilt:

Abb. 264 Einhorn in Mandala mit Lebensbaum.
Die «Einhornjagd» aus dem Schloß Verteuil (Ende 15. Jh.)

ein tier heizt monîcirus:
daz erkénnt der megede rein' sô grôz
daz es slaéfet ûf der megede schôz,
wir gewúnnen's tieres herzen
über des küneges smerzen.
wir nâmen den karfunkelstein
ûf des selben tieres hirnbein,
der da wéhset under sîme horne[85].

Das Horn als Zeichen der Macht und Stärke[86] hat männlichen Charakter. Zugleich aber ist es auch ein Becher, der als ein Enthaltendes weibliche Bedeutung hat. Es handelt sich also um ein «vereinigendes Symbol»[87], welches der Bipolarität des Archetypus Ausdruck gibt (Abb. 264).

Die Zusammenstellung der Einhornsymbolik will nichts mehr bedeuten als einen beispielsweisen Ausschnitt aus jenen aufs innigste verwobenen und verworrenen Zusammenhängen zwischen heidnischer Naturphilosophie, Gnostizismus, Alchemie und der kirchlichen Tradition, die dann ihrerseits wieder die Anschauungswelt der mittelalterlichen Alchemie aufs tiefste beeinflußt hat. Ich hoffe, daß dieses Beispiel es meinem Leser deutlich macht, bis zu welchem Grade die Alchemie eine religiösphilosophische oder «mystische» Bewegung war. Sie erreichte wohl ihren Gipfel in der Gestaltung von GOETHES religiöser Weltanschauung, wie sie uns im *«Faust»* erscheint.

Abb. 265 Das Einhorn mit seinem Spiegelbild, die Devise «De moy je m'épouvante» darstellend. (1702)

Abb. 266 Doppelköpfiger Adler mit Papst- und Kaiserkrone als Symbol des Reiches beider Welten. Der Adler ist von Augen bedeckt (Erleuchtung!).

(15. Jh.)

Epilog

Abb. 267 Die «materia prima» als Drache wird vom «Heiligen Geist», d. h. von der «avis Hermetis», befruchtet.
(1652)

Es ist nie ganz klargeworden, was die alten Philosophen mit dem Lapis meinten. Diese Frage kann erst dann befriedigend beantwortet werden, wenn wir wissen, welchen Inhalt ihres Unbewußten sie damit projiziert haben. Ein solches Rätsel kann nur von der Psychologie des Unbewußten gelöst werden. Aus dieser wissen wir, daß ein Inhalt, solange er in der Projektion verharrt, unzugänglich ist, weshalb auch die Bemühungen der Autoren um das Geheimnis uns sehr wenig Tatsächliches davon verraten haben. Um so größer aber ist die Ausbeute hinsichtlich des symbolischen Materials, welches eine nahe Beziehung zum *Individuationsprozeß* hat.

Man muß sich bei der Beschäftigung mit der Alchemie stets davon Rechenschaft ablegen, daß diese Philosophie im Mittelalter eine bedeutende Rolle spielte und eine umfangreiche Literatur entwickelte, die einen weitreichenden Einfluß auf das zeitgenössische Geistesleben hatte. Wieweit der Anspruch der Alchemie selber in dieser Richtung ging, zeigt wohl am besten die Lapis-Christus-Parallele. Dieser Umstand möge erklären – oder entschuldigen –, daß meine zusammenfassenden Ausführungen auch noch Gebiete berühren, welche mit Alchemie scheinbar nichts mehr zu tun haben. Wenn man sich auf die Psychologie des alchemistischen Denkens überhaupt einläßt, so kommen Zusammenhänge in Betracht, welche vom historischen Stoff, rein äußerlich betrachtet, fernab zu liegen scheinen. Wenn wir aber diese Erscheinung von innen, das heißt vom seelischen Standpunkt aus, zu verstehen suchen, so gehen wir von einer Zentralstelle aus, wo äußerlich fernste Dinge in nächster Nachbarschaft zusammenlaufen. Wir begegnen dort jener menschlichen Seele, die, unähnlich dem Bewußtsein, sich auch in vielen Jahrhunderten kaum merklich ändert und wo eine zweitausend Jahre alte Wahrheit noch die Wahrheit von heute, das heißt noch lebendig und wirksam ist. Dort auch finden wir jene seelischen Grundtatsachen, welche für Jahrtausende dieselben bleiben und auch noch in Jahrtausenden dieselben sein werden. Neuzeit und Gegenwart erscheinen, von dort gesehen, als Episoden eines in grauer Vorzeit begonnenen Dramas, das sich durch alle Jahrhunderte in eine ferne Zukunft erstreckt. Dieses Drama ist eine «aurora consurgens»: die *Bewußtwerdung der Menschheit.*

Der alchemistische Prozeß der klassischen Zeit (von der Antike bis etwa zur Mitte des 17. Jahrhunderts) war eine an sich chemische Untersuchung, in welche sich auf dem Wege der Projektion unbewußtes psychisches Material mischte. Die psychologische Bedingung des Werkes wird daher in den Texten vielfach betont. Die in Betracht kommenden Inhalte sind solche, welche sich zur Projektion in den unbekannten chemischen Stoff eignen. Wegen der unpersönlichen, rein dinglichen Natur des Stoffes finden Projektionen von unpersönlichen, kollektiven Archetypen statt. In Parallele mit dem kollektiven Geistesleben jener Jahrhunderte ist es hauptsächlich das Bild des in der Dunkelheit der Welt gefangenen Geistes, das heißt die Unerlöstheit eines als peinlich empfundenen Zustandes relativer Unbewußtheit, welche im Spiegel des Stoffes erkannt und deshalb auch am Stoff behandelt wird. Da der psychologische Zustand eines unbewußten Inhaltes eine *potentielle* Wirklichkeit ist (welche durch das Gegensatzpaar Sein-Nichtsein charakterisiert erscheint), so spielt die Vereinigung der Gegensätze im alchemischen Prozeß eine ausschlaggebende Rolle. Dem Resultat kommt daher die Bedeutung eines *vereinigenden Symbols* zu. Ein solches hat in der Regel *numinosen Charakter*[1]. Aus dieser Tatsache geht sozusagen mit Notwendigkeit die Projektion des Erlöserbildes, das heißt die Lapis-Christus-Parallele, hervor und ebenso der Parallelismus des erlösenden «opus» oder «officium divinum» mit dem «magisterium», allerdings mit dem prinzipiellen Unterschied, daß das christliche «opus» ein «operari» des Erlösungsbedürftigen zu Ehren des erlösenden Gottes, das alchemische «opus» aber die Bemühung des erlösenden Menschen um die im Stoff schlafende und der Erlösung harrende göttliche Welt-Seele ist. Der Christ verdient sich ex opere operato [kraft des (von Christus) gewirkten Werkes] die Gnadenfrüchte; der Alchemist hingegen erschafft sich ex opere operantis [kraft des Werkmeisters eigenem Werk] (im wörtlichen Sinne) ein «Heilmittel des Lebens», welches ihm entweder als Ersatz für die Gnadenmittel der Kirche oder als Ergänzung und Parallele des göttlichen und im Menschen fortgesetzten Erlösungswerkes erscheint. In der kirchlichen Formel des «opus operatum» und «opus operantis» begegnen sich die beiden, in ihren letzten Konsequenzen unversöhnlich gegensätzlichen Standpunkte. Im Grunde handelt es sich um das Gegensatzpaar Kollektivität und Individuum oder Gesellschaft und Persönlichkeit. Diese Problematik ist insofern modern, als es der Verstärkung des kollektiven Lebens und der unerhörten Massenzusammenhäufung unserer Zeit bedurfte, um den einzelnen seiner Erstickung im Gefüge organisierter Massen bewußtzumachen. Der Kollektivismus der mittelalterlichen Kirche hat selten oder nie jenen Druckgrad erreicht, welcher das Verhältnis des einzelnen zur Gesellschaft zu einem allgemeinen Problem erhoben hätte. Deshalb verharrte auch die Fragestellung auf dem Niveau der Projektion, und es blieb unserer Zeit vorbehalten, sie einer wenigstens keimhaften Bewußtheit unter der Maske eines neurotischen Individualismus anzunähern.

Vor dieser neuesten Veränderung aber erreichte die Alchemie noch eine letzte Höhe und damit den historischen Wendepunkt in GOETHES *«Faust»*, der von Anfang bis Ende mit alchemistischen Gedankengängen durchtränkt ist. Was im *«Faust»* geschieht, drückt sich wohl am deutlichsten in der Paris-Helena-Szene aus. Für den mittelalterlichen Alche-

PHILOSOPHORVM.
FERMENTATIO.

Hye wird Sol aber verschlossen
Vnd mit Mercurio philosophorum vbergossen.

Abb. 268 «Fermentatio»: symbolische Darstellung der «coniunctio spirituum». (1550)

misten hätte diese Szene die geheimnisvolle «coniunctio» von Sol und Luna in der Retorte bedeutet (Abb. 268); der Mensch der neuen Zeit aber, verkleidet in der Figur des Faust, erkennt die Projektion und setzt sich an Stelle des Paris oder Sol und bemächtigt sich der Helena oder Luna, seines inneren weiblichen Gegenstückes. Damit wird nämlich der an sich objektive Vorgang der Vereinigung zum subjektiven Erlebnis des «artifex», das heißt des Alchemisten. Anstatt es zu erkennen, wird er selber zu einer Figur des Dramas. Die subjektive Einmischung Fausts hat den Nachteil, das eigentliche Ziel des Prozesses, nämlich die Herstellung des Inkorruptiblen, zu versäumen. Statt dessen verbrennt Euphorion, der doch der «filius philosophorum», eben das Unverwesliche und «incombustibile», sein sollte, in der eigenen Flamme – ein Mißgeschick für den Alchemisten und ein Anlaß für den Psychologen, Faust zu kritisieren, obschon das Ereignis kein ungewöhnliches ist. Jeder Archetypus nämlich ergreift bei seinem Auftreten, und solange er unbewußt ist, den ganzen Menschen und veranlaßt diesen, die entsprechende Rolle zu leben. Darum kann Faust es nicht lassen, Paris bei Helena zu verdrängen, und am gleichen Begehren scheitern auch die andern «Geburten» und Verjüngungsformen, wie der Knabe-Lenker und der Homunkulus. Hier liegt wohl der tiefere Grund, warum die endgültige Verjüngung erst im postmortalen Zustand, das heißt in die Zukunft projiziert, stattfindet. Ist es wohl ein Zufall, daß die Vollendungsform des Faust einen Namen trägt, der uns schon als derjenige eines der bedeutendsten Alchemisten der Frühzeit entgegentritt: nämlich «Marianus» oder Morienus, wie die gewöhnlichere Variante lautet?

Dadurch, daß sich Faust mit Paris identifiziert, zieht er die «coniunctio» aus der Projektion in die Sphäre persönlich-psychologischen Erlebens und damit in das Bewußtsein. Dieser entscheidende Schritt bedeutet nichts weniger als die Auflösung des alchemistischen Rätsels und damit auch die Erlösung eines bis dahin unbewußten Persönlichkeitsteiles. Jeder Zuwachs an Bewußtheit aber birgt die Gefahr der Inflation in sich. Im Übermenschentum Fausts tritt sie uns deutlich entgegen. Faustens Tod ist eine zeitgeschichtlich bedingte Notwendigkeit, aber keine genügende Antwort. Die Geburt und die Wandlung, welche auf die «coniunctio» folgen, sind im Jenseits, das heißt im Unbewußten verlaufen. Hier blieb ein Problem hängen, das, wie bekannt, NIETZSCHE im *«Zarathustra»* wieder aufnahm: nämlich die Wandlung zum Übermenschen, welchen er aber in gefährlichste Nähe des diesseitigen Menschen rückte. Damit rief er unvermeidlicherweise das antichristliche Ressentiment auf den Plan; denn sein Übermensch ist eine Hybris des individuellen Bewußtseins, welche unmittelbar an der Kollektivmacht des Christentums sich stoßen – und zur katastrophalen Zerstörung des Individuums führen muß. Es ist bekannt, wie und in was für überaus kennzeichnenden Formen dies bei NIETZSCHE «tam ethice quam physice» stattgefunden hat. Und womit antworteten die nachfolgenden Zeiten auf den Individualismus des NIETZSCHEschen Übermenschen? Sie antworteten mit einem Kollektivismus, einer Kollektivorganisation und einer Aufhäufung von Massen «tam ethice quam physice», die alles je Dagewesenen spotten. Erstickung der Persönlichkeit einerseits, ein ohnmächtiges, vielleicht tödlich verwundetes Christentum anderseits: das ist die ungeschminkte Bilanz unserer Zeit.

Faustens Sünde war die Identifikation mit dem zu Wandelnden und Gewandelten. NIETZSCHES Übergriff war die Identifikation mit dem Übermenschen Zarathustra, dem zur Bewußtheit gelangenden Persönlichkeitsteil. Darf man aber Zarathustra als einen Persönlichkeitsteil ansprechen? Ist er nicht das Übermenschliche, an dem der Mensch zwar teilhat, das er aber nicht ist? Ist der Gott wirklich tot, wenn NIETZSCHE ihn als verschollen erklärt? Ist er nicht eben in der Verhüllung des «Übermenschlichen» zurückgekehrt?

Faust verursacht in blindem Übermenschendrang den Mord an Philemon und Baucis. Wer aber sind diese beiden bescheidenen Alten? Als die Welt gottlos geworden war und den göttlichen Fremdlingen, nämlich Jupiter und Merkur, keine gastliche Ruhestätte mehr gewährte, da waren es Philemon und Baucis, welche die übermenschlichen Gäste aufnahmen, und als Baucis ihre letzte Gans ihnen opfern wollte, da geschah die Wandlung: die Götter wurden offenbar, die bescheidene Hütte wurde zum Tempel und die Alten zu immerwährenden Dienern am Heiligtum.

In einem gewissen Sinne standen die alten Alchemisten der seelischen Wahrheit näher, als sie den feurigen Geist aus chemischen Elementen erlösen wollten und das Mysterium behandelten, als ob es im Schoße der dunkeln und stummen Natur läge. Es war noch außer ihnen. Die aufwärts drängende Entwicklung des Bewußtseins aber mußte einmal diese Projektion aufheben und der Seele zurückgeben, was von Anfang an seelischer Natur war. Was war aber die Seele seit den Zeiten der Aufklärung und in den Zeiten des wissenschaftlichen Rationalismus? Sie war identisch mit dem Bewußtsein geworden. Seele wurde das, was ich weiß. Seele war nirgends außerhalb des Ich. Dadurch wurde die Identifikation mit den aus der Projektion zurückgezogenen Inhalten unvermeidlich. Jene

Abb. 269 Der Artifex und seine «soror mystica» mit der Geste des Geheimnisses am Schlusse des «opus».
(1702)

Zeiten, wo die Seele noch zum größeren Teil «außerhalb des Körpers» war und die «maiora» imaginierte, welche der Körper nicht zu fassen vermochte, waren gründlichst vergangen. So mußten die vordem projizierten Inhalte nunmehr als Besitztümer, das heißt als schemenhafte Phantasiebilder eines Ichbewußtseins erscheinen. Das Feuer erkaltete zu Luft, und die Luft wurde zum Wind des Zarathustra und verursachte eine Inflation des Bewußtseins, welche offenbar nur durch die furchtbarsten Kulturkatastrophen, eben jene Sintflut, welche die Götter der ungastlichen Menschheit sandten, gedämpft werden konnte.

Ein aufgeblasenes Bewußtsein ist immer egozentrisch und nur seiner eigenen Gegenwart bewußt. Es ist unfähig, aus der Vergangenheit zu lernen, unfähig, das gegenwärtige Geschehen zu begreifen, und unfähig, richtige Schlüsse für die Zukunft zu ziehen. Es ist von sich selber hypnotisiert und läßt darum auch nicht mit sich reden. Es ist daher auf Katastrophen angewiesen, die es nötigenfalls totschlagen. Inflation ist paradoxerweise ein Unbewußtwerden des Bewußtseins. Dieser Fall tritt ein, wenn letzteres sich an Inhalten des Unbewußten übernimmt und die Unterscheidungsfähigkeit, diese conditio sine qua non aller Bewußtheit, verliert. Als das Schicksal Europa während vier Jahren einen Krieg von grandioser Scheußlichkeit vorspielte, einen Krieg, den niemand wollte, da fragte sich sozusagen keiner, wer denn eigentlich den Krieg und dessen Fortsetzung verursachte. Niemand gab sich Rechenschaft darüber, daß der europäische Mensch von etwas besessen war, das ihm jede freie Willensentscheidung raubte. Dieser besessene und unbewußte Zustand geht unentwegt weiter, bis es dem Europäer einmal «vor seiner Gottähnlichkeit bange» wird. Diese Wandlung kann nur beim einzelnen anfangen; denn Massen sind blinde Tiere, was man zur Genüge weiß. Deshalb scheint es mir von einiger Wichtigkeit zu sein, wenn wenigstens einzelne oder die einzelnen einzusehen beginnen, daß es Inhalte gibt, die der Ichpersönlichkeit mindestens nicht zugehören, sondern einem psychischen Non-Ego zuzuschreiben sind. Diese Operation muß immer vollzogen werden, wenn man eine bedrohliche Inflation vermeiden will. Man hat dazu die nützlichen und erbaulichen Vorbilder, welche uns Dichter und Philosophen zeigen, Vorbilder oder «archetypi», welche man wohl als Heilmittel für Menschen und Zeiten bezeichnen darf. Allerdings ist das, was man dort findet, nichts, was man den Massen vorhalten kann, sondern immer nur etwas Verborgenes, das man sich selber in der Stille vorsetzt. Und davon wollen die wenigsten etwas wissen; denn es ist viel bequemer, den zehntausend anderen das Allheilmittel zu verkünden, das man dann bei sich selber nicht mehr anzuwenden braucht, und alles Leid hat ja bekanntlich ein Ende, wenn nur recht viele beisammen sind. In der Herde gibt es keinen Zweifel, und die größere Masse hat stets die bessere Wahrheit – aber auch die größeren Katastrophen.

Was wir aus unsern Vorbildern lernen können, ist vor allem die Tatsache, daß die Seele Inhalte birgt oder unter Einflüssen steht, deren Assimilation mit größten Gefahren verknüpft ist. Wenn also die alten Alchemisten ihr Geheimnis dem Stoff zuschrieben und uns Faust sowohl wie Zarathustra keineswegs ermuntern, dieses uns selber einzuverleiben, so bleibt wohl nichts anderes übrig, als den arroganten Bewußtseinsanspruch, selber Seele zu sein, zurückzuweisen und der Seele eine Wirklichkeit zuzuerkennen, die wir mit unsern derzeitigen Verstandesmitteln nicht zu erfassen vermögen. Ich halte nicht den für einen Dunkelmann, der sein Nichtwissen eingesteht, sondern jenen, dessen Bewußtsein noch nicht einmal so weit entwickelt ist, daß er um sein Nichtwissen weiß. Ich bin nämlich der Ansicht, daß die alchemistische Erwartung, aus der Materie das philosophische Gold oder die Panazee oder den Wunderstein herstellen zu können, einerseits zwar eine durch Projektion verursachte Illusion ist, aber anderseits psychischen Tatsachen entspricht, denen in der Psychologie des Unbewußten eine große Bedeutung zukommt. Der Alchemist hat nämlich, wie die Texte und ihre Symbolik beweisen, den Individuationsprozeß in die chemischen Verwandlungsvorgänge projiziert. Der wissenschaftliche Terminus «Individuation» will nun keineswegs bedeuten, daß es sich dabei um einen restlos bekannten und aufgeklärten Tatbestand handle[2]. Er bezeichnet bloß das noch sehr dunkle und erforschungsbedürftige Gebiet der persönlichkeitsbildenden Zentrierungsvorgänge im Unbewußten. Es handelt sich um Lebensvorgänge, welche von jeher, ihres numinosen Charakters wegen, den bedeutendsten Anstoß zur Symbolbildung gegeben haben. Und diese Vorgänge sind geheimnisvoll, sofern sie dem menschlichen Verstand Rätsel aufgeben, um deren Lösung er sich noch lange und vielleicht vergeblich mühen wird.

Abb. 270 Der Phönix als Symbol der Auferstehung.
(1702)

Es ist nämlich durchaus zweifelhaft, ob der Verstand in letzter Linie das geeignete Instrument dafür ist oder nicht. Nicht vergebens bezeichnet sich die Alchemie als «Kunst», im richtigen Gefühl, daß es sich um Gestaltungsvorgänge handelt, die nur im Erleben wirklich erfaßt, intellektuell aber nur bezeichnet werden können. Die Alchemisten selber sagten: «Rumpite libros, ne corda vestra rumpantus» [Zerreißt die Bücher, damit euere Herzen nicht zerrissen werden] [3], obschon sie anderseits gerade auf dem Studium der Bücher insistierten. Es ist wohl eher das *Erlebnis,* welches in die Nähe des Verstehens führt (Abb. 269).

Ich habe in der vorausgehenden Untersuchung (*Traumsymbole* [Grundwerk 5]) dargestellt, wie ein derartiges Erlebnis in der praktischen Erfahrung aussieht. Man kann daraus ersehen, was sich etwa ergibt, wenn sich ein ernsthaftes Interesse dem Unbekannten der Seele zuwendet. Obschon die individuellen Erlebnisformen von unabsehbarer Mannigfaltigkeit sind, so variieren sie doch, wie auch die alchemistische Symbolik zeigt, um gewisse zentrale Typen, die von universalem Vorkommen sind. Es sind jene Urbilder, aus denen die Konfessionen ihre jeweils absolute Wahrheit beziehen.

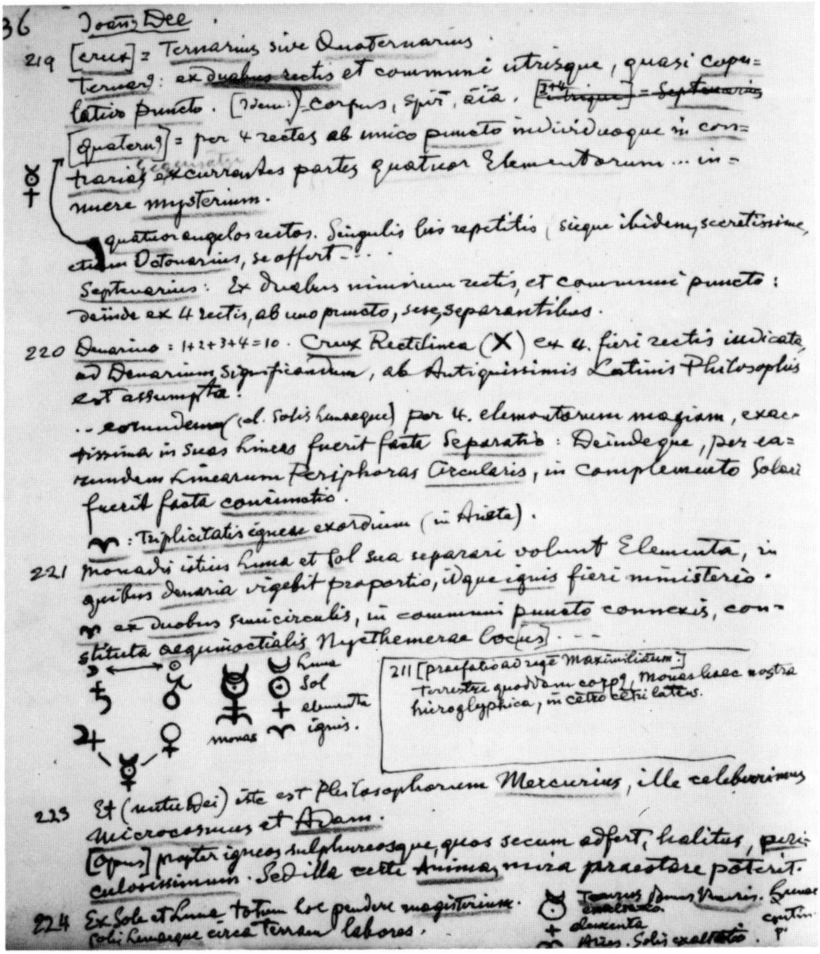
36 Joan. Dee.
219 [crux] = Ternarius sive Quaternarius.
Ternar.: ex duabus rectis et communi utrique, quasi copulativo puncto. [Idem:] corpus, spir., aia. [3+4 utrique] = Septenarius
[Quatern.] = per 4 rectas ab unico puncto individuoque in contrarias excurrentes partes quatuor Elementorum ... innuere mysterium.
quatuor angulos rectos. Singulis bis repetitis, sicque ibidem, secretissime, etiam Octonarius, se offert ...
Septenarius: Ex duabus nimirum rectis, et communi puncto: deinde ex 4 rectis, ab uno puncto, sese separantibus.
220 Denarius: 1+2+3+4=10. Crux Rectilinea (X) ex 4. fieri rectis indicata, ad Denarium significandum, ab Antiquissimis Latinis Philosophis est assumpta.
.. eorundem (cl. Solis Lunaeque) per 4. elementorum magiam, exactissima in suas lineas fuerit facta Separatio: Deindeque, per earundem Linearum Peripheras Circularis, in Complemento Solari fuerit facta conjunctio.
♈: Triplicitatis igneae exordium (in Ariete).
221 monadis istius Luna et Sol sua separari volunt Elementa, in quibus denaria vigebit proportio, idque ignis fieri ministerio.
♈ ex duobus semicirculis, in communi puncto connexis, constituta aequinoctialis Nycthemerae Locus ...
211 [praefatio ad regem Maximilianum:] Terrestre quoddam corpus, Monas haec nostra hieroglyphica, in centro centri latens.
223 Et (nutu Dei) iste est Philosophorum Mercurius, ille celeberrimus Microcosmus et Adam.
[Opus] propter igneos sulphureosque, quos secum adfert, halitus, periculosissimum. Sed illa certe Anima, mira praestare poterit.
224 Ex Sole et Luna totum hoc pendere magisterium. Solis Lunaeque circa Terram labores.

Abb. 271 Seite aus dem handschriftlichen Band VIII alchemistischer «Excerpta» C. G. Jungs, 1940–1953.

Anmerkungen

Dieser Band ist der zweite Teil der in Band 12 der Gesammelten Werke *(GW 12)* veröffentlichten Beiträge. GW 12 *(Psychologie und Alchemie)* ist aufgeteilt in Grundwerk 5 und 6. Die *Zählung der Abbildungen* ist gleich geblieben. Das *Vorwort*, das zu beiden Bänden des Grundwerks gehört, ist hier nochmals wiedergegeben:

Im vorliegenden Band V der Psychologischen Abhandlungen kommen zwei größere Arbeiten zum Abdruck, welche aus Vorlesungen an den Eranos-Tagungen hervorgegangen sind. Die Vorträge sind erstmals erschienen im *«Eranos-Jahrbuch»* 1935 und 1936. Die jetzige Ausgabe ist annähernd um die Hälfte vermehrt durch weitere Ausführungen und durch ein vervollständigtes Belegmaterial. Ebenso ist der Text in verschiedenen Hinsichten verbessert und zum Teil neu geordnet worden. Neu ist auch die reichere Ausstattung mit ergänzendem Bildmaterial. Die große Anzahl der dem Text beigegebenen Abbildungen rechtfertigt sich durch den Umstand, daß symbolische Bilder sozusagen zum Wesen der alchemistischen Geistesverfassung gehören. Was das geschriebene Wort nur unvollkommen oder gar nicht ausdrücken konnte, das hat der Alchemist in seine Bilder gelegt, welche eine zwar absonderliche, aber oftmals doch vernehmlichere Sprache reden als die Unbehilflichkeit seiner philosophischen Begriffe. Zwischen diesen Bildern und denen, die von Patienten in psychischer Behandlung spontan entworfen werden, besteht ein dem Kenner auffallender formaler und inhaltlicher Zusammenhang, auf den ich allerdings im Verlauf meiner Darstellung nicht expressis verbis eingehe.

Zu besonderem Dank bin ich Fräulein Dr. phil. M.-L. von Franz verpflichtet für philologische Hilfe bei der Übersetzung von zum Teil lädierten, zum Teil schwer deutbaren und kontroversen ZOSIMOS-Texten. Fräulein cand. phil. R. Schärf danke ich für die Nachweise zur Og- und Unicornlegende in der talmudischen Literatur. Frau Dr. phil. L. Frey danke ich für die Ausarbeitung des Index und Frau O. Fröbe-Kapteyn für die in meinem Auftrag gesammelten Photokopien einer Anzahl der alchemistischen Bilder. Ebenso möchte ich meinen besten Dank Frau Dr. phil. J. Jacobi aussprechen für die Auswahl und Zusammenstellung des Illustrationsmaterials sowie für die Besorgung der Drucklegung.

Küsnacht, im Januar 1943 C. G. Jung

1. Die alchemistischen Grundbegriffe

[1] Ein abschreckendes Beispiel dieser Art von «Alchemie» ist das illustrierte Werk *Geheime Figuren der Rosenkreuzer aus dem 16. und 17. Jahrhundert*, 2 Bde., Altona 1785/88. Einen tie-

fen Einblick in diese erstaunliche Literatur eröffnet auch der sogenannte Sachse-Codex aus der ersten Hälfte des 18. Jahrhunderts. (M. P. HALL, *Codex Rosae Crucis,* Los Angeles 1938.)

2 BERNOULLI, RUDOLF, Seelische Entwicklung im Spiegel der Alchemie und verwandter Disziplinen, in: *Eranos Jahrbuch* III/1935, Zürich 1936, p. 231 ff.

3 Dieses Wort kommt von ἰός (Gift). Es hat aber ungefähr die Bedeutung der roten Tinktur in der späteren Alchemie, weshalb ich «iosis» mit «Rötung» wiedergegeben habe.

4 Dies zeigt sich deutlich in den Schriften DORNS, der sich vom trinitarischen Standpunkt aus heftig mit der Quaternität, dem «quadricornutus serpens» [vierhörnige Schlange] auseinandersetzt. Vgl. [JUNG] *Psychologie und Religion* [Grundwerk 4, p. 64 f.].

5 Vgl. dazu [JUNG] *Paracelsus als geistige Erscheinung* [GW 13, Paragr. 165 ff. und 203 ff.].

6 *Rosarium* in: *Artis auriferae quam chemiam vocant* (Basel 1593) II, p. 264. Die «aqua permanens» ist «die feurige Form des wahren Wassers». RIPLAEUS, *Opera omnia chemica,* p. 62: «Die Luftseele ist das heimliche Feuer unserer Philosophie, unser Öl, unser Wasser auf mystische Art». *Figurarum aegyptiorum* [Ms.] p. 6: «das Wasser der Philosophen ist Feuer». *Musaeum hermeticum,* p. 653: «In unserem Wasser wird nämlich Feuer gesucht.» *Aurora consurgens,* I, Kp. XI, sechste Parabel [Hg. VON FRANZ]: «Senior sagt: Und wenn sie dieses göttliche Wasser extrahieren wollen, welches Feuer ist, wärmen sie es mit ihrem Feuer, welches Wasser ist, das sie bis zum Ende ausgemessen und wegen der Albernheit der Toren versteckt haben». *Aurora,* II, in: *Art. aurif.* I, p. 212: «Senior sagt: Unser Feuer ist Wasser.»; l. c., p. 227: «Der Philosoph nämlich durch Wasser, die gewöhnlichen Leute durch Feuer» (lat. Texte s. GW).

7 ZOSIMOS in: BERTHELOT M: Collection des anciens alchimistes grecs, Paris 1887/88, III, LII, 2.

8 *Turba* in: *Art. aurif.* I, p. 13. *Cons. coniugii* in: *Ars chemica,* p. 121, «der Stein ist Wasser eines lebendigen Brunnens».

9 *Cons. coniugii.* l. c., p. 66: «das Leben von allem (ist das Wasser); es ist lebendig, weil es nicht stirbt, solange die Welt besteht, denn es ist die Hauptsache der Welt» (lat. Text s. GW).

10 Scites, Frictes, Flritis = SOKRATES (RUSKA, Julius, Turba Philosophorum. Ein Beitrag zur Geschichte der Alchemie, Berlin 1931, p. 25).

11 Bonellus, Ballinus, Bonilis = APOLLONIUS VON TYANA (STEINSCHNEIDER und BERTHELOT, zitiert in: RUSKA, l. c., p. 26).

12 Beide [aus dem Lateinischen übersetzten] Zitate in: *[In Turbam philosophorum exercitationes] Art. aurif.,* p. 167 f.

13 Z. B. «Eines in einem Kreis oder Gefäß» (*Scholia zu Hermetis Trismegisti Tractatus aureus* in: *Bibl. chem.* I, p. 442).

14 Es heißt darum «kugel- oder kreisförmiges gläsernes Haus» (*Epistola ad Hermannum* in: *Theatr. Chem.* V, p. 896). – Das «vas» ist eine «Kugel, die wir Sieb nennen» (*Allegoriae super librum Turbae* in: *Art. aurif.* I, p. 144). Schon in der griechischen Alchemie tritt dieser Gedanke auf, beispielsweise bei OLYMPIODOR (BERTHELOT, *Alch. grecs,* II, IV, 44, Z. 17–18). Das «vas ist ein ὄργανον κυκλικόν, eine φιάλη σφαιροειδής. (Lat. Texte s. GW.)

15 «... das spagirische Gefäß soll nach dem Muster des natürlichen Gefäßes konstruiert werden. Wir sehen nämlich, daß der ganze Himmel und die Elemente einem kugelförmigen Körper gleichen, in dessen Zentrum die Wärme des unteren Feuers wirkt. ... es war daher notwendig, unser Feuer aus unserem Gefäß nach außen zu verlegen, und unter die Mitte

seines runden Bodens, gleich wie die natürliche Sonne» (Dorneus, *Physica Trismegisti* in: *Theatr. chem.* [1602] I, p. 430.). «Das Gefäß ist rund gemacht, in Nachahmung des Oberen und des Unteren» (*Liber quartorum* in: *Theatr. chem.* V, pp. 148 und 150). Reitzenstein (*Poimandres,* p. 141) vergleicht daher mit Recht das «vas mirabile» auf dem Kopf des Engels im Traktat *Isis an Horus* (Berthelot, l. c., I, xiii, 21) mit dem κύκλος δισκοειδής auf dem Haupte des Chnuphis bei Porphyrius. [Abb. 203] (lat. Texte s. GW).

[16] «... unser Gefäß muß so beschaffen sein, daß in ihm die Materie von den himmlischen Körpern beherrscht werde. Denn die unsichtbaren himmlischen Einflüsse und die Prägung durch die Gestirne sind für das Werk in erster Linie notwendig» (Dorneus, *Congeries Paracelsicae chemiae* in: *Theatr. chem.*, 1602, I, p. 574). (Lat. Text s. GW.)

[17] «Vas» als «matrix». (Riplaeus, Opera, p. 23) *In Turban philosophorum exercitationes* in: *Art. aurif.* I, p. 159; *Aurora,* II, in: *Art. aurif.* I, p. 203; *Cons. coniugii* in: *Ars. chem.,* p. 204, usw.

[18] «Alles muß in *einem* Glas gemacht werden, das eiförmig sein soll» (Riplaeus, l. c., p. 30). (Lat. Text s. GW.)

[19] «Wenn wir daher von unserem Gefäß sprechen, so verstehe darunter unser Wasser, wenn vom Feuer, verstehe gleichfalls Wasser, und wenn wir vom Ofen reden, so meinen wir damit nichts, was vom Wasser verschieden oder getrennt wäre.» (*Fons chemicae philosophiae* in: *Mus. herm.,* p. 803) Der Mercurius, eben die «aqua permanens», ist «unser wahres, verborgenes Gefäß, ebenso der philosophische Garten, in dem unsere Sonne aufgeht und emporsteigt.» (Philalethes, *Metallorum metamorphosis* in: *Mus. herm.,* p. 770) Andere Namen dafür sind «mater», «ovum», «furnus secretus» usw. (l. c., p. 770; ferner: *Aurora,* II in: *Art. aurif.* I, p. 203). «Das Gefäß der Philosophen ist ihr Wasser.» (Hermes-Zitat bei Hoghelande, *De alchimiae difficultatibus* in: *Theatr. chem.,* 1602, I, p. 199.) (Lat. Texte s. GW.)

[20] «Vas» gleich «ignis verus» (Philalethes, l. c., p. 770); «vas» gleich «vinum ardens, ignis» (Mylius, *Phil. ref.,* p. 245). «⟨Das Gefäß des Hermes⟩ ist das Maß deines Feuers.» (*Practica Mariae prophetissae* in: *Art. aurif.* I, p. 323). Feuer und Wasser moralisch gedeutet als «Flammen und Tränen» im alchemistischen Kommentar («Recueil stéganographique» des Béroalde de Verville zum *Songe de Poliphile*).

[21] *Ad Iacobi Auberti Vindonis De ortu et causis metallorum contra chemicos explicationem* in: *Theatr. chem.* (1602) II, p. 198 ff.

[22] Sogar G. Meyrink (im 20. Jh.) glaubte noch an die Möglichkeit der alchemistischen Methode. Man findet einen bemerkenswerten Bericht über seine eigenen Experimente in der Vorrede zu: *Thomas Aquinas: Abhandlung über den Stein der Weisen,* München 1925, p. XXIX f.

2. Die psychische Natur des alchemistischen Werkes

[1] J. Evola (*La Tradizione ermetica,* Bari 1931, p. 28 f.) sagt: «Die Geistesverfassung des Menschen der vorneuzeitlichen Kulturzyklen war so, daß jede physische Wahrnehmung gleichzeitig eine psychische Komponente hatte, die sie ‹beseelte›, indem sie dem bloßen Bild zusätzlich eine ‹Bedeutung› und gleichzeitig einen besonderen und machtvollen Gefühlston verlieh. So war die antike Physik gleichzeitig eine Theologie und eine transzendentale Psychologie: durch das, was ihr in der Materie der körperlichen Sinne von den meta-

physischen Wesenheiten her aufleuchtete. Die Naturwissenschaft war zugleich eine Geisteswissenschaft, und die vielfältigen Bedeutungen der Symbole faßten die verschiedenen Aspekte eines einzigen Wissens zusammen.»

2 *Rosarium* in: *Art. aurif.* II, p. 231: «Und er wird genannt der Stein der Unsichtbarkeit, der heilige Stein, das Gesegnete.» (Lat. Text s. GW.)

3 MAIER, MICHAEL, *Symbola aureae mensae duodecim nationum,* Frankfurt/M. 1617, p. 386: ... mit nicht geringem Aufwand ersannen sie jene Kunst – über die hinaus es keine würdigere gibt –, den ätherischen Stein herzustellen» (bezieht sich auf MARCELLUS PALINGENIUS, poeta et sacerdos). (Lat. Text s. GW.)

4 «... omnes receptae spernendae sunt in arte», wie das *Rosarium* (*Art. aurif.* II p. 223) sagt.

5 ABTALA JURAIN Filii Jacob Juran, *Hyle und Coahyl. Aus dem Äthiopischen ins Lateinische, und aus dem Lateinischen in das Teutsche translatieret und übergesetzt durch D. Johann Elias Müller.* – Der Text ist keineswegs alt, sondern zeigt alle Merkmale der Verfallszeit (18. Jh.). Ich verdanke Herrn Prof. TH. REICHSTEIN (Basel) die Kenntnis dieses Büchleins. Zitate: *Die Schöpfung,* Kp. VIII, p. 52 ff. und *Die Himmel,* Kp. IX, p. 54 ff.

6 Rose noble = englische Goldmünze des 15. und 16. Jh.

7 *De Alchemiae difficultatibus* in: *Theatr. chem.* (1602) I, p. 164 ff. [Übersetzung] Ähnlich PHILALETHES, *Introitus apertus* in: *Mus. herm.,* p. 687: «Die Erde, begierig, hervorzubringen, erzeugt immer irgendetwas; manchmal glaubst du Vögel oder Tiere und Reptilien im Glas zu sehen ...» (Lat. Text s. GW). Der Mann auf dem Katheder bezieht sich unzweifelhaft auf eine Hermes-Vision, wie sie uns aus dem alten Traktat *Senioris Zadith filii Hamuelis Tabula Chymica,* p. 1 ff. (Abb. 128) entgegentritt. SENIOR war ein arabischer Autor des 10. Jahrhunderts. Die hier beschriebene Figur des alten Weisen, der das Buch der Geheimnisse auf den Knien hält, ist in das Frontispicium des *Poliphile* übergegangen (Abb. 4: Grundwerk 5). Die älteste Vision dieser Art dürfte die des KRATES sein. Das Buch des KRATES ist arabisch überliefert und scheint in der jetzigen Form dem 9. Jahrhundert anzugehören. Der Inhalt ist aber größtenteils griechischer Herkunft und daher bedeutend älter. BERTHELOTS Übersetzung lautet folgendermaßen: (franz. Text s. GW) «Dann sah ich einen Greis, den schönsten der Menschen, auf einem Lehrstuhl sitzend; er war mit weißen Kleidern angetan und hielt in der Hand eine Tafel aus dem Stuhl, auf der sich ein Buch befand... Als ich fragte, wer dieser Greis sei, gab man mir zur Antwort: ‹Es ist Hermes Trismegistus, und das Buch, das vor ihm liegt, ist eines von denen, welche die Erklärung der Geheimnisse enthalten, die er vor den Menschen verborgen hat›.» (*Chimie au moyen âge* III, p. 46 ff.)

8 *De alch. diff.,* l. c., p. 199.

9 *Mus. herm.,* p. 574 [SENDIVOGIUS].

10 *Compendium* in: *Bibl. chem.* I, p. 875.

11 *Speculativa philosophia* in: *Theatr. chem.* (1602) I, p. 275.

12 HOGHELANDE, *De alch. diff.* in: *Theatr. chem.* (1602) I, p. 150.

13 *Theatr. chem.* (1622) V, p. 884.

14 Text der wesentlichen Stelle: «... quasi Materia Hypostatica fingit se in aquam demersum per illusionem ...» Die Illusion kann sich auf «demergere» oder auf «fingere» beziehen. Weil ersteres keinen rechten Sinn ergibt, habe ich die letztere Möglichkeit gewählt.

15 *Della Tramutazione metallica sogni tre.* Ein Carmen des JOSEPHUS AVANTIUS [l. c.] auf den Autor sagt: «Träume werden kaum geglaubt; immerhin sind nicht alle falsch, die von einem so bedeutenden Mann vorausgeahnt wurden.» (Lat. Text s. GW.)

[16] *Art. aurif.* I, p. 146ff.
[17] M. BERTHELOT, *La Chimie au moyen âge* III, Paris 1893, p. 319f.
[18] Vgl. dazu meine Ausführungen in: *Die Visionen des Zosimos.* [Grundwerk 9]
[19] SENDIVOGIUS, *Parabola* in: *Bibl. chem.* II, p. 474f. – KHUNRATH (*Hyleal. Chaos,* p. 42) schreibt: «〈Das〉 habitaculum Materiae Lapidis... Cabalistisch, das ist / aus Göttlicher Eingebungs empfahung / und sonderer Offenbarung (Beides durch und auch ohne Mittel / so wol wachent als im schlaffe oder Traum) von oben herab anfenglich bekant wordē.»
[20] *De ratione conficiendi lapidis* in: *Theatr. chem.* (1602) II, p. 256.
[21] l. c., p. 184f.
[22] Ähnlich HOGHELANDE, *De alch. diff.* in: *Theatr. chem.* (1602) I, p. 154; ebenso *Turba* (hg. von RUSKA), p. 155, 8; *Mus. herm.,* pp. 8, 55, 75 und 212; DORN, *Physica Trismegisti* in: *Theatr. chem.* (1602) I, p. 413.
[23] l. c., p. 194. HOGHELANDE verweist dort auf *Turba,* XXXIX. (Hg. von RUSKA, p. 147, 2: «Es ist zu groß, als daß es mit dem Verstand erfaßt werden könnte, es sei denn durch göttliche Eingebung.» (Lat. Text s. GW.)
[24] l. c., p. 205.
[25] SENDIVOGIUS, *Novum lumen* in: *Mus. herm.,* p. 577: «...materia prima, quam solus Deus scit.»
[26] KHUNRATH, l. c., p. 71f. – Man beachte den impliziten Hinweis auf den Logos (*Joh.* 1,9–11).
[27] *Instructio de arbore* in: *Theatr. chem.* VI, p. 168.
[28] (Lat. Text s. GW.)
[29] *Theatr. chem.* 1602) I, p. 472 (lat. Text s. GW).
[30] Wahrscheinliche Beziehung auf *Tabula smaragdina* (hg. von RUSKA, p. 2): «Und wie alle Dinge aus dem einen hervorgingen, durch Meditation des einen: so werden alle Dinge geboren.» Damit hängt auch die Forderung zusammen, daß der Laborant keine wesentlichen Leibesschäden, Verstümmelungen u. dgl. haben dürfe. Siehe GEBERS *Summa perfectionis,* lib. I, p. 24: «Wenn aber der Körper des Artifex schwach und krank ist, wie die Körper der Fieber- oder Aussatzkranken, deren Glieder abfallen, oder der vom nahenden Tod Geplagten oder Altersschwachen, wird er nicht zur Vollendung der Kunst gelangen. Durch diese natürlichen Gebresten des Körpers wird der Artifex in seinem Vorhaben behindert.» Entsprechend lehrt auch eine andere alte Quelle, die *Septem tractatus seu capitula Hermetis Trismegisti, aurei* in: *Ars chem.,* Kp. I, p. 11: «Siehe, ich habe euch dargelegt, was verborgen war; das Werk ist mit und bei euch, und wenn du es packst, kannst du es dauernd zu Lande oder auf dem Meer haben.» (Lat. Texte s. GW.)
[31] In: *Art. aurif.* II, p. 244f. RUSKA (*Turba,* p. 342) setzt das *Rosarium* in die Mitte des 15. Jh.
[32] «Pone ergo mentem tuam super salem, nec cogites de alijs. Nam in *ipsa sola* occultatur scientia et arcanum praecipuum et secretissimum omnium antiquorum Philosophorum.» MANGETUS (*Bibl. chem.* II, p. 95) hat «ipsa sola»; ebenso der Erstdruck *Rosarium philosophorum, secunda pars alchemiae de lapide philosophico* usw. von 1550; ebenso die Ausgabe von 1593. Handschriften sind mir leider unzugänglich.
[33] Vgl. das «sal sapientiae», das nach altem Taufritus dem Täufling verabreicht wird.
[34] l. c., pp. 257, 260 und 262.
[35] l. c., p. 258.
[36] *Art. aurif.* II, p. 214f. (lat. Text s. GW).

[37] l.c., p. 243 (lat. Text s. GW).
[38] Kanonikus von St. Paul, London, Leibarzt Papst Gregors IX., † ca. 1252. (FERGUSON, *Bibliotheca chemica* II, p. 270 f.)
[39] *Theatr. chem.* (1602) II, p. 444.
[40] *Liber de alchemiae* in: *Theatr. chem.* (1602) I, p. 795 (lat. Text s. GW).
[41] *De alch. diff.* in: *Theatr. chem.*, l.c., p. 213 f.
[42] l.c., p. 206.
[43] *Opusculum philosophiae naturalis* in: *Theatr. chem.* (1602) I, pp. 813 und 815 f. (lat. Text s. GW).
[44] *Correctorium alchymiae* in: *Theatr. chem.* (1602) II, p. 451.
[45] l.c., p. 459.
[46] *Theatr. chem.* (1602) I.
[47] *Philosophia chemica* in: *Theatr. chem.* (1602) I, p. 485 (lat. Text s. GW). Die «forma» wirkt durch «informatio» (die auch als «fermentatio» bezeichnet wird). «Forma» ist identisch mit *Idee.* Gold, Silber usw. sind Formen der Materie, daher man Gold machen kann, wenn es gelingt, der «informis massa» oder dem Chaos, nämlich der «prima materia», die Goldform aufzuprägen (impressio formae).
[48] *Theatr. chem.* V, p. 114 ff.
[49] l.c., p. 137.
[50] Das Buch zeigt «quid separetur et praeparetur». Die «separatio» oder «solutio» bezieht sich auf die Zersetzung der Ausgangsmaterie in die Elemente.
[51] Der Text sagt: «... liber in exaltatione animae, cum sit separatio naturae, et ingenium in conversione sua a materia sua». Die «anima» wird von ihrem Körper getrennt (separatio). Sie ist als «ingenium» dessen Eigenart oder «Seele», welche in ihrer eigenen Materie gewandelt werden soll.
[52] «Est sicut praeparatio totius, et conversio naturae ad simplex... et necesse est in eo elevari ab animalitate, plus quam natura, ut assimuletur praeparation(e) ipsis intelligentiis, altissimis veris.» Dem Intellekt fällt also das Hauptwerk zu: nämlich die Sublimation bis zur höchsten Stufe, wo die Natur in das Einfache verwandelt ist, welches, seiner Art entsprechend, mit den Geistern, Engeln und den ewigen Ideen verwandt ist. Dieser höchsten Stufe entspricht in der zweiten Reihe das Feuer, «qui est super omnia elementa, et agit in eis» [das über allen Elementen ist und in ihnen wirkt], in der dritten die ätherische (höchste) Form der gewandelten Natur und in der vierten das Ziel der ganzen Prozedur überhaupt.
[53] Dieser Reihe geht die Bemerkung voraus: «Und wenn du willst, kannst du diese Erhöhungen mit den Elementen vergleichen.» (Lat. Text s. GW.)
[54] «Vernunft, die wirklich zur Wahrheit führt.» (Lat. Text s. GW.)
[55] Die «effectus» beziehen sich auf die vorausgehenden Stufen des Wandlungsprozesses.
[56] DIOGENES LAERTIUS, *Das Leben großer Philosophen,* VII, 1: Über Zeno, 137. (Griech. Text s. GW.)
[57] Stoische Lehre.
[58] Noch bei LACTANTIUS (*Institutiones,* VII, 12) ist die Seele von licht- und feuerartiger Natur.
[59] ARISTOTELES, *De coelo,* I, 3, und *Meteorologica,* I, 3.
[60] Bei ARISTOTELES (*Meteor.*, XII, 7) ist Gott «ein ewiges und unwandelbares Wesen» (griech. Text s. GW).

[61] So denkt auch G. TH. FECHNER (*Elemente der Psychophysik* II, Leipzig 1889, p. 526): «Das psychisch Einheitliche und Einfache knüpft sich an ein physisch Mannichfaltiges, das physisch Mannichfaltige zieht sich psychisch ins Einheitliche, Einfache oder doch Einfachere zusammen.»

[62] *Liber quartorum* in: *Theatr. chem.* V, pp. 145 und 144.

[63] Statt «intelligentiae».

[64] Statt «intelligentia».

[65] Statt «et quid».

[66] l.c., p. 144: «Die am Flusse Eufrat wohnenden Chaldäer... waren die ersten, die darauf kamen, das ‹Denken› zu extrahieren» (lat. Text s. GW).

[67] l.c., p. 137.

[68] «Wenn du das äußere Werk anwendest, sollst du nur das ‹Occiput› gebrauchen, dann wirst du finden» (l.c., p. 124; lat. Text s. GW). Die Konjektur gilt unter Vorbehalt des mir noch nicht vorliegenden arabischen Textes.

[69] «Der Schädel ist rein, und er ist ein kleinerer Knochen im Menschen, und ein Gefäß, in dem Denken und Verstand wohnen» (l.c., p. 124; lat. Text s. GW).

[70] Lat. Text s. GW.

[71] *Speculativa philosophia* in: *Theatr. chem.* (1602) I, p. 265.

[72] l.c., p. 298.

[73] l.c., p. 264.

[74] l.c., p. 266.

[75] l.c., p. 267 (lat. Text s. GW).

[76] *Le Tableau des riches inventions* [5. Seite, unnumeriert].

[77] IOANNES A MEHUNG (JEAN DE MEHUN, geb. zwischen 1250 und 1280), *Demonstratio naturae* in: *Mus. herm.* «... liberi vacuique animi» (p. 157).

[78] THOMA NORTONUS ANGLUS, *Tractatus chymicus*, Kp. VI, in: *Mus. herm.* (p. 519; lat. Text s. GW).

[79] *Aquarium sapientum* in: *Mus. herm.*, p. 107.

[80] *Aurora* I, Kp. X, fünfte Parabel, pp. 90 und 92: De domo thesauraria (lat. Text s. GW).

[81] Der Text hat «Kraft, von welcher gesagt wird, die Kraft schmücke die Seele, und Hermes: und sie empfängt die Kraft der oberen und unteren Planeten, und mit dieser Kraft durchdringt sie alles Feste» (l.c., p. 190; vgl. RUSKA [Hg.], *Tabula smaragdina* (p. 2). (Lat. Texte s. GW.)

[82] Der Text erläutert durch Heranziehung von *Eph.* 4,23 f.: «... dagegen erneuert werden sollt durch den Geist in eurem innern Wesen und anziehen sollt den neuen Menschen» (lat. Text s. GW).

[83] l.c., I, Kp. IX, vierte Parabel (p. 76; lat. Text s. GW).

[84] l.c.: «Senior: et facit omne nigrum album...»

[85] Nach *Rosarium* in: *Art. aurif.* II, p. 228. Der Text der *Summa perfectionis* ist viel ausführlicher. Er füllt das ganze Kapitel V des liber I aus unter dem Titel «De impedimentis ex parte animae arificis». Siehe E. DARMSTAEDTER, *Die Alchemie des Geber*, Berlin 1922, p. 20 ff.

[86] *Rosarium* in: *Art. aurif.* II, p. 227 (lat. Text s. GW). Das Zitat stammt aus dem *Tractatus aureus* (auch als *Septem tractatus seu capitula Hermetis Trismegisti, aurei* betitelt: so in der Erstausgabe? in: *Ars. chem.*) Dort lautet aber die Stelle (am Anfang des 2. Kp., p. 14): «Mein Sohn, vor allem ermahne ich dich, Gott zu fürchten, auf den dein Bemühen ausgerichtet ist

und ein Bündnis mit jedem beliebigen Einsamen» (lat. Text s. GW). Über die Veränderung der HERMES-Zitate im *Rosarium* vgl. Grundwerk 5, p. 242, Anm. 18.

87 *Morieni Romani quondam eremitae Hierosolymitani, De re metallica* usw., vgl. RICHARD REITZENSTEIN, *Alchemistische Lehrschriften und Märchen bei den Arabern*, Gießen 1923. MORIENUS (Morienes oder Marianus) soll der Lehrer des Omajjadenprinzen KHALID IBN JAZID IBN MU'AWIJAH (635–704) gewesen sein. Vgl. E.O. VON LIPPMANN, *Entstehung und Ausbreitung der Alchemie,* 3 Bde., Berlin 1919ff., p. 357. Die Stelle findet sich auch in: *Morieni Romani eremitae Hierosolymitani sermo* in: *Art. aurif.* II, p. 22f.

88 (p. 22; lat. Text s. GW.)

89 (p. 23; lat. Text s. GW.)

90 l.c., p. 18 (lat. Text s. GW).

91 MAJER, Michael: *Symbola aureae mensae duodecim nationum,* Frankfurt 1617, p. 568.

92 l.c., p. 144.

93 l.c., p. 143.

94 (p. 327; lat. Text s. GW.) Diese Auffassung entspricht etwa dem «colloquium» in den Exerzitien des IGNATIUS VON LOYOLA. Die Betonung der Wichtigkeit der Meditation ist bei den Autoren allgemein. Belege erübrigen sich.

95 Ich verweise auf meine Darstellung in: *Die Beziehungen* (Grundwerk 3, p. 95 ff.).

96 *Introitus apertus* in: *Mus. herm.*, p. 693.

97 Lat. Text s. GW.

98 Vgl. dazu die mohammedanische Sage vom Felsen in der Omar-Moschee (Jerusalem), der bei der Himmelfahrt Mohammeds mitfliegen wollte.

99 *Hyleal. Chaos,* p. 274.

100 Ich entnehme den Text einer Handschrift, betitelt *Figurarum aegyptiorum secretarum…* Incipit: «Ab omni aevo aegyptiorum sacerdotes» [p. 1]. Colophon: «laus jesu in saecula» [p. 46] (Fol. 47, Pergament, 17. Jh.; in meinem Besitz). Die Bilder dieser Handschrift finden sich identisch wieder im Ms. Nr. 973 (18. Jh.) Bibl. de l'Arsenal, Paris. Sie entstammen der *Pratique* des NICOLAS FLAMEL (1330 bis 1417), französisches Ms. Nr. 14765/2 (18. Jh.) der Bibl. Nationale, Paris. Der lateinische Text meiner Handschrift ist von vorderhand unbekannter Herkunft. (Siehe Abb. 23 [Grundwerk 5], 148, 157 und 164.)

101 *Art. aurif.* I, p. 146ff. Vgl. RUSKAS Übersetzung in der STICKERschen Festschrift, hg. v. KARL SUDHOFF: *Historische Studien und Skizzen zur Natur- und Heilwissenschaft,* p. 22ff.: Die Vision des Arisleus. Noch ältere Visionsserien sind die des ZOSIMOS in περί ἀρετῆς (BERTHELOT, *Collection des anciens alchimistes grecs,* III, I, 1ff.) sowie die des KRATES (BERTHELOT, *La chimie au moyen âge* III, p. 44ff.).

102 Lat. Text s. GW. RULAND schließt sich hier PARACELSUS an. Es sei daher hierfür auf meine Schrift *Paracelsus als geistige Erscheinung* [GW 13, bes. Paragr. 173] verwiesen.

103 RULAND, l.c., s. «astrum»: «Gestirn: Kraft und Macht der Dinge, erworben durch Bereitung» (lat. Text s. GW); daher auch «extractum» oder «quinta essentia».

104 FIGULUS (*Rosarium novum,* p. 109) sagt: «⟨Anima⟩ ist gleich wie ein subtiler, unempfindlicher ⟨d.h. nicht wahrnehmbarer⟩ Rauch».

105 *Mus. herm.*, p. 601 ff.

106 «Illa gubernat mentem» (l.c., p. 617).

107 «…exequitur nisi in mente» (l.c., p. 617).

108 A. AVALON (Hg.), *The Serpent Power,* London 1919.

[109] *Mus. herm.*, p. 612.
[110] Ps. 17,11.
[111] p. 615. In ähnlicher Weise ist auch Christus in uns «imaginiert» (*Aquarium sapientum* in: *Mus. herm.*, p. 113): «Bevor Christus, sein Sohn, in uns gestaltet und imaginiert war,... war Gott für uns vor allem furchtbar» (lat. Text s. GW).
[112] Alle «unsere Geheimnisse» entstünden aus einem «Bild» (imago), sagt RIPLAEUS (*Opera*, p. 9).

3. Das Werk

[1] MAIER, *Symbola*, p. 202. Vgl. auch MAIER, *Scrutinium*, p. 33: «... sunt enim plerique libri adeo obscure scripti, ut a solis authoribus suis percipiantur.» [Denn die meisten Bücher sind so obskur geschrieben, daß sie nur von ihren Autoren verstanden werden.]
[2] Z. B. *Aurora*, II, in: *Art. aurif.* I, p. 198 ff.
[3] Z. B. *Introitus apertus* in: *Mus. herm.*, p. 660: «In unserem Ausgangsmaterial ist nämich viel Überflüssiges aller Art vorhanden, das (für unser Werk) nie in den Zustand der Reinheit gebracht werden kann; daher gilt es, dieses gründlich auszumerzen, was indessen unmöglich sein dürfte ohne die Theoria unserer Geheimwissenschaft, durch die wir Mittel und Wege lehren, wie man aus dem Menstruum einer Hure das königliche Diadem extrahieren kann.» (Lat. Text s. GW.) Das *Rosarium philosophorum* ist als *secunda pars alchemiae* eine solche «theoria», im eigentlichen Sinne von «visio» (Schau, z. B. Anschauen von Theaterszenen usw.). Vgl. dazu die «Theorica» des PARACELSUS in [JUNG]: *Paracelsus als Arzt* (Grundwerk 9, Schluß).
[4] Eine ähnliche Darstellung findet sich bei KHUNRATH, *Amphitheatrum*, Tab. III (Abb. 145).
[5] JOHN CREMER, Abt von Westminster, lebte im Anfang des 14. Jh. Seine Schrift *Testamentum* ist im *Mus. herm.*, p. 533 ff. abgedruckt.
[6] Eine legendäre, bzw. fiktive Persönlichkeit.
[7] Der unsichere Verfasser des berühmten *Ordinall of Alchimy* in ELIAS ASHMOLES *Theatrum chemicum Britannicum*. Zur Frage seiner Persönlichkeit vgl. M. NIERENSTEIN and P. F. CHAPMAN, *Inquiry into the Authorship of the Ordinall of Alchimy*, in: *Isis* XVIII (Bruges 1932) pp. 290–321.
[8] Man kann sich solche Visionen etwa vorstellen wie die des Vaters BENVENUTO CELLINIS, welche dieser in seiner Autobiographie beschreibt: «Ungefähr in meinem fünften Jahr befand sich mein Vater in einem kleinen Gewölbe unseres Hauses, wo man gewaschen hatte, und wo ein gutes Feuer von eichnen Kohlen übrig geblieben war; er hatte eine Geige in der Hand, sang und spielte um das Feuer; denn es war sehr kalt. Zufälligerweise erblickte er mitten in der stärksten Gluth ein Thierchen, wie eine Eidechse, das sich in diesen lebhaften Flammen ergötzte. Er merkte gleich, was es war, ließ mich und meine Schwester rufen, zeigte uns Kindern das Thier und gab mir eine tüchtige Ohrfeige. Als ich darüber heftig zu weinen anfing, suchte er mich aufs freundlichste zu besänftigen und sagte: Lieber Sohn! ich schlage dich nicht, weil du etwas Übles begangen hast, vielmehr daß du dich dieser Eidechse erinnerst, die du im Feuer siehst. Das ist ein Salamander ⟨Abb. 138⟩, wie man, so viel ich weiß, noch keinen gesehen hat. Er küßte mich darauf, und gab mir einige Pfennige.» (GOETHE, *Werke* XXXIV, p. 20.)

[9] *Lexicon alchemiae,* s. «draco».
[10] Vgl. F.S. TAYLOR, *A Survey of Greek Alchemy,* in: *Journal of Hellenic Studies* (London 1930) pp. 109–139.
[11] Reproduziert bei BERTHELOT, *Alch. grecs,* Introduction p. 132.
[12] *Rosarium* in: *Art. aurif.* II, p. 206f.: «Daher sollst du mit gesammeltem Willen ans Werk der Natur gehen und dir nicht vornehmen, bald dies bald jenes auszuprobieren, denn unsere Kunst kommt nicht in einem Vielerlei zustande. So sehr nämlich ihre Namen auch voneinander abweichen mögen, geht es doch immer nur um ein und dasselbe.» «Einer ist der Stein, eine die Medizin, eines das Gefäß, eines das Vorgehen und eine die Einstellung.» (l.c.); R. TREITZENSTEIN, *Alchemistische Lehrschriften und Märchen bei den Arabern,* Gießen 1923, p. 71. MORIENUS zitiert Kaiser HERAKLEIOS (610–641): «Hercules sagte: Dieses Magisterium geht zunächst aus *einer* Wurzel hervor, um dann in vielerlei sich auszubreiten und wiederum zur einen zurückzukehren.» (*De transmutatione metallorum* in: *Art. aurif.* II, p. 25) (lat. Texte s. GW.)
[13] *Rosarium* in: *Art. aurif.* II, p. 210: «Wisset denn, daß das Quecksilber ein Feuer ist, das die Körper mehr als Feuer verbrennt» (lat. Text s. GW).
[14] Vgl. dazu die Bedeutung des vereinigenden Symbols in meinem Buch *Psychologische Typen* [GW 6, Paragr. 315ff.].
[15] BERTHELOT, *Alch. grecs,* III, VI, 5.
[16] Ein dem OSTANES zugeschriebener, arabisch überlieferter Text findet sich in BERTHELOT, *Chimie au moyen âge* III, p. 116ff. Ein griechischer Text in: BERTHELOT, *Alch. grecs,* IV, II.
[17] E.O. VON LIPPMANN, *Entstehung und Ausbreitung der Alchemie,* 3 Bde, Berlin 1919–1954, p. 334.
[18] Vgl. MAIER, *Symbola,* p. 19: «... extrahis Deum a cordibus statuarum» bezieht sich auf RAYMUNDUS LULLIUS, *Codicillus,* Kp. 47 [p. 115]. Vgl. auch das oben erwähnte «extrahere cogitationem» [2., Anm. 67].
[19] BERTHELOT, *Alch. grecs,* III, VI, 5.
[20] Es ist übrigens wunderlich, daß die Alchemisten gerade den Ausdruck «proiectio» gewählt haben, um die Applikation des philosophischen Merkur auf unedle Metalle auszudrücken.
[21] BERTHELOT, *Alch. grecs,* IV, XX, 8.
[22] l.c., III, VI, 8.
[23] l.c., III, LI, 8.
[24] SCOTT, WALTER: *Hermetica* (Oxford 1924–1936) I, p. 149ff.
[25] Es handelt sich hier wohl um neupythagoräisches Geistesgut. Die penetrierende Qualität des Seelenpneumas, das den Körper durchdringt, findet sich bei AENESIDEMOS (E. ZELLER, *Die Philosophie der Griechen,* 3. Teil, p. 26). Bei ihm ist auch ἀήρ (die Luft) der Urstoff, entsprechend dem πνεῦμα der Stoiker (p. 23, Anm. 2). Hermes, dessen pneumatische (Wind-) Qualität (Abb. 210 und 211) durch die Beflügelung angezeigt ist, führt bei ALEXANDER POLYHISTOR (p. 76) die Seelen zum Höchsten; die Unreinen aber werden von den Erinnyen in der Unterwelt in unzerreißbare Fesseln gelegt (als die «im Hades gefesselten» Unvollkommenen). (Abb. 151)
[26] Ähnlich ist auch die kabbalistische Idee der Austeilung Gottes in die Welt in Form der Seelenfunken (scintillae) und die gnostische Idee des σπινθήρ (Funke).
[27] Die Begriffe νοῦς und πνεῦμα werden im Synkretismus promiscue gebraucht. Die ältere

Bedeutung von pneuma ist Wind, also eine Lufterscheinung; daher die Gleichwertigkeit von aer und pneuma. (ZELLER, l. c., 3. Teil, p. 23) Während bei ANAXIMENES der Urstoff aer ist (ZELLER, l. c., 1. Teil, p. 713 ff.), ist bei ARCHELAOS, dem Schüler des ANAXAGORAS, Gott ἀήρ und νοῦς. Bei ANAXAGORAS ist der Weltbildner νοῦς, der im Chaos einen Wirbel erzeugt und dadurch das Auseinandertreten von Äther und Luft verursacht (l. c., p. 687 ff.). Zum Begriff des Pneumas im Synkretismus vgl. HANS LEISEGANG, *Der Heilige Geist,* Leipzig 1919, p. 26 ff.

[28] WOLFGANG SCHULTZ, *Dokumente der Gnosis,* Jena 1910, p. 64; RICHARD REITZENSTEIN, *Poimandres,* Leipzig 1904, p. 50. – Der Hermaphroditismus haftet nach neupythagoräischer Ansicht auch der Gottheit an. Vgl. NIKOMACHOS (ZELLER, l. c., 3. Teil, p. 106).

[29] Inflation als Zustand der Aufgeblasenheit bewirkt, daß man gleichsam zu «hoch oben» ist. Daraus können sich Schwindelanfälle entwickeln oder eine Neigung, die Treppe hinunterzufallen, sich den Fuß zu übertreten, über Schwellen und Stühle zu stolpern und dergleichen mehr.

[30] BERTHELOT, *Alch. grecs,* IV, XX, 8 (griech. Text s. GW).

[31] ZELLER, l. c., 3. Teil, 2, p. 152.

[32] ZELLER, l. c., 3. Teil, 2, p. 98 f. und 151.

[33] HIPPOLYTOS, *Elenchos* V, 26, 1. Das Motiv der Edem hat die Alchemie auf den Mercurius übertragen, der ebenfalls oben als Jungfrau, unten als Schlange dargestellt wurde. Daraus ist bei PARACELSUS die *Melosine* hervorgegangen (vgl. [JUNG] *Paracelsus als geistige Erscheinung* [GW 13, Paragr. 179 f.]).

[34] (Griech. Text s. GW.) Siehe die Rettung und Reinigung dieser Seele im Traktat des SOPHE (BERTHELOT, *Alch. grecs,* III, XLII, 1).

[35] In der spätjüdischen (kabbalistischen) Gnosis hat sich eine der Alchemie sehr ähnliche Einstellung entwickelt. Vgl. dazu die treffliche Schilderung von ERNST GAUGLER, *Das Spätjudentum,* in: *Mensch und Gottheit in den Religionen,* Bern/Leipzig 1942, p. 279 ff.

[36] Die Hauptpunkte sind: die Gottmenschnatur des *Osiris,* der die menschliche Unsterblichkeit garantiert, seine Weizennatur und seine Zerstückelung und Resurrektion; bei *Orpheus* die Triebbezähmung, der Fischer, der gute Hirte, der Weisheitslehrer, die Zerreißung; bei *Dionysos* die Weinnatur, die offenbarende Ekstasis, die Fischsymbolik, die Zerstückelung und die Resurrektion; bei *Herakles* die Erniedrigung unter Eurystheus und Omphale, das schwere Werk (hauptsächlich Erlösung der geplagten Menschheit von Übeln), die Raumkreuz-Bildung durch Werke 7–10: Süden-Norden/Osten-Westen, Vertikale durch Werke 11 und 12 (vgl. die Paulinische Andeutung *Ephes.* 3, 18) die Selbstverbrennung und «sublimatio» zum göttlichen Zustand.

[37] Vgl. z. B. den polynesischen Maui-Mythus (HAMBRUCH [Hg.], *Südseemärchen,* Jena 1916, p. 289. Weiteres Material bei LEO FROBENIUS, *Das Zeitalter des Sonnengottes,* Berlin 1904).

[38] «Die Feier dieses Sakramentes ist eine Art Vorstellungsbild der Passion Christi, die seine wahre Opferung ist.» (*Real-Encyklopädie für prot. Theol. u. Kirche* XII, p. 689, 35.) (Lat. Text s. GW.)

[39] In der Beuroner Ausgabe des Meßbuches findet diese Auffassung Verwendung (p. X).

[40] JOSEF KRAMP, *Die Opferanschauungen der römischen Meßliturgie,* Regensburg 1924, p. 114.

[41] «... vita corporea actualis sensitiva aut a sensibus pendens» (Kardinal CIENFUEGOS – † 1739 – in: *Real-Encykl.,* l. c., p. 696, 45).

[42] Vgl. dazu das Lammopfer in der *Vita S. Brendani:* «Und es sagte der heilige Brendanus zu

den Brüdern: ‹Vollbringen wir hier das göttliche Werk, und opfern wir Gott ein makelloses Lamm, da heute Abendmahl des Herrn ist.› Und sie blieben dort bis zum Karsamstag. Sie fanden dort auch viele Herden Schafe von *einer* Farbe, nämlich weiß, so daß sie den Boden ob der Menge der Schafe nicht sehen konnten. Der heilige Mann rief die Brüder zusammen und sprach zu ihnen: ‹Nehmt aus der Herde, was zum Festtag nötig ist.› Sie aber nahmen ein Schaf, und als sie es an den Hörnern festgebunden hatten, lief es hinter ihnen her wie ein Haustier und folgte ihren Spuren. Und er sagte: ‹Nehmt ein makelloses Lamm.› Und als sie den Auftrag des Gottesmannes erfüllt hatten, bereiteten sie alles für den kommenden Tag vor.» (p. 12) «Unmittelbar darauf sangen sie drei Psalmen: ‹Erbarme dich meiner, Gott›, und ‹Herr, meine Zuflucht›, und ‹Gott mein Gott›. Zur Terz aber drei weitere: ‹Ihr Völker alle›, ‹Gott, in deinem Namen›, ‹Denn ich liebte›, mit dem Alleluja. Dann opferten sie das makellose Lamm, und alle kamen zur Kommunion und sprachen: ‹Dies ist der heilige Leib des Herrn und unseres Erlösers, nehmt hin sein Blut zum ewigen Leben.›» (*La Légende latine de S. Brandaines,* p. 34.) (Lat. Texte s. GW.)

43 So KHUNRATH und andere.

44 *Hyleal. Chaos,* p. 59 et passim. Bei dem weit älteren MORIENUS (*De transmut. met.* in: *Art. aurif.* II, p. 37) heißt es: «In diesem Stein nämlich sind die vier Elemente enthalten, und er wird der Welt und der Zusammensetzung der Welt angeglichen.» (Lat. Text s. GW.)

45 MORIENUS sagt zu König Calid (l. c., p 37): «Denn dieses Ding wird aus dir herausgezogen: und du bestehst aus seinem Stoff, in dir findet man es, und richtiger gesagt, von dir nehmen sie es: und wenn du es versucht hast, wird die Begierde und Liebe zu ihm in dir zunehmen. Und wisse, daß das wahr und unzweifelhaft bleiben wird.» (Lat. Text s. GW.)

46 «... in stercore invenitur.»

47 MAIER, *Symbola,* p. 336.

48 KHUNRATH (l. c., p. 410) sagt z. B.: «... so procedire auch in Laboratorio nur vor dich alleine / ohne collaboranten oder mit-Arbeiter; auff das Gott der Eiverige ⟨Eifrige⟩ / deiner mitgehülffen halben / denen Er die Kunst nicht geben wil / dir dieselbe nicht auch entziehe.»

49 «Quia nobis solis artem per nos solos investigatam tradimus, et non aliis...» (GEBER, *Summa perfectionis* in: *Bibl. chem.* I, p. 557 b.)

50 Ich sehe natürlich von den späten Rosenkreuzern ab, sowie von der von ZOSIMOS beglaubigten «Poimandres»-Gemeinde. Zwischen diesen beiden extremen Zeitpunkten habe ich nur in der *Practica Mariae Prophetissae* (*Art. aurif.* I, p. 323; vgl. Abb. 78: Grundwerk 5) eine fragwürdige Stelle gefunden: Der «interlocutor» Aros (Horos) fragt Maria: «O Herrin, hast du in der Gesellschaft des Scoyarus gehorcht, und hast du die Geheimnisse der Philosophen gefunden...» Das Wort «Scoyaris» oder «Scoyarus» erinnert an den geheimnisvollen «Scayolus» bei PARACELSUS (*De vita longa*), welcher Ausdruck den *Adepten* bedeutet. («Scayolae» bedeuten höhere geistige Kräfte oder Prinzipien. Siehe *Paracelsus als geistige Erscheinung* [GW 13, Paragr. 206 ff.]. Ob hier ein Zusammenhang besteht? Auf alle Fälle scheint auf eine «societas» angespielt zu sein. Nun dürfte aber der Traktat der MARIA von erheblichem Alter sein und in die Frühzeit zurückreichen und damit in die Nähe gnostischer Vereine. Bei AGRIPPA (*De incertitudine et vanitate scientiarum,* Kp. XC) ist ein alchemistischer Initiationseid erwähnt, welcher möglicherweise auf das Bestehen von Geheimgesellschaften hindeuten könnte. WAITE *(The Secret Tradition in Alchemy)* kommt zu einem negativen Ergebnis. Weiteres siehe *Paracelsus* (l. c.).

[51] Die *Turba philosophorum* ist in dieser Hinsicht instruktiv.
[52] MORIENUS, l. c., p. 39; *Cons. coniugii* in: *Ars chem.*, p. 56; *Rosarium* in: *Art. aurif.* II, p. 280 (Lat. Texte s. GW).
[53] *Rosarium*, l. c., pp. 212, 228.
[54] l. c., pp. 219, 269.
[55] l. c., p. 230. Die Alchemie hat die Superiorität über alle anderen Wissenschaften, meint DJABIR (8. Jh.). «En effet, tout homme instruit dans une science quelconque, et qui n'a point donné une partie de son temps à l'étude de l'un des principes de l'œuvre, en théorie ou en pratique, possède une culture intellectuelle absolument insuffisante.» (BERTHELOT, *Chimie au moyen âge*, III, p. 214) DJABIR soll Christ oder Ssabier gewesen sein. (Siehe auch RUSKA, *Die siebzig Bücher des Gabir ibn Hajjan*, Berlin 1927, p. 38.) An die Intelligenz appelliert auch SYNESIUS (BERTHELOT, *Alch. grecs*, II, III, 16). OLYMPIODOR vergleicht die Kunst sogar der göttlichen Intelligenz (l. c., II, IV, 45) und appelliert ebenfalls an die Intelligenz seines Publikums (l. c., 55). Auch CHRISTIANOS betont die Intelligenz (l. c., VI, I, 4 und VI, III, 2). Ebenso wird in *Aurora*, II (Prologus) in: *Art. aurif.* I, p. 185, betont: «man muß den Verstand sehr subtil und geschickt schärfen» (lat. Text s. GW).
[56] *Rosarium* in: *Art. aurif.* II, p. 210.
[57] HOGHELANDE, *De alch. diff.* in: *Bibl. chem.* I, p. 342 a.
[58] Lat. Text s. GW, zit. von PETRUS BONUS, *Margarita pretiosa*, caput VIII, in: *Bibl. chem.* II, p. 33 b.
[59] *Rosarium*, l. c., p. 230.
[60] l. c., pp. 211, 243, 269.
[61] «Das philosophische Wasser, das dir etliche Male im Traum erschienen ist.» (SENDIVOGIUS, *Parabola*, in: *Bibl. chem.* II, p. 475 b (lat. Text s. GW).
[62] FIGULUS, *Rosarium novum olympicum*, pars altera, p. 33.
[63] FIGULUS, *Tractatulus rhythmicus*, l. c., prima pars, p. 58.
[64] *Rosarium*, l. c., p. 230.
[65] ARNALDUS DE VILLANOVA in: *Rosarium*, l. c., p. 210.

4. Die Materia prima

[1] BERTHELOT, *Alch. grecs*, IV, XX, 8.
[2] *Congeries Paracelsicae chemicae* in: *Theatr. chem.* I, p. 578. An derselben Stelle erläutert DORN: «Jener Mercurius besteht aus Körper, Geist und Seele und hat die Natur und Eigenheiten aller Elemente angenommen. Weswegen sie mit außerordentlichem Scharfsinn und Verstand beteuerten, ihr Stein sei ein Lebewesen, das sie auch ihren Adam nannten, der seine unsichtbare Eva verborgen in seinem Körper trage» (lat. Text s. GW). HOGHELANDE sagt: «Sie haben die prima materia mit allem verglichen, mit dem männlichen und weiblichen, *hermaphroditischen Monstrum*, mit Himmel und Erde, mit Körper und Geist, Chaos, Mikrokosmos, mit der vermischten Masse (massa confusa); die in sich alle Farben enthält und potentiell alle Metalle, über die es nichts Wunderbareres in der Welt gibt, da sie sich selber befruchtet, von sich selber empfängt und sich selbst gebiert» (*De alch. diff.* in: *Theatr. chem.* [1602] I, p. 178 f.).

[3] *Tractatus aureus* in: *Mus. herm.*, p. 10 und viele andere Stellen.
[4] DEE, *Monas hieroglyphica* in: *Theatr. chem.* (1602) II, p. 218ff. Bei AEGIDIUS DE VADIS (*Dialogus* in: *Theatr. chem.* II, p. 110) ist die «Monas» die wirksame «forma» in der Materie. KHUNRATH (*Amphitheatrum*, p. 203) schreibt: «... in der Kabbala ist es die Vereinigung des Menschen mit Gott, die miteinander zur Monade vereinfacht sind: in der Physico-Chemie ist es eine Gärung (des Menschen) mit dem Makrokosmos, der (zur Einfachheit unseres Steines) reduziert wird.» Ähnlich in seiner «Confessio» (*Hyleal. Chaos*, pp. 33f. und 204), wo die «Monas» ebenfalls mehr ein Symbol des vollendeten Lapis ist. DORN (*De spagirico artificio* in: *Theatr. chem.* [1602] I, p. 441) sagt: «Denn in einem ist eines, und es ist nicht das Eine, es ist einfach, und es ist in der Vierheit zusammengesetzt.» Er ist in der Lehre vom «Einfachen» stark vom *Liber quartorum* beeinflußt. (Er erwähnt auch einmal die Magie.) An gleicher Stelle aber braucht DORN den Ausdruck «monas» auch für das Ziel: «Der Fortschritt vollzieht sich von der Dreiheit und Vierheit zur Monade.» Die Bezeichnung «Lapis» wird durchgehend in der Literatur für die Bezeichnung von Anfang und Ziel gebraucht. (Lat. Texte s. GW.)
[5] *Theatr. chem.* V, p. 130.
[6] *Phil. ref., p. 174.*
[7] *Art. aurif.* I, p. 66. Eximindus (bzw. Eximidius in der ersten Fassung) ist eine Entstellung von Anaximenes und Anaximander.
[8] *Turba* (hg. von RUSKA), p. 116.
[9] *Physica genesis* in: *Theatr. chem.* (1602) I, p. 380 (lat. Text s. GW). Die entsprechende Stelle bei PARACELSUS lautet: «... also ist mysterium magnum ungeschaffen von dem höchsten künstler zubereitet und wird im keine niemermer gleich und komt auch niemer wieder. dan gleich wie ein kes niemer zu milch wird, also wenig wird die generation in ir erste materien widerkomen.» (*Philosophia ad Athenienses*, SUDHOFF XIII, p. 390.)
[10] PARACELSUS (l. c.): «dis mysterium magnum ist ein muter gewesen aller elementen und gleich in solchen auch ein großmuter aller stern, beumen und der creaturen des fleischs. dan aus dem, wie von einer muter kinder geboren werden, also auch vom mysterio magno geboren seind alle geschöpf von entpfintlichen und unentpfintlichen und aller andern gleichförmig. und ist mysterium magnum ein einige muter aller tötlichen ding, und haben ir ursprung in ir genomen» usw. (l. c., p. 391): «Dieweil und nun aus dem mysterio increato alle andere tötliche seind gewachsen und entsprungen, ist nun zu verstehen, das kein Geschöpf früer und spater oder sonderlichen geschaffen sei, sondern alls mit ein ander. dan das höchst arcarnum und groß gut des creators, hat alle ding in das increatum geschaffen, nicht formlich, nicht wesentlich, nicht qualitetisch, sonder es ist in dem increato gewesen, wie ein bilt in eim holz ist. wiewol das selbige nicht ersehen wird, es sei dan, das das uberig holz hindan geschnitten werd; darnach so wird das bilt erkent. also auch das mysterium increatum nicht anders zu verstehen ist, dan das das fleischliche und das unentpfintliche in seiner scheidung ietlichs in sein form und gestalt komen ist».
[11] *Mus. herm.*, p. 75ff. Ich muß hier einen Irrtum berichtigen, der mir in *Paracelsus als geistige Erscheinung* [GW 13, Paragr. 231] unterlaufen ist: Außer dem dort erwähnten Autor bezieht sich auch das *Aquarium* auf die Ketzergeschichte, ebenfalls in ablehnendem Sinne.
[12] l. c., p. 106f.
[13] l. c., p. 111.
[14] *Theatr. chem.* V, p. 145. (Lat. Text s. GW.)

[15] Vgl. B. P. GRENFELL AND A. HUNT, *New Sayings of Jesus,* New York-London 1904, p. 15 f.: «Jesus saith: (Ye ask? who are those) that draw us (to the kingdom, if) the kingdom is in Heaven?... *the fowels of the air,* and all beasts that are under the earth or upon the earth, and *the fishes of the sea...*»
[16] RIPLEY, *Opera,* p. 10.
[17] l. c., p. 130.
[18] l. c., p. 369.
[19] l. c., p. 427.
[20] l. c., p. 9.
[21] In der *Ripley-Scrowle* (British Museum, Ms. add. 5025) ist die Wasserkugel mit Drachenflügeln dargestellt (s. Abb. 228). In den *Verses belonging to an emblematical scrowle (Theatr. chem. Brit.,* p. 376) spricht der «spiritus Mercurii»: «Von meinem Blut und Wasser weiß ich, daß es auf der Welt in Fülle vorhanden ist. Es fließt an jedem Ort; Wer es findet, ist begnadet: Es fließt in der Welt überall und geht rundum wie ein Ball» (engl. Text s. GW).
[22] RIPLEY, *Opera,* p. 197.
[23] *Mus. Herm.,* p. 606.
[24] HORTULANUS, *Commentariolus* in: *De Alchemia,* p. 366.
[25] Vgl. AEGIDIUS DE VADIS, *Dialogus* in: *Theatr. chem.* (1602) II, p. 101: Das Chaos ist materia confusa. Diese materia prima ist nötig zur Kunst. In der materia prima sind vier Elemente vermischt in ungeordnetem Zustand, weil «Erde und Wasser, die schwerer sind als die anderen Elemente, bis zum Kreise des Mondes reichten, und Feuer und Luft, die leichter sind als die anderen, bis ins Zentrum der Erde hinabstiegen, weshalb eine solche materia mit Recht ungeordnet genannt wird. Es blieb *nur ein Teil dieses ungeordneten Stoffes in der Welt,* und dieser ist allen bekannt und wird öffentlich verkauft.»
[26] HORTULANUS, l. c., p. 371.
[27] ZELLER, *Philosophie der Griechen,* III, 2. Abt., p. 120.
[28] l. c., p. 102; ebenso p. 154.
[29] l. c., p. 687.
[30] Auch als «piscis rotundus» im Meer (*Allegoriae super librum Turbae* in: *Art. aurif.* I, p. 141).
[31] MAIER, *Symbola,* p. 379 f.
[32] «... ex profundo clamat» (l. c., p. 380).
[33] Vgl. Beginn der siebten Parabel in: *Aurora,* I, Kp. XII: «Wendet euch zu mir von ganzem Herzen und verwerfet mich nicht, darum weil ich schwarz bin und dunkel, denn die Sonne hat mich so verbrannt; und die Abgründe haben mein Antlitz bedeckt, und die Erde ist verdorben und verunreinigt in meinen Werken, indem Finsternis ward über ihr, da ich versunken bin im Schlamme der Tiefe und meine Substanz nicht erschlossen worden ist. Daher rufe ich aus der Tiefe, und aus dem Abgrund der Erde spricht meine Stimme zu euch allen, die ihr vorübergehet auf dem Wege: Habet acht und schauet mich an, ob jemals einer von euch einen fand, der mir gleicht, so will ich ihm den Morgenstern in die Hand geben.» (Lat. Text s. GW.)
[34] *Art. aurif.* I, p. 146 ff.
[35] Vgl. RUSKA, *Turba,* p. 23. Arisleus ist eine durch arabische Transkription verursachte Entstellung von Archelaos. Dieser könnte ein byzantinischer Alchemist des 8.–9. Jh. sein. Er hat ein Gedicht über die heilige Kunst hinterlassen. Aber da die dem ARISLEUS zuge-

schriebene *Turba* auf arabische Tradition zurückgeht – wie RUSKA zeigt – ist für ARCHELAOS ein weit höheres Alter anzunehmen. RUSKA identifiziert ihn daher mit dem Schüler des ANAXAGORAS (l. c., p. 23). Er stellt sich – was für den Alchemisten von besonderem Interesse ist – den νοῦς mit Luft gemischt vor: ἀέρα καὶ νοῦν τὸν θεόν. (STOBAEUS, *Eclogarum,* I, p. 56)

36 Die Paarung von Gleichem mit Gleichem findet sich schon bei HERAKLIT. (DIELS, *Fragmente der Vorsokratiker* I, p. 79[10].) [Der Inhalt dieser Anmerkung beruht auf einem Irrtum.]

37 Auch Gabricus, Cabricus, Cabritis, Kybric; arab. kibrīt = *Schwefel.* Beja, Beya, Beua; arab.: al-baidā = *die Weiße.* (RUSKA, *Turba,* p. 324)

38 «Ego tamen filium et filiam meo in cerebro gestavi.» (*Visio Arislei* in: *Art. aurif.* I, p. 147.) Bei MAIER (*Symbola,* p. 343 ff.) handelt es sich um einen Mutterinzest, indem Gabritius dort seiner Mutter Isis angetraut wird – dies darum, weil es kein einziges anderes Paar dieser Art gibt. Es ist offenkundig ein chthonisches Götterpaar (die latenten Gegensätze in der «prima materia» symbolisierend), welches den Hierosgamos feiert.

39 Das «Ganze» oder das «Selbst» umfaßt bewußte und unbewußte Inhalte. (Vgl. [JUNG] *Die Beziehungen zwischen dem Ich und dem Unbewußten* [Grundwerk 3].)

40 «Divitiae» und «salus» sind bei den Philosophen sowohl als «bona futura» geistlicher Art, als Seelenheil, wie auch als physisches Wohlergehen zu verstehen, wofür es zahlreiche Belege gibt. Man vergesse nicht, daß es dem Alchemisten in keiner Weise daran liegt, sich moralisch abzuquälen in der Annahme, daß man ein sündiges Nichts sei und durch ein einwandfreies, ethisches Verhalten der Erlösungstätigkeit Gottes entgegenkomme. Er findet sich in der Rolle eines «Erlösers», dessen «opus divinum» mehr eine Fortsetzung des göttlichen Erlösungswerkes ist als eine Präventivmassnahme gegen eine eventuelle Verdammung am Jüngsten Gericht.

41 Die Gegensätzlichkeit im «ens primum» ist eine sozusagen universale Idee. In China ist das Gegensatzpaar «yang» und «yin», ungerade und gerade Zahl, Himmel und Erde usw.; ebenso findet sich die Einigung im Hermaphroditen. (Vgl. HASTINGS, *Encyclopedia of Religion and Ethics,* IV, p. 140.) EMPEDOKLES: νεῖκος und φιλία der Elemente (Zeus–Feuer, Hera–Luft). In der zweiten Schöpfungsperiode entstehen *Zwitter,* ähnlich wie die nordischen Ymir und Buri (PAUL HERRMANN, *Nordische Mythologie,* Leipzig 1903, p. 574). Neupythagoräer: Monas = männlich, Dyas = weiblich (ZELLER, *Philosophie der Griechen,* Tübingen 1856, III/2. Abt., p. 98). Bei NIKOMACHOS ist die Gottheit gerade und ungerade Zahl; daher mannweiblich (ZELLER, l. c., p. 106 f.). HERMES TRISMEGISTOS: «Nous» ist hermaphroditisch. BARDESANES (154–222): Gekreuzigter Hermaphrodit (W. SCHULTZ, *Dokumente der Gnosis,* Jena 1910, p. LV). VALENTINUS: Der Weltschöpfer ist der Muttervater; bei MARKOS ist der Urvater hermaphroditisch. Bei den *Ophiten* ist das «pneuma» mannweiblich (SCHULTZ, l. c., p. 171).

42 MAIER, *Symbola,* p. 343 f. «Delphinas, ein anonymer Philosoph, spricht im Traktat vom Größten Geheimnis deutlich davon, daß die Mutter mit dem Sohn naturnotwendig vereint werden müsse, denn wenn es auf der Welt nur einen Mann und ein Weib gäbe, nämlich seine Mutter, müßten sie etwa nicht miteinander vereint werden, damit das Menschengeschlecht dadurch vermehrt würde? ... in gleicher Weise gibt es jedenfalls in der chymischen Kunst zwei Subjekte, deren eines die Mutter des anderen ist, und diese müssen zusammengebracht werden.» – l. c., p. 515, findet sich ein *Epithalamium honori nuptiarum Matris Beiae et filij Gabrici,* das folgendermaßen beginnt: «Wenn die Mutter selbst mit dem Sohn im

Ehebund vereinigt wird, möge das Tun nicht als Inzest betrachtet werden. So nämlich ordnet es die Natur an, so verlangt es das ehrwürdige Gesetz des Schicksals, und das Geschehen ist Gott nicht ungenehm.» (Lat. Texte s. GW.)

[43] Die Geisterfurcht bedeutet psychologisch die Überwältigung des Bewußtseins durch die autonomen Inhalte des Unbewußten, was gleichbedeutend mit Geistesstörung ist.

[44] *Rosarium* in: *Art. aurif.* II, p. 246.

[45] I, Kp. IX, 4. Parabel (p. 76). Die Stelle stammt aus der ersten «oratio» des dritten Sonntags im Advent: «... et mentis nostrae tenebras gratia tuae visitationis illustra» [und erleuchte die Finsternisse unseres Geistes mit der Gnade deiner Heimsuchung].

[46] «Etliche kamen bei unserem Werk um», wie das *Rosarium* sagt. Das Moment der *Qual* wird auch stark hervorgehoben in: *Allegoriae super librum Turbae (Art. aurif.* I, p. 139 ff): «Nimm den Menschen, schere ihn und ziehe ihn über den Stein... bis sein Körper stirbt.» (Lat. Texte s. GW.)

[47] Der quadratische Raum als Seelenraum, vgl. *Traumsymbole des Individuationsprozesses* [Grundwerk 5]. Die Seele ist nach PYTHAGORAS ein *Quadrat* (ZELLER, l. c., III/2. Abt., p. 120).

[48] Symbolisiert durch ein zauberisches Weib oder durch lockere Jungfrauen, wie im *Poliphile* (vgl. Abb. 33: Grundwerk 5) BÉROALDE DE VERVILLE, *Le Songe de Poliphile.* Ähnliche Motive in: *Traumsymbole* [Grundwerk 5].

[49] *Rosarium* in: *Art. aurif.* II, p. 246 f.: «Denn Beya steigt auf Gabricus und schließt ihn in ihren Schoß ein, so daß von ihm gar nichts mehr zu sehen ist. Mit so großer Liebe hat sie Gabricus umfangen, daß sie ihn völlig in ihre Natur aufnahm und in untrennbare Teile trennte. Daher sagt Merculinus: ... Durch sich werden sie aufgelöst, durch sich auch zusammengebracht, und sie, die zwei waren, sollen dem Leibe nach gleichsam eins werden.» («Merculinus» ist verbessert aus «Masculinus» des Textes.) Wie der Königssohn, so wird auch der König auf vielerlei Art getötet, z. B. erschlagen, oder er trinkt so viel Wasser, daß er daran schwer erkrankt und sich darin auflöst (MERLINUS, *Allegoria de arcano lapidis* in: *Art. aurif.* I, p. 392 ff.).

[50] VALENTINUS, *Practica* in: *Mus. herm.,* p. 394. Eine andere Version der Verschlingung (l. c.): Mars gibt den Leib des Königs dem Wolf (fame acerrima occupatus), dem Sohne des Saturn (Blei), zu fressen. Der Wolf symbolisiert den Appetit der «prima materia» nach dem König, welcher öfters an Stelle des Sohnes steht (Abb. 175; vgl. auch Abb. 168, 169).

[51] Dazu JUNG, *Wandlungen und Symbole der Libido,* passim. [Grundwerk 7 und 8.]

[52] Siehe D'ESPAGNET, *Arcanum hermeticae philosophiae* in: *Bibl. chem.* II, p. 655, LXVIII: «Haec prima digestio fit velut in stomacho.»

[53] LEO FROBENIUS, *Zeitalter des Sonnengottes,* Berlin 1904 [passim].

[54] *Turba,* Sermo LXVIII: «unser Werk entsteht durch Zeugung aus dem Meer» (RUSKA, p. 167; lat. Text s. GW).

[55] Vgl. das Schweißbad des Rex (Fig. XIV der LAMBSPRINCKschen Symbole [im *Mus. herm.,* p. 369 u. a.]). Ganz in diesem Sinne ist auch der Prozeß der Ausbrütung des Eies beim Goldmachen von NIKEPHOROS BLEMMIDES beschrieben (BERTHELOT, *Alch. Grecs,* VI, XX).

[56] Vgl. meine Ausführungen in: *Wandlungen und Symbole der Libido* [Grundwerk 8, s. Register unter Tapas].

[57] CHRISTOPHORUS PARISIENSIS, *Elucidarius* in: *Theatr. chem.* VI, p. 228 f. Vgl. Steingeburt des Mithras, «einzig durch die Hitze der Libido».

[58] Siehe auch SENDIVOGIUS, *De sulphure* in: *Mus. herm.,* p. 612 (vom Luftelement): «außen leicht und unsichtbar, innen aber schwer, sichtbar und unbeweglich» (lat. Text s. GW).
[59] Als Autor dieser Idee ist «Degenhardus Augustini ordinis Monachus» erwähnt bei GRASSEUS, *Arca arcani* in: *Theatr. chem.* VI, p. 314 – eine offenkundige Anspielung auf die «sapientia», wie in der *Aurora.*
[60] *Practica* in: *Mus. herm.,* p. 403 f.
[61] *De circulo physico quadrato.* Eine analoge Vorstellung findet sich bei R. W. EMERSON, *Essays,* Boston – New York 1903, I, p. 301 ff.
[62] Herz und Blut als Sitz der Seele.
[63] *Opera,* p. 146.
[64] Z. B. in LAMBSPRINCKS *Figurae* (*Mus. herm.,* p. 371 [Abb. 179]).
[65] Im Indischen begegnen wir der ähnlichen Vorstellung des hamça (Schwan).
[66] WALTER SCOTT, *Hermetica* I und II, Oxford 1924–1936.
[67] Auch als «calx viva» (ungelöschter Kalk) bezeichnet.
[68] *Gloria mundi* in: *Mus. herm.,* p. 246 f.

5. Die Lapis-Christus-Parallele

[1] Ich habe diese Methode in: *Die Beziehungen zwischen dem Ich und dem Unbewußten* [Grundwerk 3] dargestellt. Vgl. ferner *Die transzendente Funktion* [Grundwerk 1], *Mysterium coniunctionis* (GW 14, Paragr. 494 ff. und 528 ff.) und *Über Grundlagen der Analytischen Psychologie* (Tavistock Lectures: GW 18/I).
[2] Harforetus = Horfoltus des Codex Berolinensis (RUSKA, *Turba,* p. 324 ff.). Dieser ist identisch, wie RUSKA [l. c., p. 27] meint, mit Kaiser Herakleios (610–641). Seine mystische Rolle in der *Visio* macht aber eine Beziehung zu Harpokrates nicht unwahrscheinlich.
[3] Die *Visio Arislei* in: *Art. aurif.* I, p. 149, hat: «... sagten zum König: Dein Sohn lebt, der für tot gehalten worden war» (lat. Text s. GW). Der Codex Berolinensis (RUSKA, l. c., p. 328) hat: «... et misimus ad regem, quod filius tuus commotus est» («commotus» will offenbar sagen, daß er sich wieder «rührt»).
[4] Ich benütze die Ausgabe von 1593 von *Art. aurif.* I, p. 146 ff.
[5] RUSKA, l. c., p. 324. Diese Stelle ist in: *Art. aurif.* I, p. 146, verändert in: «von jenem unsterblichen Baum die Früchte flücken» (lat. Text s. GW).
[6] Öfters ist der Baum ein «coralium», bzw. «corallus», eine Koralle, also ein «Meerbaum» (Abb. 186): «eine Korallenpflanze, die im Meer entsteht» (*Allegoriae super librum Turbae* in: *Art. aurif.* I, p. 143). Der Paradiesesbaum im Meeer bei PARACELSUS, *Liber Azoth* (SUDHOFF XIV, p. 567).
[7] Daher die häufig wiederholte Formel «Deo adiuvante», «Deo concedente».
[8] PYTHAGORAS galt den Neupythagoräern als *inkarnierter Gott* (vgl. ZELLER, *Phil. d. Griechen,* III/2. Abt., p. 130.
[9] Es ist eine ähnliche Substitution wie die des Poimandres durch Hermes. Vgl. SCOTT, *Hermetica* I und II.
[10] MELCHIOR CIBINENSIS (vgl. p. 164 ff. in diesem Band).
[11] Ein ALPHIDIUS-Zitat (MAIER, *Symbola,* p. 65 – ebenso in der *Aurora,* I, Kp. I) sagt: «Wer

diese Wissenschaft gefunden hat, dem dient sie zur rechtmäßigen und immerwährenden Speise.» Die siebte Parabel der *Aurora* sagt: «Aus diesen Früchten jenes Korns wird nämlich die Speise des Lebens bereitet, die vom Himmel herabkommt. Wenn einer davon ißt, wird er ohne Hunger leben. Denn von jenem Brot werden die Armen essen und satt werden, und es werden den Herrn preisen, die ihn suchen, und ihre Herzen werden leben in Ewigkeit.» (Lat. Text s. GW.)

[12] Der Ritus der Feuerweihe scheint in Frankreich entstanden zu sein; jedenfalls war er dort schon im 8. Jh. bekannt, während er in Rom noch nicht in Übung war, was durch einen Brief des Papstes ZACHARIAS an den heiligen BONIFATIUS beglaubigt ist. Erst im 9. Jh. scheint er in Rom Eingang gefunden zu haben. (BRAUN, *Liturgisches Handlexikon,* s.v. «Feuerweihe».)

[13] Obschon ich bei jeder vorhandenen Gelegenheit darauf hinweise, daß der Begriff des Selbst, wie ich ihn definiert habe, nicht mit dem der empirischen und bewußten Persönlichkeit zusammenfällt, begegne ich immer wieder dem Mißverständnis, welches «Ich» und «Selbst» zusammenwirft. Wegen der grundsätzlichen Unumschreibbarkeit der menschlichen Persönlichkeit ist das Selbst ein Grenzbegriff, der eine an sich unbegrenzte Wirklichkeit ausdrückt.

[14] Vgl. SIMON MAGUS, der in das apostolische Zeitalter gehört und bereits über ein reich ausgebildetes System verfügt.

[15] Ich beziehe mich hier auf WEI PO-YANG, *An Ancient Chinese Treatise on Alchemy,* in: *ISIS* XVIII (Bruges 1932) pp. 210–289.

[16] A. E. WAITE, *The Secret Tradition in Alchemy,* London 1926.

[17] *Bibl. chem.* I, p. 884 b (lat. Text s. GW).

[18] Vgl. die Lesung am Mittwoch der Karwoche (*Jes.* 63,1–7): «Warum nun ist rot dein Gewand und sind deine Kleider wie die von Keltertretern?» und «daß ihr Blut über meine Kleider spritze». Vgl. «pallium sanguineum» anderer Autoren.

[19] *Ars chem.*, pp. 7–31. Der obige Text hebt nur das Wesentliche hervor.

[20] BERTHELOT, *Alch. grecs,* IV, xx. Der Text dürfte ins 1. Jh. gehören.

[21] Der Text findet sich bei BERTHELOT, l. c., III, XLIX, 4–12. Auch RUSKA gibt eine Übersetzung von 2–19 in: *Tab. smaragd.*, pp. 24–31. Ebenso gibt SCOTT (*Hermetica* IV, p. 104) diese Textpartie auf griechisch wieder, mit einem Kommentar. Vgl. ferner auch W. BOUSSET, *Hauptprobleme der Gnosis,* Göttingen 1907, p. 190 ff. Die obige Übersetzung weicht sowohl von derjenigen RUELLES (BERTHELOT, l. c.) wie RUSKAS in verschiedenen Punkten ab. [Um den Text nicht zu überlasten, wurde auf eine Übersetzung der philologisch häufig umstrittenen griechischen Stellen und auf längere griechische Passagen in den Anmerkungen verzichtet.]

[22] Heimarmene = Verhängnis, Naturnotwendigkeit.

[23] Dieser Satz von «sieh» an wurde durch REITZENSTEIN (*Poimandres,* p. 103) als christliche Interpolation gestrichen; ebenso RUSKA (l. c., p. 25).

[24] RUSKA (l. c., p. 25): «in jedem Leibe wohnend». διήκειν bedeutet jedoch eher «durchdringen». Vgl. BOUSSET, l. c., p. 191.

[25] ἑκάστης Codd. Die Konjektur ἑκάστου ist überflüssig.

[26] ἀνορμάω kann nur transitiv gemeint sein. RUELLE und RUSKA übersetzen: «So ist er ⟨nämlich der Sohn Gottes⟩... emporgestiegen». Durch diese Interpretation werden aber außerdem die nachfolgenden Akkusative, die sich auf das Objekt νοῦν beziehen, sinnlos.

[27] Nämlich der νοῦς. Vgl. REITZENSTEIN, l.c., p. 103, Anm. 11.

[28] RUSKA (l.c., p. 25): «bevor er die Körperlichkeit annahm». Als Prädikativ zu γενέσθαι kann aber τὸ σωματικόν nicht den Artikel führen. Gemeint ist vielmehr «vor der Schöpfung». Vgl. Abschnitt 9 (l.c., p. 27), wo die Lichtmenschen ihre Geister dorthin retten, ὅπου καὶ πρὸ τοῦ κόσμου ἦσαν.

[29] ἀκολουθοῦντα, ὀρεγόμενον und ὁδηγούμενον beziehen sich auf νοῦν, der auch Objekt zu ἀνώρμησεν ist. SCOTT (l.c., p. 119) versetzt diese ganze Partie vor den Abschnitt 9 (p. 84), da sie nicht in eine hermetische Lehre passe. Sie ist jedoch die klar angeschlossene Begründung des vorhergehenden Gedankens, daß sich der Mensch nicht äußerlich gegen die ananke auflehnen solle, sondern nur innerlich nach Selbsterkenntnis streben, wofür die äußere Unterwerfung des Gottessohnes unter das Leiden Beispiel ist.

[30] Vgl. hierzu REITZENSTEIN, l.c., p. 107 f. IAMBLICHUS (*De mysteriis Aegyptiorum,* VIII, 4) erwähnt einen Propheten Bitys als Interpreten des Hermes beim König Ammon. Er soll die Schrift des Hermes in Saïs gefunden haben. Ebenda (X, 7; griech. Text s. GW). Nach DIETERICH (*Papyrus magica musei Lugdunensis Batavi,* p. 753 f.) ist er identisch mit dem Thessaler Pitys der Zauberpapyri. (WESSELY, *Griechischer Zauberpapyrus,* pp. 92, 95 und 98 (griech. Text s. GW). Eventuell ist er weiterhin nach DIETERICH auch mit dem von PLINIUS (Buch XXVIII) benutzten Bithus von Dyrrhachium identisch. SCOTT (l.c., p. 129 f.) schlägt vor, eventuell Nikotheos einzusetzen oder «die ich schrieb», wobei er an eine Zeichnung denkt.

[31] Vgl. *Philebos* (18b), *Phaidros* (274c).

[32] Die Auseinanderreißung durch SCOTT ist unzulässig. Im *Philebos* (18) ist zwar Thoth nicht als «erster Mensch», aber als «göttlicher Mensch» und Namengeber aller Dinge tatsächlich dargestellt.

[33] RUSKA (l.c.): «... was Thoythos verdolmetscht ist in der heiligen Sprache.» Thoythos muß jedoch genitivus explicativus zu φωνή sein, da der Nominativ andernorts «Thoyth» lautet. Vgl. auch BOUSSET, l.c., p. 191.

[34] πυρὰ Codd. wohl: πυρρὰ = feuerfarbig. Vgl. SCOTT, l.c., p. 121: «Die Interpretation von Adam als γῆ παρθένος ist deutlich eine Kombination von hebräisch «adamah» = γῆ (PHILO, I, 62) und von griechisch ἀδμής = παρθένος. HESYCHIUS hat ἀδάμα = παρθενικὴ γῆ; JOSEPHUS, *Antiquitates Judaicae,* I, I, 2; griech. Text s. GW. Vgl. OLYMPIODOR (BERTHELOT, *Alch. grecs,* II, IV, 32); griech. Text s. GW. Vg. EUSEBIUS, *Evangelica praeparatio,* 11, 6, 10 ff.

[35] ὃν Codd.; REITZENSTEIN und RUSKA: ὤν. Eventuell bezieht sich ὃν auch auf den ersten Menschen: nämlich daß sie diesen als Osiris in jedem Heiligtum aufstellen. Ein Beleg hierfür wäre LYDUS, *De mensibus,* IV, 53: «... weil bei den Theologen viele Widersprüche bestehen in bezug auf den bei den Hebräern verehrten Gott. Denn die Ägypter, und als erster Hermes, behaupten, er sei Osiris, der Seiende, über den Platon im ‹Timaios› ⟨27d⟩ sagt: ‹Was das Seiende, das keine Entstehung hat...›» Vgl. hierzu auch REITZENSTEIN (l.c., p. 185) über die angebliche Übertragung jüdischer Anschauungen nach Ägypten.

[36] παρεκάλεσεν 'A ... Codd.; REITZENSTEIN und RUSKA: παρεκάλεσαν 'Ασενᾶν: als «die ⟨die Ptolemäer⟩ den (oder: die) Asenan herbeiriefen». RUELLE hingegen faßt Asenan als Subjekt zu παρεκάλεσεν auf. Über einen Hohenpriester Asenan ist nichts bekannt. Sehr wahrscheinlich handelt es sich, wie SCOTT (l.c., p. 122) bemerkt hat, eher um Asenath, die schöne Tochter des ägyptischen Priesters Pentephre von On (Heliopolis), welche nach *Gen.* 41,50 dem Joseph während seiner ägyptischen Gefangenschaft zwei Söhne gebar. Ein christ-

lich überarbeiteter Midrasch überliefert eine Legende, wonach diese Asenath sich in Joseph, der dort als Vertreter des Pharao erscheint, verliebte, der sie jedoch wegen ihres Unglaubens zurückwies. Sie bekehrte sich hierauf und tat Buße, worauf ein vom Himmel kommender männlicher Bote (in der Überarbeitung: Michael), den sie vollkommen heidnisch als einen δαίμων πάρεδρος (spiritus familiaris) empfängt, ihr eine aus dem Paradies stammende Honigwabe zu essen gibt und ihr dadurch Unsterblichkeit verleiht. Er verkündet ihr, daß Joseph kommen und sie freien werde und daß sie von nun an «Zufluchtstätte» heißen solle. – Vgl. auch BATIFFOL, *Le Livre de la prière d'Asenath* und REITZENSTEIN, *Die hellenistischen Mysterienreligionen,* ferner OPPENHEIM, *Fabula Josephi et Asenathae;* WILKEN, *Urkunden der Ptolemäerzeit,* und KERÉNYI, *Die griechisch-orientalische Romanliteratur in religionsgeschichtlicher Beleuchtung,* p. 104 f. Eventuell handelt es sich bei dem Himmelsboten ursprünglich um Hermes. Der Text müßte daher vielleicht lauten: «Damals, als Asenath den Hohepriester von Jerusalem um Hilfe anging, welcher den Hermes schickte, der die...» SCOTT schlägt vor, statt Asenath «Eleasar» einzusetzten, der nach dem Aristeas-Brief die Übersetzung durch die siebzig (Septuaginta) in die Wege leitete; in diesem Fall muß man aber auch den nachfolgenden Abgesandten Hermes in ἑρμηνέα = Interpreten verwandeln. Es handelt sich aber wohl eher um eine ganz andere Legende.

[37] τῶν ἀρχιεροσολύμων Codd. Konj. τὸν ἀρχιερέα Ἱεροσολύμων. Vgl. REITZENSTEIN, RUSKA und SCOTT.

[38] Κατὰ τὸ σῶμα eventuell auch aufzufassen «in der körperlichen Sprache», als Gegensatz zur vorher erwähnten Engelsprache, wie ZOSIMOS auch sonst die geistige Sprache einer ἔνσωμος φράσις gegenüberstellt.

[39] Zugleich auch Buchstaben (στοιχεῖα).

[40] Hier ist wohl eine Lücke anzunehmen, wo das Element Erde oder eventuell die Elemente Erde und Wasser standen. Der Text ist hier sowieso verdorben. RUSKA schlägt vor, statt dem τὸν ἀέρα τὸ δεύτερον ἄλφα τὸν ἄρκτον einzusetzen, als Bezeichnung des Nordens. SCOTT (l. c., p. 123) läßt wohl mit Recht τὸν ἀέρα stehen, da es sich um eine Kombination der Himmelsrichtungen mit den Elementen handelt; er ergänzt daher γῆ hinter δύσις. Als Beleg für die Einfügung des ἄρκτος führt er die *Oracula Sibyllina* 3,24 an (griech. Text s. GW) und den *Slavischen Henoch,* Kp 30.

[41] RUSKA: «Der mittlere dieser Körper ist reifendes Feuer, das nach der mittleren vierten Zone weist.» Von REITZENSTEIN ist diese ganze Partie eliminiert.

[42] ἀγνοῶν Codd.; ἀγνοῶ Konj. REITZENSTEIN. διὰ τὸ τέως Codd. wörtlich «mit Rücksicht auf das bisher».

[43] Von Homerisch φώς = Mann. Wortspiel zwischen τὸ φῶς [Licht] und ὁ φώς. Siehe RUSKA.

[44] REITZENSTEIN διαπνεομένῳ, auf Paradies bezogen: «in dem von der Schicksalsmacht durchwehten Paradiese».

[45] REITZENSTEIN ergänzt «die Archonten». Es handelt sich aber wohl eher um die oben erwähnten στοιχεῖα. Vgl. *Gal.* 4,9.

[46] παρ 'αὐτοῦ Codd.; REITZENSTEIN, SCOTT und RUSKA παρ 'αὐτῶν: «den bei ihnen befindlichen Adam».

[47] Vgl. hierzu besonders BOUSSET, l. c., p. 139.

[48] *Theogonie,* 614.

[49] ὃν Codd. ᾧ Konj. REITZENSTEIN.

[50] «Prometheus» Codd. von REITZENSTEIN eliminiert, da es sich wohl eher auf den Gesamtmenschen bezieht.
[51] νοῦ Konj. REITZENSTEIN.
[52] Nach REITZENSTEIN personifiziert: Nous (als Poimandres).
[53] ὅτε Codd.; REITZENSTEIN: ὅτι, «was immer er will».
[54] φαίνει Codd.; RUSKA und SCOTT: φαίνεται, «erscheint». Möglicherweise ist der nachfolgende Satz der Inhalt dessen, was der Sohn Gottes darlegt?
[55] Dieser Satz ist von REITZENSTEIN als christliche Interpolation eliminiert. Nach PHOTIOS (*Bibliotheca*, 170) sei ZOSIMOS später christlich gedeutet worden. Auch SCOTT streicht die Worte «Jesus Christus» und nimmt als Subjekt einfach «der Sohn Gottes».
[56] συλλήσας Codd.; REITZENSTEIN und SCOTT: συλήσας. RUSKA übersetzt: «das eigene Menschtum ablegend» (?). Für das Stehlen vgl. *Acta Archelai*, XII, wo es von Gott heißt: «Aus diesem Grunde... stiehlt er von ihnen ⟨den Fürsten⟩ ihre ⟨oder seine⟩ Seele» (lat. Text s. GW).
[57] Auch von REITZENSTEIN zum Folgenden gezogen.
[58] τοποισι Codd.; REITZENSTEIN: ἔπεισι, «er geht zu...»
[59] συνῶν Konj. REITZENSTEIN, BOUSSET und SCOTT: συλῶν Codd.; συλλαλῶν: «er unterredet sich» (RUELLE).
[60] RUELLE: «Er riet den Seinen, ihren Geist auch heimlich mit demjenigen Adams auszutauschen, den sie in sich hatten» (franz. Text s. GW). Damit wird jedoch das διὰ überflüssig. Vgl. auch die Stelle φησὶ γὰρ ὁ νοῦς ἡμῶν ... und den Anfang, wo ebenfalls der Erlöser indirekt, indem er den nous jeder Seele erleuchtet, diese zurückführt.
[61] ἔχειν kann heißen «zu erdulden haben». Die Widersacher meinen dann offenbar damit den eigentlichen Lichtmenschen zu treffen.
[62] REITZENSTEIN eliminiert das zweite παρ 'αὐτῶν. παρά kann aber auch heißen: «von jemandes Seite weg».
[63] δι' οὗ ζηλούμενος Codd.; REITZENSTEIN: διὰ ζηλούμενος.
[64] Von REITZENSTEIN entfernt. Gemeint ist jedoch «vor dem Erscheinen des Erlösers».
[65] πρὶν ἤ kann mit A.c.i. konstruiert werden. Dann ist «Antimimos» Subjekt zu τολμῆσαι und nicht Objekt zu ἀποστέλλει. RUSKA setzt υἱὸς Θεοῦ als Subjekt von τολμῆσαι ein. Von ihm ist aber längst nicht mehr die Rede, da sein Erscheinen vorbei ist. Vielmehr hat offenbar der Antimimos selber einen Vorläufer.
[66] REITZENSTEIN und SCOTT schlagen Μανιχαῖος vor.
[67] περίοδον Codd.; περιόδους REITZENSTEIN.
[68] ἑαυτῷ Codd.; ἑαυτοῦ REITZENSTEIN.
[69] REITZENSTEIN und RUSKA nehmen hinter «suchte» eine Lücke an und beziehen das «er» auf Prometheus. Dies ist jedoch unnötig. Epimetheus ἑρμηνεύει [deutet] durch sein Schicksal den geistig Verstehenden, was zu tun ist.
[70] Wie SCOTT bemerkt, ist dies wohl eine ungenauere Zitierung von *Odyssee*, VIII, 167 (griech. Text s. GW) in einem Zusammenhang, der darlegt, daß die einzelnen Menschen auf verschiedene Art von den Göttern beschenkt würden, wie auch ZOSIMOS im folgenden darstellt, daß die Menschen in allen Künsten individuell verschieden arbeiten.
[71] ἄγων Codd.; ἀργὸν Konj. RUSKA; ἄκρον SCOTT.
[72] RUSKA setzt statt μόνος, φιλόπονος; aber es handelt sich um Nachteile, die hier aufgezählt sind.

[73] BERTHELOT, *Alch. grecs,* III, LI, 8.

[74] DIODORUS, *Bibliotheca,* I, p. 27.

[75] Nach Süden führen der kretische Stier, nach Norden (Thrazien) die Rosse des Diomedes, nach Osten (Skythien) Hippolytos, nach Westen (Spanien) Geryons Rinder. Die ebenfalls im Westen befindlichen Hesperiden (als westliches Totenland) leiten über zum zwölften Werk, der Höllenfahrt (Cerberus).

[76] Buch *Henoch* (*Apokryphen,* II, p. 248 ff.). Die Reisen gehen nach den vier Weltgegenden. Im Westen findet er eine vierteilige Unterwelt; drei Teile von ihr sind dunkel und einer hell.

[77] Die Reise fängt in Europa an und führt nach Amerika, Asien und schließlich nach Afrika, auf der Suche nach dem Merkur und dem Phönix. (*Symbola,* p. 572 ff.)

[78] Bei MARIUS VICTORINUS (HALM, *Rhetores Latini minores,* p. 223, zitiert in: REITZENSTEIN, *Poimandres,* p. 265, Anm. 3).

[79] «Alexander fand das Grab des Hermes und außerhalb davon einen bestimmten Baum, der innen herrlich grünte: auf ihm saß dort ein Storch, als ob er sich der Mondkreis nennen würde, und dort errichtete er goldene Sitze und setzte seinen Fahrten ein passendes Ende.» (*Super arborem Aristotelis* in: *Theatr. chem.* [1602] II, p. 527; lat. Text s. GW.) Der Storch ist hier ein «avis Hermetis», wie die Gans und der Pelikan (Abb. 198).

[80] Im gleichen Traktat (BERTHELOT, *Alch. grecs,* III, XLIX, 1).

[81] C. A. BAYNES, *A Coptic Gnostic Treatise,* Cambridge 1933, p. 84 ff. Vgl. ebenso W. BOUSSET, *Hauptprobleme der Gnosis,* Göttingen 1907, p. 189, und SCHMIDT, *Texte und Untersuchungen zum Neuen Testament,* p. 135 ff.; ferner Turfanfragment M 299 a in: W. HENNING, *Ein manichäisches Henochbuch,* in: *Sitzungsberichte der preußischen Akademie der Wissenschaften,* Berlin 1934, p. 27 f.

[82] H.-C. PUECH, *Der Begriff der Erlösung im Manichäismus,* in: *Eranos Jahrbuch* 1936, Zürich 1937, p. 197 f.

[83] «... und er verwandelt sich nach Belieben, indem er verschiedene Gestalten (Masken) annimmt.» (PHILALETHES, *Metallorum metamorphosis,* p. 771.) «Denn er wird Merkur genannt wegen seiner wunderbaren Wandlungsfähigkeit» (AEGIDIUS DE VADIS, *Dialogus* in: *Theatr. chem.* [1602] II, p. 118). (Lat. Texte s. GW.)

[84] «Er wird alles Feste durchdringen» (*Tab. smaragd.,* p. 2). «Er ist ein ganz reines Öl, das die Körper durchdringt» (*Rosarium* in: *Art. aurif.* II, p. 259). «Ein lebendiger Geist, wie es in der Welt keinen zweiten gibt: und er durchdringt jeden Körper» (*Rosinus ad Sarratantam* in: *Art. aurif.* I, p. 3027). (Lat. Texte s. GW.)

[85] DJÂBER [GERBER], *Le Livre de la miséricorde* in: BERTHELOT, *Chimie au moyen âge* III, p. 181. «Dann verbreitet er sein Gift» (LAMBSPRINCK, *Figurae,* p. 352). «Giftiger Dampf» (FLAMMEL, *Summarium philosophicum,* p. 173.) «Giftgeist» (RIPLEY, *Opera,* p. 24). «Der Merkur ist tödlich» (*Gloria mundi,* p. 250). (Lat. Texte s. GW.)

[86] *Pistis Sophia.* Deutsche Ausgabe von Carl Schmidt, Leipzig 1925, pp. 46 und 207.

[87] Abgedruckt in: *Bibl. chem.,* p. 8. GESNER erwähnt BONUS als Zeitgenossen des RAYMUNDUS LULLIUS. Der Spätere MAZZUCHELLI (1762) behauptet aber, daß PIETRO ANTONIO BONI um 1494 gelebt habe. FERGUSON (*Bibliotheca chemica* I, p. 115) läßt die Frage unentschieden. Das obige Datum gilt also mit Vorbehalt. Die erste Ausgabe der *Pretiosa margarita novella* findet sich in LACINIUS, *Pretiosa margarita novella de thesauro* (Venedig 1546), fol. 1 ff.: «Quia consuevit non solum...» Die Einleitung, welche MANGETUS *(Bibl.*

chem.) gibt, fehlt hier. Die Autoren, die der Text zitiert, fallen vor das 14. Jh. Auch inhaltlich bestehen keine Gründe, die Entstehungszeit des Traktates später als die erste Hälfte des 14. Jh. anzusetzen.

[88] Kp. VI (*Bibl. chem.* II, p. 29 ff.).

[89] Die beiden Kategorien entsprechen psychologisch der bewußten Erfassung, die wesentlich auf Sinnesdaten beruht, und der Projektion unbewußter Inhalte, wofür «cor» bezeichnend ist, da die Herzregion (Abb. 149) eine frühere Bewußtseinslokalisation darstellt und auch auf höherer Stufe noch die emotiven Gedanken beherbergt, d. h. jene Inhalte, die stark unter dem Einfluß des Unbewußten stehen.

[90] «Quod verbum est philosophicum». Ich glaube, den Sinn des Satzes so wiedergeben zu müssen, weil spätere alchemistische Auffassung Christus als «verbum scriptum» vom Lapis als «verbum dictum et factum» unterschied (*Epilogus Orthelii* in: *Bibl. chem.* II, p. 526 ff.).

[91] «subtilitatem fere incredibilem».

[92] Als Analogie Gottes.

[93] Ein angeblich arabischer Philosoph, soll im 12. Jh. gelebt haben.

[94] Also wohl im alchemistischen Werk, welches ähnlich verfährt wie Weltschöpfung und Weltende.

[95] Eine ausführliche, aber spätere Darstellung findet sich auch in: *De arte chimica* (*Art. aurif.* II, pp. 581 und 613).

[96] BONUS bezieht sich hier auf eine ältere, pseudoplatonische Schrift, die ich bisher nicht nachweisen konnte, in welcher offenbar bereits eine Lapis-Christus-Parallele vorlag. Es dürfte sich, wie beim *Tractatus aureus*, um eine ursprünglich arabische (ssabische?) Quelle handeln.

[97] Es sind «electi». Manichäische Einflüsse wären bei MORIENUS nicht undenkbar.

[98] Ein in Vorbereitung befindlicher Band der *Psychologischen Abhandlungen* wird diesen Text lateinisch und deutsch, herausgegeben und kommentiert von Dr. phil. M.-L. von FRANZ, bringen [1957 unter dem Titel *Aurora consurgens. Ein dem Thomas von Aquin zugeschriebenes Dokument der alchemistischen Gegensatzproblematik* als GW 14/III von JUNG, *Mysterium coniunctionis* erschienen. – Die im vorliegenden Band zitierten *Aurora*-Textstellen und Übersetzungen sind dieser Ausgabe entnommen.]

[99] *Harmoniae imperscrutabilis chymico-philosophicae Decades duae,* II, p. 175 ff. Vgl. H. KOPP, *Die Alchemie,* Heidelberg 1866, II, p. 343.

[100] Vulgata, *Sap.* 7,11: «Es kamen aber zugleich mit ihr alle Güter zu mir, und unzählbarer Reichtum war in ihren Händen.» (*Apokryphen,* I, p. 489; lat. Text s. GW.)

[101] Vulgata, *Prov.* 1,20; Zürcher Bibel *Spr.,* 1,20 f.: «Die Weisheit ruft auf der Gasse, auf den freien Plätzen erhebt sie die Stimme; oben auf den Mauern predigt sie, am Eingang der Stadttore spricht sie ihre Worte.»

[102] Vulgata, *Ps.* 33 [34],6: Lat. Text s. GW; Zürcher Bibel *Ps.* 34,6: «Blicket auf zu ihm, so strahlt euer Antlitz, und ihr müßt nicht zu Schanden werden.» Ferner Vulgata, *Sirach seu Ecclesiasticus,* 24,30: «Wer auf mich hört, wird sich nicht schämen müssen, und die sich meiner bedienen, werden nicht sündigen.» (*Apokryphen,* I, p. 355: 24,22; lat. Text s. GW).

[103] Vulgata, l. c., 26: «Tretet heran zu mir, ihr, die ihr nach mir Verlangen habt, und von meinen Früchten sättigt euch.» (*Apokryphen*, I, 24,19; lat. Text s. GW.)

[104] EUCHERIUS, *Formularium spiritalis intelligentiae,* RABANUS, *Allegoriae* u. a. Vgl. Vulgata, *Abacuc* 3,3 (lat. Text s. GW). Zürcher Bibel *Hab.:* «Gott kommt von Theman her, der Heilige vom Gebirge Paran.»

[105] «Die Königin von Süden wird im Gericht mit diesem Geschlecht auftreten und es verurteilen; denn sie kam von den Enden der Erde, um die Weisheit Salomos zu hören, und siehe, hier ist mehr als Salomo.» (*Mt.* 12,42 und *Luk.* 11,31)

[106] Vulgata, *Cant.* 6,9 (lat. Text s. GW). Zürcher Bibel 6,10: «Wer ist sie, die da herabschaut wie die Morgenröte, schön wie der Vollmond, rein wie die Sonne.»

[107] *Art. aurif.* II, p. 294 f.

[108] SUDHOFF XIII, p. 403.

[109] F. CUMONT, *Textes et monuments* I, Brüssel 1896, p. 356.

[110] HEGEMONIUS (*Acta Archelai,* p. 12 f.): «Als aber der Vater, der lebendige, sah, daß die Seele im Körper gequält werde, schickte er, da er barmherzig und mitleidig ist, seinen geliebten Sohn zur Errettung der Seele. Zu diesem Vorwand und wegen des Homoforus schickte er ihn. Und der Sohn kam und verwandelte sich in Menschengestalt und zeigte sich den Menschen, zwar als Mensch, obwohl er kein Mensch war, und die Menschen nahmen an, er sei geboren worden. Indem er nun also kam, verfertigte er eine Einrichtung zur Erlösung der Seelen und erstellte eine Maschine, die zwölf Schöpfeimer hatte und die vom Sphärenumschwung gedreht wird und die Seelen der Sterbenden emporschöpft; diese fängt dann das größere Licht, d. i. die Sonne, mit ihren Strahlen auf, reinigt sie und übergibt sie dem Monde weiter, und so füllt sich die Scheibe des Mondes, wie wir zu sagen pflegen.» (Lat. Text s. GW.) – Dieselbe Stelle im *Panarium* des EPIPHANIUS, *Haereses,* LXVI, p. 447.

[111] Es bestehen geheime Zusammenhänge oder wenigstens auffallende Parallelen zwischen Alchemie und Manichäismus, welchen noch nachzugehen wäre.

[112] RIPLEY beschreibt die Verwandlung der Erde in Wasser, des Wassers in Luft und der Luft in Feuer: «denn du hast das Rad der Elemente herumgedreht» (*Opera,* p. 23; lat. Text s. GW).

[113] *Philosophia chemica* in: *Theatr. chem.* (1602) I, p. 492. – Vgl. auch MYLIUS (*Phil. ref.,* p. 104): «So oft muß der Himmel auf der Erde wiederholt werden, bis die Erde himmlisch und geistig und der Himmel irdisch und mit der Erde verbunden wird, dann ist das Werk vollendet» (lat. Text s. GW).

[114] CUMONT, l. c., p. 178.

[115] *Tractatus Aristotelis* in: *Theatr. chem.* V, p. 885 f.

[116] Bezieht sich auf Vulgata, Ps. 18,6 f. (lat. Text s. GW). Zürcher Bibel *Ps.* 19,5 f.: «Dort hat er der Sonne ein Zelt gesetzt, und sie, wie ein Bräutigam geht sie hervor aus ihrer Kammer, läuft freudig wie ein Held die Bahn. Sie geht auf an einem Ende des Himmels...»

[117] *De circulo quadrato,* p. 15 (lat. Text s. GW).

[118] l. c., p. 15 f.

[119] *Mus. herm.,* p. 661.

[120] «... nichtsdestoweniger unversehrte Jungfrau bleibend.» Vgl. «mater amata, intemerata» der lateinischen Hymnologie; ebenso die «schöne, geschmückte Jungfrau, zum Überzeugen wie geschaffen», die bald männlich, bald weiblich erscheint bei den Manichäern der *Acta Archelai* (l. c.).

[121] Solche Parallelen zeigen, wie sehr, trotz allen Versicherungen des Gegenteils, das alchemistische Werk in christlichem Sinne ein «mysterium iniquitatis» ist. In objektivem Sinne ist es allerdings bloß ein chthonisches Mysterium, welches, wie ich in Teil II zeige [Grundwerk 5: Teil *Traumsymbole*], seine Wurzel im Wandlungsprozeß des Unbewußten besitzt.

[122] Die weibliche Natur des Mercurius hängt mit dem Monde zusammen.

[123] Die «männliche Jungfrau» ist auch eine manichäische Vorstellung bei THEODORET.
[124] Sein Werk ist 1571 in Basel gedruckt worden.
[125] Vulgata, *Ezech.,* 1,15 ff. (lat. Text s. GW). Zürcher Bibel: «Weiter sah ich neben jedem der vier lebenden Wesen ein Rad auf dem Boden. Das Aussehen der Räder war wie der Schimmer eines Chrysoliths, und die vier Räder waren alle von gleicher Gestalt, und sie waren so gearbeitet, als wäre je ein Rad mitten in den anderen.» Ferner (l. c., 20): «denn der Geist der lebenden Wesen war in den Rädern.»
[126] *De ratione conficiendi lapidis...* in: *Theatr. chem.* (1602) II, p. 259 f.
[127] Unter den mir bekannten Traktaten gibt es zwar zwei mit «Lilium» benannte: das *Lilium inter spinas* des GRASSEUS, welches aber dem 17. Jh. angehört, und das *Lilium de spinis evulsum* des GUILHELMUS TECENENSIS [*Theatr. chem.* (1659) IV, p. 887 ff.], welcher Ende des 16. und anfangs des 17. Jh. lebte. Das erste *Lilium* kommt zeitlich nicht in Betracht, das zweite hingegen wohl, da es höchstwahrscheinlich dem GUILHELMUS fälschlicherweise zugeschrieben ist. Inhaltlich und in Anbetracht der zitierten Autoren (reichliche *Turba*-Zitate, *Tractatus Micreris* [*Theatr. chem.* V], GEBER usw.; ALBERTUS, LULLIUS, ARNALDUS fehlen!) ist es nämlich ein alter Text, der vielleicht in der Nachbarschaft des *Consilium coniugii* gehört. Aber unser obiges Zitat ist darin nicht aufzufinden. *Lilium* oder *Lilius* wird auch vom *Rosarium philosophorum* zitiert.
[128] BERTHELOT, *Alch. grecs,* IV, xx, 17.
[129] l. c., III, I.
[130] HOLMYARD (Hg.), *Kitāb al-'ilm al-muktasab,* Paris 1923, p. 43: «... aber was ist mit der Rede des Hermes, worin er sagt: ‹Der große Südwind läßt, wenn er weht, die Wolken steigen und hebt die Meerwolke empor.› Er sagte, wenn die Pulverisierung nicht gelingt, wird die Mischung nicht in den obersten Teil der Retorte steigen, und selbst wenn sie aufstiege, würde sie sich nicht in den Behälter ergießen. Sie muß mit den ersten und zweiten Wassern gemischt werden, bevor sie in den obersten Teil der Retorte steigt. ‹Ist das›, sagte er, ‹der große Südwind?› ‹Ja, o König›, sagte er» (engl. Text s. GW).
[131] ROSCHER, *(Lexikon)* s. «Hermes der Windgott».
[132] Vulgata, *Cant.* 5,16: «Ein solcher ist mein Geliebter» (lat. Text s. GW).
[133] Vulgata *Ps.* 44, [45],3 (als christlicher Hochzeitsgesang bezeichnet. LUTHER: «ein Brautlied», Zürcher Bibel: «zur Hochzeit des Königs».) «Speciosus forma prae filiis hominum» [Zürcher Bibel 45,3: «Du bist der Schönste unter den Menschenkindern»].
[134] *Gal.* 4,4.
[135] *Hebr.* 1,2.
[136] *Hebr.* 1,5 und 5,5.
[137] RUSKA, *Turba,* p. 178.
[138] Vgl. D'ESPAGNET, *Arcanum* in: *Bibl. chem.* II, p. 656 § LXXIII: «Die Erzeugung des Steines vollzieht sich nach dem Beispiel der Erschaffung der Welt; er braucht nämlich sein eigenes Chaos und seinen Urstoff, in dem die Elemente wirr durcheinanderwirbeln, bis sie durch den feurigen Geist geschieden werden... Die Wasser werden in eins gesammelt, und das Trockene erscheint» (lat. Text s. GW).
[139] «Schließlich wird der Stein in die vier miteinander vermischten Elemente getrennt, was durch Rückläufigkeit der Gestirne geschieht» (l. c., p. 655 § LXIII). Dies bezieht sich auf die «coniunctio» von Sol und Luna, die post coitum dem Tode verfallen (Abb. 223). Vgl. die Symbolfolge im *Rosarium* (*Art. aurif.* II, p. 254 ff.), ferner in: JUNG, *Die Psychologie der*

Übertragung [Grundwerk 3]. «Der schwarzen Farbe folgt die weiße.» Dieser weiße «Schwefel» ist der Lapis: «Dies ist die weiße, geblätterte Erde» (*Bibl. chem.* II, LXIV).

140 Das «Meer» der Philosophen: ein «mare sapientiae» – als Titel des Hermes (SENIOR, *Tabula chymica,* p. 31) – eine offenkundige Anspielung auf Moses.

141 Aus dem Stein, aus dem der pneumatische Funke springt, fließt auch das heilmachende Wasser. In der späteren alchemistischen Literatur ist dieser Stein öfters mit Christus verglichen (wie auch in der christlichen Hermeneutik), aus welchem das wundersame Wasser fließt. So sagt JUSTINUS MARTYR (PREUSCHEN, *Antilegomena,* p. 129): «Als eine Quelle lebendigen Wassers von Gott ist in dem der Gotteserkenntnis baren Lande der Heiden dieser Christus aufgesprudelt ⟨Abb. 213⟩, der auch eurem Volke erschienen ist und der die von Geburt und dem Fleische nach Blinden, Stummen und Lahmen heilte... Auch Tote erweckte er... Er... that dies, um die, die ihm glauben wollten, zu überzeugen, daß, wenn einer auch mit irgend einem körperlichen Fehler behaftet sei und er nur die von ihm gegebenen Gebote bewahre, er ihn mit unverstümmeltem Leibe auferwecken werde bei seiner zweiten Erscheinung, nachdem er ihn unsterblich und unvergänglich und ohne Trauer gemacht habe.»

142 Häufiges Bild: Mercurialisches Wasser (rivuli aurei) usw.

143 Ähnlich auch die «pluviae et imbres», welche die dürstende Erde tränken und befruchten. Der König ist durstig und trinkt sich voll Wasser, bis er sich selber auflöst. (Vgl. MERLINUS, *Allegoria* in: *Art. aurif.* I, p. 392 f.)

144 Vulgata, *Ps.* 45,5 (lat. Text s. GW). Zürcher Bibel 46,5: «Eines Stromes Arme erfreuen die Gottesstadt.»

145 *1 Kor.* 15,53.

146 Vgl. RUSKA, *Turba,* pp. 182 f. und 115 f.

147 Ein HERMES-Zitat in: SENIOR, *De chemia,* p. 71 f. (auch *Bibl. chem.* II, p. 227 a): «Er ist eine kleinere Welt. Ebenso gibt es eines, das nicht stirbt, solange die Welt besteht, und es belebt alles, was tot ist» (lat. Text s. GW). Das Zitat bezieht sich auf die «aqua philosophica». SENIOR ist ein Beiname des MUHAMMED IBN UMAIL, der unsicher dem 10. Jh. zugeschrieben wird.

148 den Philosophen.

149 *Mt.* 25,34; statt «Grundlegung der Welt» ist es hier der Beginn des «opus».

150 Ein ARISTOTELES-Zitat; vgl. *Rosarium* (*Art. aurif.* II, p. 185).

151 JUNG, *Paracelsus als geistige Erscheinung* (GW 13, Paragr. 165 ff. und 203 ff.).

152 *Aurora* I, Kp. XII, siebte Parabel (p. 129).

153 *Art. aurif.* I, p. 352 ff. KALID [daselbst «Kallid»] bezieht sich auf den Omajjaden-Prinzen KHÂLID IBN JAZID (Ende des 7. Jh.). Es wird aber mit guten Gründen angenommen, daß er diesen Traktat keinesfalls verfaßt hat. (Vgl. v. LIPPMANN, *Entstehung und Ausbreitung der Alchemie,* II, p. 122, wo auch die Literatur zu dieser Frage angegeben ist.) – «Die Armen» = eine Bezeichnung der suchenden Forscher. Vgl. «les poures hommes évangélisans» bei RUPESCISSA, *La vertu et la propriété de la quinte essence,* p. 31.

154 Der Prozeß hat hier drei Teile, im Gegensatz zu der Vierteilung bei den Griechen. Dafür könnte die Analogie mit den neun Monaten der Schwangerschaft verantwortlich sein. Vgl. zu dieser Stelle [Grundwerk 5] *Die Initialträume* und KALLID, l. c. (*Art. aurif.* I, p. 358 ff.).

155 PATRITIUS, *Nova de universis philosophia.*

156 Nicht identisch mit MELCHIOR, Kardinal und Bischof von Brixen, dem der Traktat *Ein*

Philosophisch Werck unnd Gesprech von dem Gelben und Roten Man (in: *Aurei velleris tractatus* III, p. 300 ff.) zugeschrieben wird. Unser Autor ist der Kaplan NICOLAUS MELCHIOR SZEBENI, der sich nach 1490 am Hofe des Königs als Astrolog befand. Er blieb dort auch, nach dem 1516 erfolgten Tod WLADISLAWS II., unter LUDWIG II. (1506–1526). Nach der Niederlage von Mohàcs (1526) und dem Tode LUDWIGS II. flüchtete MELCHIOR nach Wien an den Hof FERDINANDS I. Dieser ließ ihn dann 1531 hinrichten. Unser Dokument muß also vor 1516 verfaßt worden sein. LADISLAUS, «Ungariae et Bohemiae rex», ist mit WLADISLAW II., der 1471 König von Böhmen und 1490 auch von Ungarn wurde, identisch. Im Text befindet sich die Bemerkung «ad extirpandum Turcam». Ofen wurde zwar erst 1541 von den Türken erobert; das Land hatte aber schon seit langem unter den türkischen Angriffen gelitten. – Die zitierte Schrift findet sich in: *Theatr. chem.* (1602) III, p. 853 ff. Genauer Titel: *Addam et processum sub forma misae, a Nicolao Melchiori Cibinensi, Transilvano, ad Ladislaum Ungariae et Bohemiae Regem olim missum* («Cibinensis» von «Cibiu» = Hermannstadt).

157 «Aquilo» ist eine «allegoria diaboli» und «auster» eine «allegoria spiritus sancti». Vgl. MIGNE, *Index de allegoriis* (P. L. CCXIX). Unter den Gewährsmännern treffen wir auch den den Alchemisten wohlbekannten ALANUS DE INSULIS (MAIER, *Symbola,* p. 259).

158 Zu ergänzen wäre vielleicht das vorangegangene «aqua vitae» oder noch eher die weiter vorne stehende «medicina», um die es sich hauptsächlich handelt.

159 *Le Latin mystique,* 2. Aufl. Paris 1922, p. 129 f.

160 Vgl. *Gen.* 30,32 ff.

161 In GW die deutsche Übersetzung als Fußnote.

162 Lat. Text s. GW.

163 *Codicillus seu vade mecum aut cantilena Raymundi Lulli* in: *Bibl. chem.* I, p. 880 ff.

164 BERTHELOT, *Alch. grecs,* IV. xx, 9 (griech. Text s. GW)

165 Sonne.

166 Beziehung auf Venus und Mars, gefangen im Netze des Vulkan.

167 «Coniunctio» des Merkurs mit wem? oder «coniunctio» von zwei Mercurii, dem männlichen und dem weiblichen? Es scheint sich um die Verbindung des Sol mit Luna, Mars und Merkur zu handeln.

168 «Dieser ist die Stärke aller Stärke» (RUSKA, *Tab. smaragd.,* p. 2, lat. Text s. GW).

169 Die besondere Substanz, mit der sich MARIA, die Prophetin und «Schwester des Moses», befaßt hat (*Art. aurif.,* I, p. 319 f.): «Nimm alumen aus Spanien, weißen Gummi und roten Gummi, welcher der kibric der Philosophen ist, und vereinige sie in eigentlicher Ehe» (lat. Text s. GW).

170 Vermutlich Sol, vielleicht in der Form von «Gummi». Der Koitus von Sol und Luna im Bade ist ein zentrales Mythologem der Alchemie, in zahlreichen bildlichen Darstellungen gefeiert (Abb. 218, 159, 167 u. a.).

171 Nämlich das «caput mortuum», das Haupt des Osiris im Zustande der «nigredo». Der «Äthiopier» entstammt ebenfalls einem dem ALBERTUS unterschobenen Traktat, betitel *Super arborem Aristotelis* (*Theatr. chem.* 1602, II, p. 524 ff.). Die Stelle lautet: «... bis das schwarze Haupt, das dem Äthiopier gleicht, gut gewaschen ist und weiß zu werden beginnt» (lat. Text s. GW). In der *Chymischen Hochzeit* des ROSENCREUTZ ist die präsumtive Königin des Schauspiels die zeitweilige Konkubine des Mohren. Vgl. auch *Aurora* I, Kp. VI, erste Parabel.

[172] Die Kalzination entspricht wahrscheinlich der Inzineration, und die Glühung der Asche strebt nach Vitrifikation. Auch die Operation dürfte aus MARIA PROPHETISSA stammen: «Verglase diesen Kibrich und Zubech, und diese sind zwei Dämpfe, die zwei Leuchten umfassen» (lat. Text s. GW). *Art. aurif.*, l.c., p.321: «Zaibac, Zeida, Zaibach, Zaibar, Zerachar, Zibatum, id est, argentum vivum»; Zaibar = Mercurius (RULANDUS, *Lexicon*). Zîbaq ⟨arabisch⟩ = Quecksilber (v. LIPPMANN, *Entstehung und Ausbreitung der Alchemie*, p.409). Kibric = kibrīt (arab.) = Schwefel (RUSKA, *Turba*, p.348: arabisches Register; ferner p.324: «Cabritis ist die lateinische Wiedergabe von kibrīt ‚Schwefel'»).

[173] *De chemia*, p.35 f.

[174] Zitat aus: *Tractatus aureus* (*Ars chem.*, p.22). Es ist noch nachzutragen, daß MELCHIOR die Lesung vom *Luk.* 10 vor dem Credo empfiehlt. Dieses Kapitel, das sonst keine Beziehung zum Thema erkennen läßt, schließt aber mit den bedeutsamen Worten. «Eines aber ist not: Maria hat das gute Teil erwählet; das soll nicht von ihr genommen werden.»

[175] Die Subjektivität des Erlebnisses geht hervor aus der Zwischenbemerkung des Autors: «... et scio quod verum est testimonium eius» (und ich weiß, daß sein Zeugnis wahr ist).

[176] *Bibl. chem.* II, p.275 ff., und *Theatr. chem.* (1602) II, p.123.

[177] *Opera*, p.421 ff. [in frei zusammenfassender Übersetzung. Die vollständige Fassung findet sich in: *Mysterium Coniunctionis*, GW 14/II]. Vgl. *Aurora* I, Kp.X, fünfte Parabel.

[178] Wird auch als Synonym für «Einhorn» gebraucht.

[179] l.c., p.81.

[180] *Joh.* 12,32.

[181] «Meo in cerebro gestavi» (*Visio Arislei* in: *Art. aurif.* I, p.147).

[182] Lat. Text s. GW. Vgl. in diesem Band: 4. *Die Materia prima*, Anm. 49.

[183] Vgl. die entsprechende Stelle der Vulgata (lat. Text s. GW).

[184] Die Federn des Phönix und sonstiger Vögel spielen in der Alchemie allgemein und insbesondere bei RIPLEY eine große Rolle (vgl. *Scrowle* in: *Theatr. chem. Brit.*, p.375 ff.; ferner Abb.229, 266, 270).

[185] *Gloria mundi* in: *Mus. herm.*, p.221: «Der Stein, von Sonne und Mond gezeugt, wurde zuerst auf Erden geboren, wurde jedoch zerbrochen, zerstört und abgetötet, wird wiedergezeugt durch Dampf und neugeboren, kommt mit dem Wind zum Meer und mit dem Wind vom Meer zur Erde, verflüchtigt sich rasch wieder. Und obgleich er Tag für Tag wiedergeboren wird, war er doch seit Anbeginn der Welt.» (Lat. Text s. GW. Vgl. *Joh.* 1,1 und 15.)

[186] Vgl. CAUSSINUS, *De symbolica Aegyptiorum sapientia*, p.71, s.v. «phoenix».

[187] Die Verletzung des Löwen bedeutet dessen Opferung und Mortifikation im Prozeß. Er wird auch als verstümmelt dargestellt, mit abgehauenen Pfoten. Vgl. z.B. REUSNER, *Pandora*, p.227. Zu erwähnen ist auch das verwundete, im Schoß der Jungfrau ruhende Einhorn (Abb.242 u.a.).

[188] RULANDUS, *Lexicon:* «Der grüne Löwe, nach der Ansicht mancher Gold» (lat. Text s. GW).

[189] p.225.

[190] Es ist für mich noch eine offene Frage, ob sich in der Alchemie nicht auch germanische Einflüsse finden, z.B. gerade die Baumsymbolik.

[191] Vgl. dazu die Vision des GUILLAUME DE DIGULLEVILLE (Grundwerk 5, pp.218ff.).

[192] Diese eigentümliche Darstellung könnte sich auf den «piscis levatus de profundo» bei AUGUSTIN beziehen. Vgl. dazu meine Ausführung in: *Mysterium Coniunctionis*, GW 14/I, Kp.III.

193 Dieses Bild geht zurück auf Codex Germanicus Nr. 598 (Abb. 24: Grundwerk 5): *Das Buch der heiligen Dreifaltigkeit und Beschreibung der Heimlichkeit von Veränderung der Metallen. Offenbahret Anno Christi 1420.* (Vgl. auch Abb. 233, 235.)
194 *Art. aurif.* I, p. 375 ff.
195 Der Autor soll kein Geringerer als MARSILIUS FICINUS (1433–1499) sein. Dieser Ansicht ist MANGETUS (*Bibl. chem.* II, p. 172). Der Traktat soll in der Sammlung der Werke des FICINUS (Basel 1561 und 1576) enthalten sein. (SCHMIEDER, *Geschichte der Alchemie,* Halle 1832, p. 235. Vgl. auch FERGUSON, *Bibliotheca chemica,* Glasgow 1906, I, p. 268, und KOPP, *Alchemie,* Heidelberg 1886, I, p. 212.) Man begegnet aber im Traktat [in: *Art. aurif.* I, p. 596] einer Erwähnung der Ermordung des PICUS MIRANDULANUS: «Wer würde nicht Tränen vergießen ob der unzeitigen Ermordung des Picus Mirandulanus?» Dies kann nur den 1533 ermordeten GIANFRANCESCO PICO DELLA MIRANDOLA, den Neffen des großen PICUS, betreffen. Dieser «terminus a quo» liegt 34 Jahre nach dem Tode des FICINUS. Die Erwähnung (*Art. aurif.* I, p. 625) des Minoritenpaters ULMANNUS und dessen illuminierten Traktates weist wohl eher auf einen deutschen Autor in der Mitte des 16. Jh. hin. Der Traktat des ULMANNUS hat möglicherweise mit dem *Dreifaltigkeitsbuch* zu tun. Die Angabe SCHMIEDERS ist unrichtig, insofern, wie ich mich vergewissert habe, der Traktat in der Basler Ausgabe *nicht* enthalten ist.
196 Der Text hat unrichtigerweise «auri» statt «audi». Vgl. *Art. aurif.* I, p. 608: «audi similitudinem arduam».
197 l. c., p. 582.
198 l. c., p. 626.
199 l. c., p. 627 (lat. Text s. GW).
200 Nach SCHMIEDERS Angabe (l. c., p. 197 f.) soll Kaiser Maximilian 1515 den Auftrag gegeben haben, in Benediktinerklöstern nachzuforschen, ob ein Mönch dieses Namens in den Verzeichnissen erwähnt sei. Das Resultat sei aber negativ ausgefallen. Diese Nachricht scheint der Glaubwürdigkeit zu entbehren. Ebenso scheint es keine Handschrift zu geben, die vor das 17. Jh. zu verlegen wäre. (Vgl. KOPP, l. c., p. 31.)
201 Der Autor erwähnt auch die «lues Gallica», die erstmalig, wie es scheint, vom italienischen Arzt FRACASTORO in einem 1530 erschienenen Lehrgedicht als «morbus Gallicus» bezeichnet wurde.
202 VALENTINUS, *Chymische Schriften,* Hamburg 1700, p. 364.
203 l. c., p. 254.
204 10, 76 f. und 12, 10.
205 *Aurora* II (*Art. aurif.* I, p. 228 f.): «Und es ist zu bemerken, daß die Sublimierung zweifach ist: eine körperlich, die andere geistig: körperlich hinsichtlich der Erdhaftigkeit, geistig hinsichtlich der Feurigkeit. Machet den Körper geistig und das Feste flüchtig. SENIOR sagt: Es gehe hervor der Geist aus dem Körper, der Feuer ist. Daher wird gesagt, die Tinktur werde aus der Natur der flüchtigen Dinge geschaffen: Und das, was den Geist selbst festigt und festhält, ist unbeweglich und dauerhaft und unverbrennbar und wird Schwefel der Philosophen genannt» (lat. Text s. GW).
206 *Epilogus et recapitulatio Orthelii in Novum lumen chymicum Sendivogii* (*Bibl. chem.* II, p. 527). ORTHELIUS ist nur bekannt als Kommentator des MICHAEL SENDIVOGIUS, welcher in der zweiten Hälfte des 16. Jh. lebte.
207 «Der Archäus ist der höchste, erhabene und uns sichtbare Geist, der von den Körpern

geschieden wird, die geheime Kraft der Natur.» (RULANDUS, *Lexicon,* welches stark von PARACELSUS beeinflußt ist; lat. Text s. GW.)

[208] Vgl. MAIER, *Symbola,* p. 141. Die zitierten Worte stammen in dieser Form nicht von MORIENUS selber, sondern MAIER hat sie als für MORIENUS charakteristisches Motto dem auf diesen Autor bezüglichen Abschnitt seines Buches vorangestellt. Das Original findet sich in: MORIENUS, *De transmut. met.* (*Art. aurif.* II, p. 35 f.).

6. Die alchemistische Symbolik in der Religionsgeschichte

[1] ABU'L-QÂSIM (*Kitâb al-'ilm,* Paris 1923, p. 24): «Und dieser Urstoff wird in einem Berg gefunden, der eine unermeßliche Menge geschaffener Dinge enthält. In diesem Berg befindet sich jegliche Art Wissen, die in der Welt vorkommt. Es gibt keine Kenntnis, kein Verständnis, noch Traum oder Gedanke oder Scharfsinn oder Meinung oder Absichtlichkeit oder Weisheit oder Philosophie oder Geometrie oder Regierung oder Macht oder Mut oder Vortrefflichkeit oder Befriedigung oder Geduld oder Zucht oder Findigkeit oder Reisen oder Rechtgläubigkeit oder Leitung oder Genauigkeit oder Wachstum oder Befehlen oder Herrschaft oder Königtum oder Statthalterei oder Erlaß eines Ratgebers oder Handel, die dort nicht anwesend wären. Und es gibt weder Haß noch Übelwollen noch Betrug oder Schurkerei oder Hinterlist oder Gewaltherrschaft oder Unterdrückung oder Widernatürlichkeit oder Unwissenheit oder Dummheit oder Niedertracht oder Gewalttätigkeit oder Fröhlichkeit oder Gesang oder Leibesübung oder Flöte oder Leier oder Hochzeit oder Scherzen oder Waffen oder Kriege oder Blut oder Töten, die dort nicht anzutreffen sind.» (Engl. Text s. GW.)

[2] l. c., p. 22. (Engl. Text s. GW.)

[3] SUDHOFF XIII, p. 402.

[4] l. c., p. 23. (Engl. Text s. GW.)

[5] «Wenn daher jener Geist der überhimmlischen Wasser im Hirn seinen Sitz und seine Wohnstatt aufgeschlagen hat...» (STEEBUS, *Coelum sephiroticum Hebraearum,* Mainz 1679, p. 117). Der «Stein, der kein Stein ist», ist der λίϑος ἐγκέφαλος (BERTHELOT, *Alch. grecs,* I, III, 1) und der ἀλαβάστρινος ἐγκέφαλος (l. c., I, IV, 1); ebenso bei ZOSIMOS, welcher die verachtete und zugleich kostbare Materie als ἀδώρητον καὶ ϑεοδώρητον (nicht gegeben und von Gott gegeben) bezeichnete (l. c., III, II, 1). «Nimm sein Hirn (HERMES-Zitat im *Rosarium* in: *Art. aurif.*, II, p. 264). Das «os occiput» wird beim Werke verwendet, weil «das Hirn die Wohnung des göttlichen Teils ist» (*Liber quartorum* in: *Theatr. chem.* V, p. 124). Das «occiput» ist das «vas cerebri» (l. c., p. 148; vgl. Abb. 75 [Grundwerk 5] und 135). Das Gehirn ist «der Sitz der vernunftbegabten Seele. Denn es ist seinem Aufbau nach ein Dreieck, und es ist mehr als alle Teile des Körpers dem Einfachen ähnlich» (l. c., p. 127). Es ist dasjenige Körperliche, welches der Einfachheit der Seele am nächsten ist; also die Brücke zur geistigen Wandlung (l. c., p. 187). (Lat. Texte s. GW.)

[6] ROSENCREUTZ, *Chymische Hochzeit* (Straßburg 1616, p. 54 f.). Zu Taube: «... vom Schnee werden sie weiß werden am Zalmon, und die Federn der Taube silberglänzend und ihre Schwingen hinten am Rücken im Goldglanz strahlend. Ein solcher wird mein geliebter Sohn sein» (*Aurora* I, Kp. VI, erste Parabel). «... das Blei der Philosophen, dem die pracht-

volle weiße Taube innewohnt, die das Salz der Metalle genannt wird, worin die Meisterschaft des Werkes besteht. Dies ist die keusche, weise und reiche Königin von Saba, mit weißem Schleier angetan.» (GRASSEUS, *Arca arcani* in: *Theatr. chem.* VI, p. 314). «...und sie wird mir Flügel geben, wie die der Taube, und ich werde mit ihr am Himmel dahinfliegen. Da werde ich sagen: Ich lebe ewiglich» (*Aurora* I, Kp. XII, siebte Parabel, p. 116 und 117). (Lat. Text s. GW.)

[7] *Mus. herm.*, p. 338 ff.; zuerst in: BARNAUDUS, *Triga chemica.*

[8] Vgl. drittes Bild des *Mus. herm.*

[9] Abb. bei MYLIUS, *Phil. ref.*, p. 316.

[10] *Theatr. chem.* (1602) II, p. 123.

[11] In der mittelalterlichen Tradition wird das Einhorn zum Löwen in Beziehung gesetzt, «weil dieses Thier, wie die Löwen, so starck, wild und grausam» ist. «Daher kompts», sagt BACCIUS, «daß man dieses Thier in Franckreich unnd Italia hat Lycornu genannt», womit offenbar eine Ableitung von «lion» gemeint ist. Vgl. CATELANUS, *Ein schöner newer Historischer Discurs von der Natur, Tugenden, Eigenschafften und Gebrauch deß Einhorns,* Frankfurt a. M. 1625, p. 22.

[12] Ähnliches wie vom Drachen, der als Unterweltstier sich in Schluchten und Höhlen aufhält, wird auch vom Einhorn erzählt, daß sie (die Einhörner), sich «in den Wüsten, an den hohen Gebirgen in die tieffeste finstere und ungewöhnliche Hölen und Speluncken der wilden Thieren zwischen Kröten unnd andern garstigen unflätigen Gewürmern, verbergen und ufhalten» (l. c., p. 23).

[13] *Theatr. chem.* (1613) IV, p. 286.

[14] Lat. Text s. GW. Neue Zählung: *Ps.* 29,6.

[15] Lat. Text s. GW. Neue Zählung: *Ps.* 92,11.

[16] Lat. Text s. GW. Neue Zählung: *Ps.* 22,22.

[17] Lat. Text s. GW. (TERTULLIANUS, *Adversus Judaeos,* Kp. X [P. L. II), col. 666). Dies bezieht sich auf *Deut.* 33,17: «Sein erstgeborener Stier ist voller Hoheit, und seine Hörner sind die eines Wildochsen; mit ihnen stößt er die Völker nieder.»

[18] *Dialogus cum Tryphone Judaeo,* Kp. 91 [P. G. VI, col. 691].

[19] *Opera,* p. 24. (Lat. Text s. GW.)

[20] (Griech. Text s. GW.) *Vita,* Kp. XCI [P. G. CXX, col. 69]. Auf die Eremitennatur des Monocerus weist schon AELIANUS, *De natura animalium* (XVI, 20) hin.

[21] *De symbolica Aegyptiorum sapientia,* pp. 401 und 348 f.: «Die Kraft Gottes ist gleich der des Nashorns, *Exod.* 15. Das Einhorn duldet keinen Mitbewohner in seiner Höhle: der Sohn Gottes hat für Jahrhunderte gebaut, das heißt im Schoße der Seligen Jungfrau.» (Vgl. Vulgata, *Ps.* 77,69, lat. Text s. GW, = Zürcher Bibel, *Ps.* 78,69: «Himmelshöhen gleich baute er sein Heiligtum, fest wie die Erde, die er auf ewig gegründet.») Das Horn des Monocerus wirke als alexipharmakon, indem es das Gift aus dem Wasser vertreibe, was allegorisch sich auf «Christi baptismum» beziehe (d. h. auf die Weihung des Taufwassers); «recte Christo baptizato accomodatur, qui dilectus ut filius unicornium, ad abluendum nostrorum sordes scelerum omnium fluenta sanctificavit aquarum, ut ait Beda». Die Wildheit des Rhinozeros ist betont in *Iob* 39,9 f. (Zürcher Bibel): «Wird dir der Wildochs dienen wollen, wird er des Nachts an deiner Krippe liegen? Kannst du ihn binden an das Furchenseil, wird er hinter dir her eggen...»

[22] *Mundus symbolicus,* I, 419 b: «S. Bonaventura; Christus, inquit, per mansuetissimam Ma-

riam mansuescit et placatur, ne se de peccatore per mortem aeternam ulciscatur.» (!) Der Jungfraumythus des Einhorns findet sich überliefert bei ISIDOR VON SEVILLA im *Liber etymologiarum* (XII, 62). Die Quelle ist der *Physiologus Graecus:* «Wie es gejagt wird: Sie werfen ihm eine heilige Jungfrau vor. Und es springt in den Schoß der Jungfrau, und die Jungfrau wärmt das Tier mit Liebe und trägt es empor in den Palast der Könige» (griech. Text s. GW). PITRA, *Spicilegium Solesmense* III, p. 335 *(Veterum Gnosticorum in Physiologum allegoricae interpretationes).* Der *Physiologus* dürfte auf DIDYMOS VON ALEXANDRIEN, einen christlichen Hermeneutiker des 13. Jh., zurückgehen.

[23] «Insuperabilis fortitudo». Vgl. *Tab. smaragd.:* «starke Stärke aller Stärke». HONORIUS (*Speculum,* P.L. CLXXII, col. 847): «⟨Christus⟩ dessen Kraft wie die des Einhorns war, da er alles, was ihm im Wege stand, mit seinem Horn niederdrückte, denn Christus unterwarf die Herrschaften und Mächte der Welt durch die Hörner des Kreuzes.» (Lat. Text s. GW.)

[24] Lat. Text s. GW.

[25] *De Trinitate* (P. L. CLXII, col. 899).

[26] *Expositio psalmorum* (P.L. CXLII, col. 182): «In dir werden wir unsere Feinde durch das Horn niederstoßen. Und in deinem Namen werden wir jene verachten, die sich gegen uns erheben... unser Horn aber ist Christus, und ebenso der Name des Vaters, in dem unsere Gegner niedergestoßen und verachtet werden» (lat. Text s. GW).

[27] *Liber etymologiarum* (l. c.): «... aut ventilet aut perforet».

[28] Die Mutter des Sohnes ist zwar der Mond; aber «die Erde ist seine Amme». Vgl. Abb. 163. «Ascendit a terra in coelum»: er stammt also aus der Erde, steigt zum Himmel auf und kehrt wieder zur Erde zurück, diese durchdringend. Siehe *Tab. smaragd.,* p. 2.

[29] Hg. von SBORDONE, p. 263, 1–8.

[30] Die monströse Natur des Einhorns beschreibt PLINIUS (*Historia naturalis,* VIII, Kp. 21): Pferdeleib, Elefantenfüße und Eberschwanz. Eine phantastische Beschreibung, welche besonders den Alchemisten interessant sein konnte, findet sich in den 'Ινδικά des KTESIAS (ca. 400): «Die wilden Esel sind, wie ich höre, in Indien nicht kleiner als die Pferde. Der übrige Leib ist weiß, der Kopf dem Purpur ähnlich, die Augen haben eine dunkelblaue Farbe. Sie haben ein Horn auf der Stirn, gegen einundeinhalb Ellen lang; der untere Teil des Hornes ist weiß, weiter oben purpurn, die Mitte dagegen völlig schwarz. Aus diesen bunten Hörnern trinken die Inder, höre ich, und nicht alle, sondern nur die vornehmsten der Inder, wozu sie dasselbe in Zwischenräumen mit goldenen Streifen umgeben, wie man den schönen Arm eines Standbildes mit Armreifen ziert. Man sagt, daß, wer aus diesem Horn trinke, von unheilbaren Krankheiten befreit werde, denn er werde nicht von Krämpfen ergriffen, noch durch Gifte getötet, und wenn er vorher etwas Schädliches getrunken hätte, erbreche er es und werde gesund.» (*Relicta fragmenta ex Ctesiae Indicis,* 363). Dasselbe bei AELIANUS, *De natura animalium,* IV, 52. Weitere das Unicorn betreffende Stellen finden sich III, 41 und XVI, 20. An letzterer Stelle wird erwähnt, daß das Tier in Indien «Kartazonon» genannt werde. «Die Kraft seines Horns ist unbesieglich. Es liebt einsame Weideplätze und schweift allein umher... Es sucht die Einsamkeit.» PHILOSTRATUS in seiner *Vita Apollonii* (III, Kp. 2) erzählt, daß an demselben Tage, an dem man aus einem Einhornbecher trinke, man weder krank werde, noch die Schmerzen eine Wunde empfinde, daß man durch Feuer gehen könne und einem auch das stärkste Gift nicht schade. In der χριστιανικὴ τοπογραφία des KOSMAS (Anfang des 6. Jh.) wird erzählt, daß sich der Monocerus, um den Jägern zu entgehen, in einen Abgrund auf sein Horn stürze, welches so stark ist, daß es den Fall

bricht. (McCrindle, *The Christian Topography of Cosmas,* p. 361). Vollständige patristische Literatur bei A. Salzer, *Die Sinnbilder und Beiworte Mariens,* Linz 1893, p. 44 ff.

31 Vgl. [Jung], *Paracelsus als geistige Erscheinung* [GW 13, Paragr. 158] und *Paracelsus als Arzt* [Grundwerk 9, Abs. mit Anm. 15]: «maturatio».

32 Die oben zitierten Stellen finden sich im *Elenchos,* V. 4, 12–15.

33 l. c., V, 9, 8.

34 *Papyrus Graecus* J 384 (Preisendanz, l. c., II, p. 60, Zeile 44 f.).

35 In: Trismosin, *Aureum vellus.*

36 «Rosinus» ist eine Verstümmelung von Zosimos.

37 Die Szene erinnert an den Mysterienspruch «Aufer caput, corpus ne tangito» [Nimm den Kopf weg, den Körper aber rühre nicht an]. (*Poliphile,* fol. c iij [p. 11].)

38 Preisendanz, l. c., I, p. 185, Zeile 99.

39 Berthelot, *Alch. grecs,* III, x, 1; griech. Text s. GW.

40 *Ars chem.,* p. 119 (lat. Text s. GW).

41 Die Frage, ob es im assyrisch-babylonischen Kulturkreis ein Einhorn gegeben hat, lasse ich besser aus dem Spiel. Schrader (*Die Vorstellung vom* Μονόκερως *und ihr Ursprung,* in: *Sitzungsberichte...* [Berlin 1892], p. 573 ff.) möchte zwar gerade von den scheinbar einhörnigen Tierdarstellungen von Persepolis u. a. die Vorstellung des Monokeros überhaupt herleiten, m. a. W. also von einer falschen Interpretation der Denkmäler. Er zieht aber die indischen Quellen nicht in Betracht.

42 *Sacred Books of the East* XLII, p. 15 (engl. Text s. GW).

43 l. c., XII, p. 216 ff.

44 «Der Fisch schwamm dann zu ihm hinauf, und er band das Seil des Schiffes an sein Horn, und auf diese Weise gelangte er rasch bis jenseits des nördlichen Gebirges.» (l. c., p. 217, 5; engl. Text s. GW.)

45 *The Laws of Manu,* l. c. XXV, p. xiv. Manu «ist der heros eponymos des Menschengeschlechts und gehört seiner Natur nach zu den Göttern und zu den Menschen.» (l. c., lvii; engl. Text s. GW.)

46 l. c., lvii f.

47 *Vedic Hymns* (l. c. XLVI, p. 96): «Als du den Göttern Opfer darbrachtest mit der Opferspeise des weisen Manu, ein Weiser zusammen mit Weisen, da, o höchst wahrer Hotri...» (engl. Text s. GW).

48 *Khândogya-Upanishad* (l. c. I, p. 44, 4).

49 l. c. XII, p. 29, 14.

50 *Vedic Hymns* (l. c. XXII, p. 427, 13): «O Maruts, diese deine reinen Heilmittel, die allerwirksamsten und köstlichsten, o Helden, jene, die Manu, unser Vater, erwählte, jene, die ich von Rudra ersehne als Gesundheit und Wohlfahrt» (engl. Text s. GW).

51 Vgl. dazu meine Ausführungen über den «Adech» des Paracelsus [*Paracelsus als geistige Erscheinung,* GW 13, Paragr. 168 und 203 ff.].

52 Holtzmann, *Indische Sagen,* Jena 1921, p. 131 ff.; Lüder, *Die Sage von Rsyaśrnga,* in: *Nachrichten...,* Göttingen 1897, p. 87 ff.
Die Geschichte ist auch in den buddhistischen Jatakas überliefert (Jataka 526).

53 Kp. XIX (*Sacred Books* V, p. 67 ff. Engl. Text s. GW).

54 Berthelot, *Chimie au moyen âge,* III, p. 120.

55 Kp. XVIII (*Sacred Books* V, p. 65 und 67).

[56] l. c., pp. 65 und 66; engl. Text s. GW.

[57] Zum merkwürdigen Umstand, daß im Baum eine Eidechse verborgen ist: «Der böse Geist hat darin, unter denen, die als Gegner eindringen, eine Eidechse geformt als Gegner in diesem tiefen Wasser, auf daß sie den Hôm schädige.» (*Bundahis,* Kp. XVIII, l. c. p. 65.) Hôm = Haoma, die Pflanze der Unsterblichkeit. In der Alchemie wird der «spiritus Mercurii», der im Baume lebt, als Schlange, Salamander oder Melusine dargestellt; letzteres in der *Ripley Scrowle,* wo die Eidechse halb Weib ist und mit dem «filius philosophorum» die «coniunctio» (marriage) feiert (Abb. 257). Die *Verses belonging to an Emblematical Scrowle* (*Theatr. chem. Brit.,* p. 375) sagen dazu: «Und Azoth wahrlich ist meine Schwester, und Kibrick fürwahr mein Bruder: Schlange von Arabien ist mein Name, welche Anführer dieses ganzen Spieles ist.» (Engl. Texte s. GW.)

[58] *Kitāb al-'ilm,* p. 23. Engl. Text s. GW.

[59] [Vgl. Abb. 54: Grundwerk 5; ferner *Paracelsus als geistige Erscheinung,* Titelbild: GW 13, Bild I]

[60] [Vgl. Tafel 83 in Grundwerk 8]

[61] L. Goldschmidt [Hg.], *Der babylonische Talmud,* Berlin 1929–1936, X, p. 359 (Traktat Zebahim, Fol. 113 b).

[62] Vgl. hierzu die Parallelstelle Goldschmidt, l. c., VIII, p. 203 (Traktat Baba Bathra, Fol. 73 b) sowie die Anmerkung: «Unter Re'em bzw. Re'ima ist…, wie aus manchen Stellen der rabbinischen Literatur hervorgeht, das Einhorn zu verstehen.»

[63] Das Wasser war also heiß, und das Einhorn hätte ja durch Verbrühen eingehen müssen, selbst wenn ihm die Möglichkeit der Atmung verblieben wäre. (Vgl. Anm. Goldschmidt.)

[64] Das bezieht sich auf *Gen.* 6,14, wonach die Fugen der Arche innen und außen mit Pech angeschmiert waren, das durch das heiße Wasser hätte zerschmelzen müssen. (Vgl. Anm. Goldschmidt.)

[65] Die talmudische Sage, wonach Og die Sintflut überlebte, findet sich im Traktat Nidda, Fol. 61 a (Goldschmidt, XII, p. 552): «Es heißt nämlich (Gen. 14,14): ‹Und es kam der Entronnene und erzählte Abraham dem Hebräer›, und R. Joḥanan sagte: ‹Das war Og, der der Sintflut entronnen war.›»

[66] Nach L. Zunz (*Die gottesdienstlichen Vorträge der Juden, historisch entwickelt,* Berlin 1932, p. 289) frühestens im 8. Jh. entstanden.

[67] Nacherzählt in: Bin Gorion, *Sagen der Juden,* I, p. 208.

[68] *Der babylonische Talmud,* XII, p. 552 (Traktat Nidda, Fol. 61 a).

[69] Der bedeutendste der in *Gen.* 6,4 erwähnten Giganten (vgl. Anm. Goldschmidt).

[70] Fol. 24 b.

[71] *Der babylonische Talmud,* I, p. 237 (Traktat Berachoth, Fol. 54 b) und *Targum Pseudo-Jonathan* zu *Num.* 21,35.

[72] Zu *Ps.* 22,22 [neue Zählung]: «Hilf mir aus dem Rachen des Löwen, den Hörnern der Büffel entreiße mich.» Vgl. *Midrasch Tehillim* (hg. von Salomon Buber).

[73] *Über die Zehn Stämme* aus: *Ozar Midraschim* (hg. von J. D. Eisenstein), New York 1928, p. 468.

[74] Aus dem *Ts'i-yüan* (chinesisches Lexikon), s. K'i-lin: Es gleicht dem Hirsch, ist aber größer, mit Ochsenschwanz und Pferdehufen; es hat ein einzelnes Horn aus Fleisch, die Rükkenhaare sind fünffarbig, die Bauchhaare gelb (oder braun), es zertritt kein lebendes Gras

und frißt kein lebendes Wesen; wenn vollkommene Herrscher (shenjen) auftreten und das Tao des Königs verwirklicht wird, so erscheint es. [Die Legenden zu den Abb. 259 und 260 wurden von Prof. E. H. von Tscharner für die Originalausgabe des vorliegenden Bandes aus dem Chinesischen übertragen. Zu den Konfuzius-Legenden vgl. Richard Wilhelm, *Kung-tse, Leben und Werk,* Stuttgart 1925, pp. 60 und 189.]

[75] *Mythology of all Races* VIII, London u. Boston 1928, p. 98.

[76] p. 321, 10–17.

[77] *Dictionnaire des sciences occultes,* s. «Licorne».

[78] Analogie zu Γή-ρύων.

[79] *Joh.* 1,3 f.

[80] Es handelt sich hier um den Josephsbecher (*Gen.* 44,4 f.): «Warum habt ihr Gutes mit Bösem vergolten und meinen silbernen Becher gestohlen? Ist das nicht der, aus dem mein Herr trinkt und aus dem er weissagt?»

[81] *Elenchos,* V, 8, 4–7. Es darf nicht unerwähnt bleiben, daß der Elenchos unmittelbar nach den eben erwähnten Symbolen zu den ityphallischen Gestalten der samothrakischen Mysterien und zum Hermes Kyllenios als weiteren Analogien des naassenischen Arkanums übergeht.

[82] Hippolytos gibt an, daß die drei Teile des Geryon rational, psychisch und chthonisch sind.

[83] *Die Apokryphen,* hg. v. E. Kautzsch, Tübingen 1921, II, p. 400. – Ich erinnere an die alchemistische Gleichung: Wasser = Feuer.

[84] «Schließlich wird der König, mit seinem Diadem gekrönt, leuchtend wie die Sonne, hell wie ein Karfunkelstein, zu dir herauskommen... im Feuer beständig» (*Lilius*-Zitat in: *Rosarium, Artis aurif.* II, p. 329, lat. Text s. GW). Der Lapis ist «Carfunckellicht schimmernd»; «De im Fewer-licht leuchtende Carbunckel Stein» (Khunrath, *Hyleal. Chaos,* p. 242; ebenso in: *Amphitheatrum,* p. 202).

[85] *Parzival,* IX, Zeilen 1494–1501.

[86] I. Scheftelowitz, *Das Hörnermotiv in den Religionen,* in: *Archiv für Religionswissenschaft* XV (Leipzig 1912), p. 451 ff.

[87] Vgl. dazu [Jung] *Psychologische Typen.*

Epilog

[1] Vgl. dazu meine Ausführungen in: *Psychologische Typen* [GW 6] Kp. 5.

[2] Vgl. [Jung] l. c., Definition: «Individuation».

[3] Lat. Text s. GW.

Bildernachweis

Die Bibliographie jedes Werkes wird nur einmal vollständig angeführt. Bei Wiederholungen erscheint die betreffende Nummer in eckigen Klammern (bis Nr. 111 in Grundwerk 5 zu finden).

112 TRISMOSIN, S., *La Toyson d'or*, Titelbild der französischen Ausgabe. [32]
113 *Mutus liber*, p. 14 (Ausschnitt). [2]
114 MYLIUS, J. D., p. 96, Fig. 2. [21]
115 JAMSTHALER, H., p. 118. [59]
116 Faszikel (hermetischer Schriften) 6577 (17. Jh.), Bibliothèque de l'Arsenal, Paris.
117 ALBERTUS MAGNUS: *Philosophia naturalis.* Basel 1560.
118 THEATRUM CHEMICUM BRITANNICUM, p. 350. [1]
119 GEBER (Jābir ibn Hayyān): *De alchimia libri tres.* Straßburg 1529, Titelblatt.
120 BARCHUSEN, J. C.: *Elementa chemicae.* Imprimés R. 6927, Fig. 75 (1718), Bibliothèque Nationale, Paris.
121 Ms. Sloane [Add.] 5245, *Cabala mineralis*, Fol. 2, British Museum, London.
122 NORTON, S.: *Mercurius redivivus, seu Modus conficiendi lapidem philosophicum tum album, quam rubeum e Mercurio.* Frankfurt 1630.
123 *Hermaphroditisches Sonn- und Mondskind*, p. 16 (Ausschnitt). [3]
124 *Mutus liber*, p. 13 (Ausschnitt). [2]
125 MYLIUS, J. D., p. 354, Fig. 5. [21]
126 HILDEGARD VON BINGEN: *Scivias.* Ms. (12. Jh.), Oblatenkloster [der hl. Hildegard] St. Rupertus, Bingen.
127 BARCHUSEN, J. C., Fig. 76. [120]
128 ZADITH BEN HAMUEL (Zadith Senior): *De chemia senioris antiquissimi philosophi libellus.* Straßburg 1566.
129 *Tractatus qui dicitur Thomae Aquinatis de alchemia*, Fol. 60 a (Ausschnitt). [9]
130 BARCHUSEN, J. C., Fig. 58–61. [120]
131 *Miscellanea d'Alchimia.* Ms. Ashburnham 1166 (15. Jh.), Biblioteca Medicea-Laurenziana, Florenz.
132 *Mutus liber*, Fig. 3. [2]
133 *Mutus liber*, p. 6. [2]
134 BARCHUSEN, J. C., Fig. 2. [120] oder [?]: TRISMOSIN, *Splendor solis* [32].
135 *Miscellanea d'Alchimia.* [131]
136 BARCHUSEN, J. C., Fig. 2. [120]
137 JAMSTHALER, H., p. 27. [59]

138 Maier, M., p. 85. [60]

139 Harrison, J. E.: *Themis. A Study of the Social Origins of Greek Religion.* Cambridge 1912, p. 295, Fig. 78.

140 *Tractatus ... de alchimia,* Fol. 99. [9]

141 Kelley, E., p. 118. [16]

142 Libavius, A.: *Alchymia ... recognita, emendata et aucta.* Frankfurt 1606, Commentarium, II, p. 55.

143 *Mutus liber,* p. 7 (Ausschnitt). [2]

144 Maier, M.: *Tripus aureus, hoc est, Tres tractatus chymici selectissimi,* in: Musaeum hermeticum reformatum et amplificatum, Frankfurt 1678, p. 373. [Bibl. *B*]

145 Khunrath, H.: *Amphitheatrum sapientiae aeternae solius vere, Christiano-kabalisticum, divino-magicum ... Tertriunum, Catholicon.* Hanau 1604, Tab. III.

146 Valentinus, B.: *Duodecim claves,* clavis II, p. 396. [144]

147 Codex Marcianus (Venedig, 11. Jh.): Berthelot, M.: *Collection des anciens alchimistes grecs.* Paris 1887, p. 132.

148 *Figurarum aegyptiorum secretarum.* [23]

149 *La Sagesse des anciens.* Ms. (18. Jh.), im Besitz des Autors.

150 *Speculum veritatis.* [80]

151 Izquierdo, S.: *Praxis Exercitiorum spiritualium P. N. S. Ignatii.* Rom 1695, p. 72.

152 *Tractatus ... de alchimia,* Fol. 73. [9]

153 Kelley, E., p. 108. [16]

154, 155 Kelley, E., pp. 122 und 125. [16]

156 Durrieu, P.: *Les Très Riches Heures de Jean de France, Duc de Berry.* Paris 1904, Pl. 13.

157 *Figurarum aegyptiorum secretarum,* p. 1. [23]

158 Molsdorf, W., Tafel X. [109]

159 *Les Grandes Heures du Duc de Berry.* Ms. Latin 919 (1413), Bibliothèque Nationale, Paris.

160 Eleazar, A., p. 10. [10]

161 *Mutus liber,* p. 7 (Ausschnitt). [2]

162 Marolles, M. de: *Tableaux du temple des muses.* Hg. von Z. Chatelain. Amsterdam 1733, Tableau I.

163 Mylius, J. J., Fig. 1, p. 96. [21]

164 *Figurarum aegyptiorum secretarum,* p. 45. [23]

165 Cartari, V.: *Le Immagini de i dei de gli antichi,* Lyon 1581, p. 400 (franz. Ausgabe von A. d. Verdier: *Les Images des dieux des anciens,* Lyon 1581).

166 Trismosin, S., Pl. VII. [32]

167 *Rosarium philosophorum.* [25]

168 Lambsprinck, *De lapide philosophico figurae et emblemata,* Fig. 13. [Bibl. *A:* Musaeum hermeticum, p. 367]

169 *Rosarium philosophorum.* [25]

170 *Biblia pauperum* (Deutsche Ausgabe 1471): Neuausgabe der Gesellschaft der Bibliophilen. Weimar 1906, Abb. 170.

171 Doelger, F. J.: *Die Fischdenkmäler in der frühchristlichen Plastik, Malerei und Kleinkunst.* Münster i. W. 1927, IV Tafel 163 (Vatikan).

172 *Speculum humanae salvationis.* [67]

173 STOLCIUS DE STOLCENBERG, D., Fig. CI. [48]
174 EISLER, R.: *Orpheus – the Fisher,* London 1921, Pl. XLVII. [Bibl. *B*]
175 MAIER, M.: *Scrutinium chymicum,* Emblema XXIV. [60]
176 Chludoff-Psalter, Mönchskloster des Hl. Nikolaus in Präobraschen, Rußland. Aus: TIKKANEN, J. J.: *Die Psalterillustration im Mittelalter.* Helsingfors 1895, I p. 24, Fig. 22.
177 *Biblia pauperum.* Abb. 170. [170]
178 *De summa et universalis medicinae sapientiae veterum philosophorum.* Ms. 974, Fig. 18 (18. Jh.), Bibliothèque de l'Arsenal, Paris.
179 LAMBSPRINCK, p. 371. [168]
180 MOLSDORF, W., Tafel I. [109]
181 BOSCHIUS, J., Symbol CXII, Class. I, Tab. VII. [37]
182 CLEMEN, P., p. 397. [101]
183 LAJARD, J. B. F.: *Mémoire sur une représentation figurée de la Vénus orientale androgyne.* (Nouvelles Annales de l'Institut archéologique I) Paris 1836, p. 163.
184 EHRENSTEIN, Th.: *Das Alte Testament im Bilde.* Wien 1923, p. 818.
185 VALENTINUS, B., clavis IX, p. 415. [146]
186 KOEMSTEDT, R., Abb. 79: DIOSCORIDES: *De materia medica* (5. Jh.). [18]
187 LAIGNEL-LAVASTINE, M., I p. 148. [61]
188 MYLIUS, J. D., p. 316. [21]
189 BOSCHIUS, J., Symbol LVII, Class. III, Tab. IV. [37]
190 FOERSTEMANN, E. [Hg.]: *Fragment aus einer altmexikanischen Mayahandschrift in der Königlichen Öffentlichen Bibliothek zu Dresden.* Dresden 1892, Tafel XXVI (Ausschnitt).
191 SPRINGER, A.: *Handbuch der Kunstgeschichte.* 7. Aufl. 4 Bde. Leipzig 1902–1904, II p. 194, Fig. 254.
192 BÖHME, J.: *De signatura rerum. Das ist: Von der Geburt und Bezeichnung aller Wesen,* in: Theosophische Schriften, Amsterdam 1682, Titelbild.
193 *Trésor des trésors.* Ms. 975, Fig. 11 und 12 (ca. 1620–1650), Bibliothèque de l'Arsenal, Paris.
194 BARCHUSEN, J. C., Fig. 9. [120]
195 HILDEGARD VON BINGEN: *Liber divinorum operum.* Codex 1942, Fol. 9r (12. Jh.), Biblioteca governativa, Lucca.
196 *Ripley Scrowle,* Nr. 2 (Ausschnitt). [30]
197 PEREGRINUS: *Speculum virginum, seu Dialogus cum Theodora virgine.* Codex Palatinus Latinus 565 (13. Jh.), Biblioteca Vaticana, Rom.
198 *Hermaphroditisches Sonn- und Mondskind,* p. 54. [3]
199 JAMSTHALER, H., p. 75. [59]
200 MYLIUS, J. D., p. 126, Fig. 13. [21]
201 *Tractatus ... de alchimia,* Fol. 53. [9]
202 EISLER, R., Pl. LIX. [174]
203, 204, 205 KING, C. W., Pl. III, Fig. 7 und 2; p. 119. [45]
206 TIKKANEN, J. J., I p. 25, Fig. 25. [176]
207 EHRENSTEIN, Th., p. 699. [184]
208 *Turba philosophorum.* Codex Latinus 7171 (16. Jh.), Bibliothèque Nationale, Paris.
209 BALDUINUS, C. A.: *Aurum superius et inferius aurae superioris et inferioris hermeticum.* Frankfurt und Leipzig 1675, Titelblatt.

210 Maier, M., Emblema I. [60]
211 *Recueil des fausses Décrétales.* Ms. (13. Jh.), Bibliothèque de Reims.
212 *Speculum humanae salvationis.* [67]
213 Ehrenstein, Th., p. 384: *Bible moralisée* (13. Jh.). [184]
214 Norton, S., Fig. 2. [122]
215 *Mutus liber,* p. 15. [2]
216 Melchior Cibenensis, *Symbolum,* in: Maier, M., p. 507. [78]
217 Eleazar, A. (Abraham le Juif): *Livre des figures hiéroglyphiques.* Ms. français 14765 (18. Jh.), Bibliothèque Nationale, Paris.
218 Mylius, J. D., p. 224, Fig. 4. [21]
219 Trismosin, S., Pl. VIII. [32]
220 Codex Urbanus Latinus 899, Fol. 68r (15. Jh.), Biblioteca Vaticana, Rom.
221 Norton, S.: *Catholicon physicorum, seu Modus conficiendi tincturam physicam et alchymicam.* Frankfurt 1630, Fig. LXXXIII.
222 Cristoforo (?): *Il Sogno della Vergine.* (Um 1350.) Pinacoteca di Ferrara. Aus der Bildersammlung von Dr. C. A. Meier, Zürich.
223 Mylius, J. D., p. 243, Fig. 6. [21]
224 *Das Buch der heiligen Dreifaltigkeit.* Codex Germanicus 598 (1420), Staatsbibliothek, München.
225 Maier, M.: *Scrutinium chymicum,* Emblema IV. [60]
226 *Trésor des trésors.* [193]
227 Brant, S.: *Hexastichon ... in memorabiles evangelistarum figuras.* o. O. 1503.
228 *Ripley Scrowle,* Ms. Add. 10302. [30]
229 *Hermaphroditisches Sonn- und Mondskind,* p. 44. [3]
230 Aus einem Manuskript (18. Jh.), im Besitze von Landammann Dr. C. Rusch, Appenzell.
231 *Pandora,* p. 225. [13]
232 Speculum Trinitatis aus: *Pandora,* p. 253. [13]
233 Französische Schule (1457). Museum Basel.
234 *Rosarium philosophorum.* [25]
235 *Rosarium philosophorum.* [25]
236 Kelley, E., p. 114. [16]
237 *Mutus liber,* p. 7 (Ausschnitt). [2]
238 Eleazar, A., Abb. II, 10. [10]
239 Amann, J. [Illustr.]: *Ein neuw Thierbuch.* Verse von G. O. Schaller, Frankfurt 1569.
240 Lambsprinck, Fig. III, I, p. 337. [168]
241 *Tractatus ... de alchimia,* Fol. 87. [9]
242 Initiale aus: *Historia animalium cum picturis.* Ms. Harley 4751, Fol. 6^{V}, British Museum, London.
243 Merz, W.: *Oberrheinische Wappen und Siegel.* Zürich 1927, p. 33.
244 Handzeichnung von Giovanni Battista Benevenuti, genannt Ortolano: Aus der Handzeichnungssammlung von A. O. Meyer, Hamburg, *Auctions-Katalog 184* von C. G. Börner, Leipzig 1914, Tafel 30.
245 Gysin, E., *Gotische Bildteppiche der Schweiz.* Basel 1941, Tafel 5 (Bildteppich, 1480).
246 Zemp, J.: *Die Backsteine von S. Urban.* Zürich 1898, p. 169.

247 TIKKANEN, J. J., I p. 43. [176]

248 *Trésor de sapience.* Ms. 5076 (15. Jh.), Bibliothèque de l'Arsenal, Paris.

249 BOCK, H.: *Kräuterbuch.* Straßburg 1595, p. 391. Aus dem Bilderarchiv der Ciba Zeitschrift, Basel.

250 Kupferstich des Monogrammisten E. S. aus der Folge des *Größeren Kartenspiels* (um 1463) in: GEISBERG, M.: *Die Kupferstiche des Meisters E. S.* Berlin 1924, Tafel L 269.

251 *Ripley Scrowle,* Nr. 4 (Ausschnitt). [30]

252 *Les Triomphes de Pétrarque.* Ms. 594 de Louis XII, Fol. 134 (16. Jh.), Bibliothèque Nationale, Paris. Aus dem Eranos-Archiv, Ascona [Schweiz].

253 KING, W., Pl. II, Fig. 8. [45]

254 POMMET, P.: *Histoire générale des drogues.* Paris 1694, II p. 78. Aus dem Bilderarchiv der Ciba Zeitschrift, Basel.

255 Indische Miniatur aus dem 18. Jh., im Besitze des Autors.

256 *Hermaphroditisches Sonn- und Mondskind,* p. 57. [3]

257 *Ripley Scrowle,* Nr. 3 (Ausschnitt). [30]

258 *La Dame à la Licorne* (Serie von Tapisserien, die fünf Sinne darstellend, aus dem 15. Jh.). Musée de Cluny, Paris. Aus dem Bilderarchiv der Ciba Zeitschrift, Basel.

259, 260 SHENG-TSI-T'U: *Bilder von den Lebensspuren des Vollkommenen (Konfuzius),* o. O. und J. (ca. 18. Jh.). Aus der Bildersammlung von Dr. G. Dekker, Meilen.

261 SCALIGER, P.: *Explanatio imaginum. P. Principis de la Scala primi tomi Miscellaneorum de rerum caussis.* Köln 1570, p. 84. (Gegenschrift zu PARACELSUS, *Ein auslegung der figuren, so zu Nürenberg gefunden seind worden.*)

262 Ein auslegung der figuren so zu Nürenberg gefunden seind worden, gefürt in grunt der magischen weissagung durch doctorem Theophrastum von Hohenheim. Basel (?) 1569, Fig. 18. [Auslegung der Papstbilder, angeblich Abt Joachims von Fiore.] Aus: *Theophrast von Hohenheim gen. Paracelsus Sämtliche Werke* XII, p. 554. Hg. von Karl Sudhoff und Wilhelm Matthiesen, 15 Bde., München und Berlin 1922–1935.

263 EVANS, J.: *Magical Jewels of the Middle Ages and the Renaissance.* Oxford 1922.

264 Aus einem Katalog des Metropolitan Museum of Art, New York 1938: *The Unicorn Tapestries,* Abb. 6.

265 BOSCHIUS, J., Symbol LXXXIX, Class. I, Tab. 5. [37]

266 Codex Palatinus Latinus 412 (15. Jh.), Biblioteca Vaticana, Rom.

267 Kopfleiste zu dem alchemistischen Traktat *Hermes Bird* von E. ASHMOLE, p. 213. [1]

268 *Rosarium philosophorum.* [25]

269 *Mutus liber,* p. 14 (Ausschnitt). [2]

270 BOSCHIUS, J., Symbol DCVI, Class. I, Tab. XXVI. [37]

271 Bibliothek des Verfassers, Küsnacht-Zürich.

Register

Grundwerk C.G. Jung

BAND 3

PERSÖNLICHKEIT UND ÜBERTRAGUNG

Die Beziehungen zwischen dem Ich und dem Unbewußten

I. Die Wirkungen des Unbewußten auf das Bewußtsein
Das persönliche und das kollektive Unbewußte
Die Folgeerscheinungen der Assimilation des Unbewußten
Die Persona als ein Ausschnitt aus der Kollektivpsyche
Die Versuche zur Befreiung der Individualität
aus der Kollektivpsyche

II. Die Individuation
Die Funktion des Unbewußten – Anima und Animus
Die Technik der Unterscheidung zwischen dem Ich
und den Figuren des Unbewußten
Die Mana-Persönlichkeit

Die Psychologie der Übertragung

Die Bilderserie des Rosarium Philosophorum als Grundlage
für die Darstellung der Übertragungsphänomene

BAND 4

MENSCHENBILD UND GOTTESBILD

Psychologie und Religion

Die Autonomie des Unbewußten
Dogma und natürliche Symbole
Geschichte und Psychologie eines natürlichen Symbols

Das Wandlungssymbol in der Messe

Einleitung
Die einzelnen Teile des Wandlungsritus
Die Parallelen zum Wandlungsmysterium
Zur Psychologie der Messe

Antwort auf Hiob

BAND 5
TRAUMSYMBOLE DES
INDIVIDUATIONSPROZESSES

Einleitung in die religionsgeschichtliche Problematik der Alchemie

Traumsymbole des Individuationsprozesses

I. Einführung
Das Material – Die Methode

II. Die Initialträume

III. Die Mandalasymbolik
Über das Mandala – Die Mandalas in den Träumen
Die Vision der Weltuhr – Über die Symbole des Selbst

BAND 6
ERLÖSUNGSVORSTELLUNGEN
IN DER ALCHEMIE

Die alchemistischen Grundbegriffe
Die psychische Natur des alchemistischen Werkes
Das Werk
Die Materia prima
Die Lapis-Christus-Parallele
Die alchemistische Symbolik im religionsgeschichtlichen Rahmen

BAND 7
SYMBOL UND LIBIDO

Über die zwei Arten des Denkens
Vorgeschichte
Der Schöpfungshymnus
Das Lied von der Motte
Über den Begriff der Libido
Die Wandlung der Libido

BAND 8
HEROS UND MUTTERARCHETYP

Die Entstehung des Heros
Symbole der Mutter und der Wiedergeburt
Der Kampf um die Befreiung von der Mutter
Die zweifache Mutter
Das Opfer

BAND 9
MENSCH UND KULTUR

Vom Werden der Persönlichkeit
Die Frau in Europa
Die Ehe als psychologische Beziehung
Die Lebenswende
Seele und Tod
Das Gewissen in psychologischer Sicht
Gut und Böse in der analytischen Psychologie
Psychologie und Dichtung
Die träumende Welt Indiens
Was Indien uns lehren kann
Zur Psychologie östlicher Meditation
Vorwort zum I Ging
Die Visionen des Zosimos
Paracelsus als Arzt
Sigmund Freud

Gesammelte Werke von C. G. Jung

Herausgegeben von
Lilly Jung-Merker und Dr. Elisabeth Rüf

Band 1
Psychiatrische Studien

Band 2
Experimentelle Untersuchungen

Band 3
Psychogenese der Geisteskrankheiten

Band 4
Freud und die Psychoanalyse

Band 5
Symbole der Wandlung

Band 6
Psychologische Typen

Band 7
Zwei Schriften über Analytische Psychologie

Band 8
Die Dynamik des Unbewußten

Band 9/I
Die Archetypen und das kollektive Unbewußte

Band 9/II
Aion. Untersuchungen zur Symbolgeschichte

Band 10
Zivilisation im Übergang

Band 11
Zur Psychologie westlicher und östlicher Religion

Band 12
Psychologie und Alchemie

Band 13
Studien über alchemistische Vorstellungen

Band 14/I
Mysterium Coniunctionis

Band 14/II
Mysterium Coniunctionis

Band 14/III
Mysterium Coniunctionis.
Ergänzungsband «Aurora consurgens»

Band 15
Über das Phänomen des Geistes in Kunst
und Wissenschaft

Band 16
Praxis der Psychotherapie

Band 17
Über die Entwicklung der Persönlichkeit

Band 18/I
Das symbolische Leben. Verschiedene Schriften

Band 18/II
Das symbolische Leben. Verschiedene Schriften

Band 19
Bibliographie

Supplementband I
Seminare
Kinderträume
Herausgegeben von Lorenz Jung und Maria Meyer-Grass

Das C.G.Jung-Lesebuch

Ausgewählt von Franz Alt

«Ist die vom Herausgeber getroffene Auswahl repräsentativ für das Gesamtwerk des Begründers der Analytischen Psychologie? Meine Antwort lautet: Ja, sie ist es. Der Leser findet einen ersten und breit angelegten Zugang zu C.G.Jungs Erfahrungs- und Gedankengut. Auf dieser Grundlage kann er sich allein gut weiterorientieren. Beim Lesen wird er auch spüren, ob Jungs Arbeits- und Denkweise ihm selbst entspricht und ob sie ihm vielleicht Impulse für sein privates und berufliches Handeln, etwa als Therapeut, geben kann.
Franz Alt hat zusammenhängende Texte Jungs zu psychologisch-psychotherapeutischen Fragen – sie machen etwa die Hälfte des Buches aus – sowie zu gesellschaftlichen und religiösen Problemen ausgewählt... Im Walter-Verlag liegen inzwischen drei Bände mit Briefen von C.G.Jung vor, aus denen Alt ebenfalls einige wesentliche entnommen hat. Diese Briefbände sind eine wertvolle Informationsquelle für das vertiefte Studium Jungscher Gedankengänge, wie die wenigen Beispiele in diesem Lesebuch zeigen.»

Psychologie heute, Theodor Seifert